JN021492

経済学叢書 Introductory

入門
計量経済学

Excelによる実証分析へのガイド

第2版

山本　拓・竹内明香

新世社

第2版へのまえがき

　竹内が，大学院の指導教官である山本教授より本書共同執筆の提案を受け，初版が刊行されてから，早くも 10 年が経過しました。初版は，日本大学経済学部，上智大学経済学部，日本経済研究センター，東京外国語大学など，多くの講義で長年使用されてきました。自画自賛となりますが，理論的な証明は省きつつも，計量経済学の理論を直感的に解説する点と，Excel での演習でその内容の理解を深めることができる点で好評をえてきたと感じています。

　ここ数年，データ分析の需要が急激に高まっています。多くの大学でデータ・サイエンスの学部や大学院が設立され，大学入学前のプログラミング学習もはじまることとなりました。また，社会では，EBPM（証拠に基づく政策立案）が叫ばれ，AI の普及が急激に広がっています。このような背景のなか，本書の姉妹書である山本拓『計量経済学』も 2022 年に第 2 版改訂となり，新たなトピックの章が追加されました。本書が想定する読者の皆様も，データ分析に関わる機会が増えてきたと考えています。

　そこで，今回の改訂の主なポイントは，初版で扱った基本的な最小 2 乗法に加えて，応用的な 2 つの分析手法を紹介することです。それらは，パネル・データ分析と AR(1) モデルであり，新しい 2 章を構成しています。

　前述した社会の変化に合わせ，ミクロ・データが東京大学の社会科学研究所や，総務省の e-Stat から簡単に手に入るようになりました。そこで，ミクロ・データの分析の基本としてパネル・データ分析を紹介しています。とくに，最小 2 乗法と比べて，新しくできるようになった点は何かに重点をおいて，推定方法の解説をしています。そして入門用のデータを用い，例題を紹介しています。パネル・データ分析例を Excel で解説したテキストは珍しいでしょう。分析方法の仕組みがどうなっているか，ポイントは何か，を実感してください。

　一方，データ・サイエンスと呼ばれる分野では時系列分析もその一部に含まれており，学習の必要性が高まっています。しかし時系列分析の書籍は難しい

i

ものが多く，数式に不慣れな読者には敷居が高いものとなっていました。そこで，時系列分析の一番基本となる AR(1) モデルを用いて，時系列モデルで使われる概念を，直感的に，また多少の数式も用いて丁寧に解説しています。また，AR(1) モデルは，最小二乗法でも推定ができるので，本書のレベルと合致しているモデルでもあります。

今回の改訂ではそのほかに，ミクロ・データ分析では，より頻繁に生じる多重共線性についての説明の加筆と，初版では web で公開されていた練習問題を，本文内に収載することにしました。これらの改訂も，内容の理解を深めるのに役立つと考えます。前述の新たな2章の追加とともに，学部3，4年生まで使用できるテキストになったと思います。

計量経済学は難しい，という言葉が，今でもよく聞かれます。本書を学習する皆様も，最初からすべてを理解することはできないかもしれません。しかし，理論にこだわらなくてもよいのです。まずは分析手法を使ってみましょう。本書を片手に頁をめくりながら，実際のデータ分析を何度も行えば，少しずつその理解は深まっていくでしょう。

最後に，初版にひきつづき今回も熱心な励ましをいただいた新世社編集部の御園生晴彦氏と大変丁寧な編集作業をしていただいた谷口雅彦氏に心より御礼を申し上げます。また，初版で学習をしてくださった多くの学生の皆様からは，沢山のアイデアをいただきました。ありがとうございました。第2版もまた，多くの皆様の手に渡ることを願っております。

2023 年 12 月

竹内明香・山本　拓

初版へのまえがき

　本書は計量経済学の入門書です。山本は 20 年近く前に『計量経済学』（1995）を今回と同じく新世社から出版しました。同書では結果の導出などについて，途中経過などをあまり省略することなく説明しました。わかりやすいというご意見も頂戴しましたが，一方で，導出過程が細かすぎてついていけない，という声もありました。

　本書は，確率や統計学の基礎をきちんと学んだことはないが，計量経済学を学びたい（あるいは挑戦してみたい）という学生を対象にしています。日本の大学の経済学部では，カリキュラムの構成の関係などで，そのような学生がかなり存在するという現実があります。本書の目的は，そのような学生でも，Excelなどを用いて基礎的な計量分析が可能になるように，有効な手助けを提供することです。

　したがって，本書の第 1 の特長は，数学的結果の導出にはあまりスペースを割かず，直観的説明を行うという展開が多くなっていることです。一方，その結果をどう見たらよいか（解釈したらよいか）という点は，丁寧に説明してあります。厳密な導出に興味のある読者は，前掲書を参照して頂きたいと思います。本書は前掲書の姉妹書（妹にあたる）と位置づけています。必要に応じて，前掲書の何ページを参照すればよいのかを，本文の脚注に示してあります。

　第 2 の特長は，本書の内容を実際に Excel を使って計算してみる場合にはどのようにすればよいかといった操作の手順のマニュアルを示して，Excel の活用について全面的にサポートしていることです。こうした説明は本文に含めると大部になりますので，新世社ホームページ内の本書のサポートページに「WEB 解説」として掲載しています。またそれに対応する演習用のデータ・計算例（Excelファイル）は「WEB 演習」として掲載しています。これらの Excel での計算例から，読者各自が独自の実証分析に Excel を用いて挑戦してほしいと期待しています。なお，各章に対応する練習問題と解答も上記のサポートページに掲

載しています。

また，付録 A では，実証分析のレポートを書くにはどのようなステップで進めるべきかについて述べています。参考のために，末尾にレポート例も示してあります。実証分析においては，データを得ることが重要で，かつ慣れない場合はなかなか難しい作業なので，それを助けるために，そこでは公的統計（政府等が収集・公表しているデータ）の取り出し方などについても説明しています。

なお，本書の第9章，第10章は比較的あっさりと書いてあります。これらの内容は入門レベルでも知っておいてほしい事柄なのですが，Excel で扱うにはやや面倒であり，実用性に限界があるためです。

今後さらに経済データの実証分析を進めていきたい読者には，計量経済学用に開発されたパッケージ・プログラムを使うことを勧めます。第9章，第10章での方法もそれらを使えば容易にできます。これらについては，巻末の参考文献に関連する図書を紹介しています。

本書の執筆にあたっては，多くの方からアイディアを頂きました。t 検定について確率論を使わずに，日本の学生にはなじみ深い偏差値を用いた直観的説明を示唆して下さったのは行武憲史氏（日本住宅総合センター）です。千木良弘朗氏（東北大学）には，本書の中心となる第4章について丁寧なコメントを頂きました。小西葉子氏（経済産業研究所（RIETI））には，第5章の実例に関連して貴重な助言を頂きました。また本書は，山本が日本大学，竹内が上智大学・日本大学で行った講義から多くの示唆を得ています。両大学の学部生の皆さんに感謝します。最後に，新世社編集部の御園生晴彦氏に心より感謝します。同氏の熱心な励ましがなければ，本書の出版は難しいものだったと思います。また，同編集部の出井舞夢氏の大変丁寧な編集に感謝します。

2013 年 9 月

山本　拓・竹内明香

目　　次

目
次

WEB 解説・WEB 演習 一覧

「WEB 解説」は Excel 操作解説のスライド（pdf ファイル），「WEB 演習」は対応する演習用の
データ・計算例（Excel ファイル）を示す。（新世社ホームページ：https://www.saiensu.co.jp
の本書のサポート情報欄に掲載。）

ファイル名もしくは本書内の例題名		対応データ
WEB 演習 1.1	データと回帰分析	消費関数（名目値）2001–2021
WEB 解説 2.1	Excel の基本	なし
WEB 解説 2.2	和記法の練習	なし
WEB 解説 2.3	平均・分散・単相関係数の計算	なし
WEB 解説 3.1	最小 2 乗法	なし
WEB 演習 3.2	スターバックス・ラテ指数	ビッグマックとスターバックス・ラテ指数
WEB 解説 4.1	Excel データ分析ツールの読み込み	なし
WEB 解説 4.2	Excel による基本統計量の計算	消費関数（実質値）1980–2007
WEB 解説 4.3 WEB 演習 4.3	Excel による回帰分析（消費関数）	消費関数（実質値）1980–2007
WEB 演習 4.4	株価のリスク分析	飲料業界の株価収益率
WEB 解説 5.1 WEB 演習 5.1	多重回帰分析（消費関数）	消費関数（実質値）1980–2007
WEB 解説 5.2 WEB 演習 5.2	多重回帰係数の意味（FWL）	消費関数（実質値）1980–2007
WEB 演習 5.3	消費関数と貯蓄関数の R^2 の比較	消費関数（実質値）1980–2007
WEB 演習 5.4	株価と経済変数の関係	株価収益率と経済データ
WEB 演習 5.5	中古マンションの価格	中古マンション価格
WEB 解説 6.1 WEB 演習 6.1	名目変数の実質化	消費関数（名目値）1980–2007
WEB 解説 7.1 WEB 演習 7.1	モデルの関数型（逆数と双曲線）	フィリップス曲線
WEB 解説 7.2 WEB 演習 7.2	モデルの関数型（2 次関数）	男女別平均賃金
WEB 解説 7.3 WEB 演習 7.3	ダミー変数（一時的ダミー変数）	消費関数（実質値）1980–2009
WEB 解説 7.4 WEB 演習 7.4	ダミー変数（定数項ダミー変数，係数ダミー変数）	男女別平均賃金
WEB 解説 7.5 WEB 演習 7.5	ラグ変数	消費関数（実質値）1980–2007
WEB 解説 8.1 WEB 演習 8.1	F 検定（ゼロ制約）	消費関数（実質値・ラグ付）
WEB 解説 8.2 WEB 演習 8.2	F 検定（具体的な数値の制約）	消費関数（実質値・ラグ付）
WEB 解説 8.3 WEB 演習 8.3	F 検定（構造変化の検定）	消費関数（実質値）1980–2007

第1章

計量経済学とは

　本章では，「計量経済学」とは何かについて例を用いて説明します。計量経済学の中心は，回帰分析というデータ分析の手法であり，次章以降でその方法を丁寧に説明していきますが，ここではまず簡単なデータ分析を例として，その概略を説明します。その後，経済学全体の中で計量経済学がどのような位置を占めているかを説明します。

1.1　データと回帰分析 ：消費と所得の関係

　ここでは，マクロの消費と所得の関係を実例として考えてみます。図 1-1 には，2021 年の日本の名目 GDP（国内総生産）の内訳が示されています。消費（図では家計最終消費支出）は 52％を占めており，もっとも重要な要因であるといえます [1]。次に多い政府最終消費支出の 22％と比べても，消費が圧倒的な割合を占めていることがわかります。

　名目 GDP は，日本の景気の変動の指標の代表的なものであり，名目 GDP により景気を判断することもよく行われます。消費が名目 GDP の主要な要因であることは，消費の変動が景気上昇・後退の重要な要素であることも意味します。

1　第 2 章以降では実質所得と実質消費の関係を分析していますが，ここでは，名目所得と名目消費を分析しています。実質変数と名目変数の説明は第 6 章参照。

■図1-1　2021年における名目GDP（国内総生産）の内訳

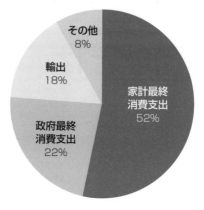

（出所）内閣府

■ 経済モデルとモデルの定式化：関数型を決める

ミクロ経済学やマクロ経済学で学んだように，消費は所得に依存していると考えられます。データを用いて分析するには，具体的な関数型を決める必要があります。この場合は，消費を説明する関数なので**消費関数**と呼ばれます。この具体的な関数型を決める手続きは，**定式化**と呼ばれます。もっとも標準的な関数型は，線型関係です。ここで，消費を C_i，所得を Y_i として線型関係で表記すると，以下のように示されます。

$$C_i = \alpha + \beta Y_i \tag{1.1}$$

ここで，α（アルファ）と β（ベータ）は，モデルの**パラメーター**（母数）と呼ばれるものです。パラメーターとは，上のような関数を具体的に決定する定数の総称です。一般にこれらは未知であり，以下で述べるように，これらの具体的な値をデータから求めることが，計量分析の第一歩となります。

消費と所得の関係については，2つの性質がよく知られています。まず1つ目は，「消費は所得の増加に伴って増える」というものです。この性質は，上のモデル (1.1) のパラメーターに関して「$\beta > 0$」という条件となります。2つ目

は,「消費の増加量は,所得増加の範囲内である」というものです。この性質は,さらにパラメーターに関して「$\beta < 1$」という条件となります[2]。以上から,2つの性質を併記した消費関数は,以下のように書かれます。

$$C_i = \alpha + \beta Y_i, \quad 0 < \beta < 1 \tag{1.2}$$

これは,ケインズ（J.M. Keynes）の提唱した消費関数です。

　ここで,パラメーターαとβには,経済学的な解釈を付けることができます。まず,αは,所得Y_iが0であるときの消費C_iの金額を示し,通常は所得がなくても消費はせざるを得ないので,$\alpha > 0$であると考えられます。これは**独立消費**と呼ばれています。次に,βは,所得Y_iが1単位増加したときの消費C_iの増加量を表しており,**限界消費性向**と呼ばれています。

■ **パラメーターの推定**

　以上はケインズの消費関数の理論ですが,それが現実とどの程度整合的かは不明です。そこで,実際のデータを用いて検証することが必要となります。図1-2の上図は,消費と所得の実際のデータをプロットしたものです。この図を見ると,所得と消費のプロットは右上がりであることから,所得が増えると消費が増えるという傾向が見てとれます。ここで線型のモデルを想定しているので,図1-2の下図のように,直線を散布図にあてはめることになります。ここで,どのようにその直線を引くかが,問題になります[3]。

　この作業は,**最小2乗法**と呼ばれ,第3章で詳しく説明されます。結果を先取りすると

$$C_i = 53 + 0.74 Y_i \tag{1.3}$$

として求めることができます。それを図に描くと,**図1-3**のように与えられま

2　もっとも,先進国で資産の蓄積が高い国の分析においては,資産効果を無視した分析を行うと,この条件が満たされない場合もあります。

3　ここでは経済データを使用していますが,2つのデータのグラフに対して何らかの直線をあてはめるという作業は,実は小学校や中学校の理科の授業で,実験で得られたデータを図示し,直線を引いたことと同じです。

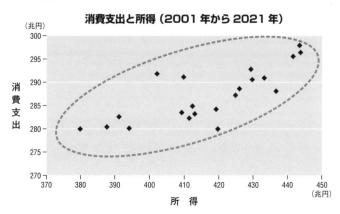

消費支出と所得（2001 年から 2021 年）

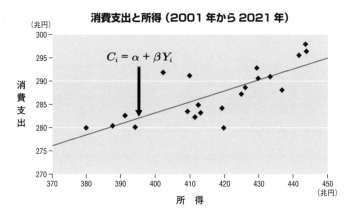

消費支出と所得（2001 年から 2021 年）

$$C_i = \alpha + \beta Y_i$$

す。直線の切片が 188，傾きが 0.24 であることがわかります。

　この推定結果から，α と β は，ケインズの消費関数で提案された条件 $\alpha > 0$ と $0 < \beta < 1$ を満たしています。具体的数値に関しては，独立消費 α は 188 兆円なので，たとえ所得が 0 であっても，日本全体で 188 兆円の消費が生じることを示しています。また $\beta = 0.24$ であるので，所得が 1 兆円増加すれば，1 兆円 ×0.24 より，2,400 億円の消費支出増が生じることになり，限界消費性向は 0.24 となります。以上ように，モデルのパラメーターを推定することが，計量経済学の第 1 段階です。これは，第 3 章ならびに第 5 章で扱われます。

■図1-3　推定結果

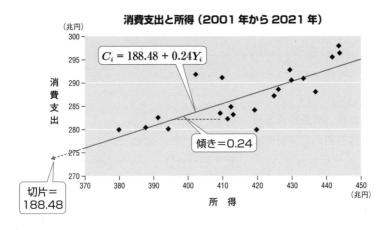

消費支出と所得（2001 年から 2021 年）

$C_i = 188.48 + 0.24Y_i$

傾き＝0.24

切片＝
188.48

■　検　定

　上記の推定結果から，ケインズの消費関数が正しいといえるのでしょうか。また，ここで得られた推定結果をそのまま使用して消費を予測してよいのでしょうか。すなわち，推定結果が統計的に意味があるか否かを判断する必要があります。さらに消費は所得以外の要因に依存している可能性があるので，それらをチェックする必要があります。これらは，統計的推論の**検定**という作業によって行われます。

　また，さらには最近の10年間とその前の10年間とでは，消費と所得の関係は変化している可能性があります。これは**構造変化**と呼ばれるものですが，このような問題も検定によって判断することができます。これらの検定は，第4章，第5章，第8章などで扱われます。これは計量経済学の第2段階にあたります。上で述べた「推定」と「検定」が計量経済学の中心であり，これらについて次章以降でやさしく説明していくことになります。

　これまで述べてきた「パラメーターの推定」と「検定」という作業の総称として，一般的には**回帰分析**と呼ばれます。

1.2 計量経済学の位置づけ

　ここでは，計量分析をどのように進めるかについてのステップを紹介しながら，経済学全体の中での計量経済学の位置づけについて説明します。

■ 実証分析（計量経済分析）のステップ

(1)　実証分析の分析対象を経済理論の中から選ぶ

　実証分析（計量経済分析）の第1の目的は，データを用いた**経済理論の検証**です。まずどのような経済理論を検証するかということを決める必要があります。前節で説明した消費関数は，マクロ経済理論における具体例の一つです。経済理論には，マクロ理論，ミクロ理論，金融論，産業組織論，貿易論，国際経済学などのさまざまな分野があり，そこでは多様な理論が展開されています。具体的には，たとえばマクロ計量分析で重要な役目を果たす関数として，消費関数に加えて，投資関数，輸入関数，貨幣需要関数，フィリップス曲線，労働需要関数などがあります。

(2)　対象とする関数の定式化を行う

　実際にデータを用いて計量分析を進めるためには，関数の定式化が必要となります。先ほどの消費関数の場合は，線型モデルを想定しました。線型モデルが計量分析の基本ですが，やや進んだ分析になると対数や，逆数，あるいは2乗などを用いた定式化を考える場合があります。たとえば，消費関数の場合で対数を用いた定式化を考えると，以下のようになります。

$$\log C_i = \alpha + \beta \log Y_i \tag{1.4}$$

(3)　モデルのパラメーターの推定を行う

　これは，前節の「パラメーターの推定」の項で説明したプロセスです。

(4)　推定したパラメーターの検定を行う

　これは，前節の「検定」の項で説明したプロセスです。この「推定」と「検定」の部分は，統計的方法論であり**計量経済学**，あるいはより厳密に**計量経済**

学理論と呼ばれます。

(5) 結果の経済学的解釈（判断）を行う

「推定」と「検定」で，統計的（数学的）に望ましい結果を得たとしても，計量経済分析では結果の**経済学的解釈（判断）**が必要となります。たとえば，前節の消費関数のモデル (1.2) で説明したように，モデルのパラメーターには，経済理論からもたらされる $0 < \beta < 1$ のような条件（符号条件）があります。推定結果がこのような条件を満たさないときは，推定結果は経済学的に意味のある結果として採用することはできません。したがって，このような結果の経済学的解釈は計量経済分析においてはきわめて重要な意味があります。

もしこのような経済学的解釈をパスすれば，実証分析（計量経済分析）は完成となり，求められた推定結果は，さらに予測や政策分析に使うことができます。

■ 関連する重要な分野

計量経済分析には，これまでに述べた直接的ステップに関係する分野以外にも，重要な分野があります。以下ではこれらについて説明します。

第1は，**経済統計論**といわれる分野です。計量経済分析には経済データが必須ですが，経済統計論は経済データをどのように集めるかを研究する学問分野です。たとえば，マクロ経済の計量分析に使われるデータの中心は『国民経済計算』（内閣府経済社会総合研究所）ですが，これをどのように集めるべきかについての研究です。また経済データには，実質データ，名目データの区別等があり，これらについては，本書の第6章でも説明します。

第2は，**統計学**です。統計学は，経済学とは独立した理科系の大きな学問領域であり，さまざまなデータに関する分析手法についての研究分野です。統計学は，経済データの分析以外にも，医学・疫学，薬学，農業の品種改良，工業の生産過程の改善，ファイナンスなど，さまざまな分野の分析に用いられています。手法的にも，計量経済分析に使われる回帰分析以外にも，多変量解析，実験計画法，時系列分析などのさまざまな方法があります。計量経済学は，統計学の中で経済データの分析に適した回帰分析を集中的に取り上げたものとみなすことができます。計量経済分析は，先に述べたように単にモデルの推定・検定にとどまらず，結果の経済学的解釈も重要な役割を果たすので，経済学と統

■図1–4　計量経済学の位置づけ

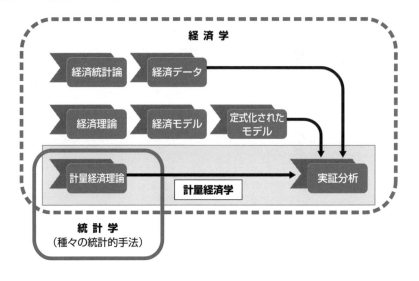

計学の学際的学問分野と考えることができます。

■ 計量経済学の位置づけ

　これまで述べてきたことをまとめると，図1–4のようになります。計量経済学は，経済学と統計学のいずれにも含まれる分野であることが示されている一方，実証分析はそれぞれ独立した分野としての経済理論，計量経済学，および経済統計論（経済データ）をまとめた総合分野として示されています。

第2章

データの整理
：平均，分散，単相関係数，ヒストグラム

　本章では，最小2乗法，あるいは回帰分析を学ぶにあたっての準備として，データの整理法について学びます。データ整理の基本は，データの平均，分散，および共分散ですが，その応用として単相関係数も説明します。それらの計算には基本的に和記法が用いられるので，その復習から始めます。これらはいずれもデータの特徴を数値的にとらえる指標ですが，データの散らばり具合を視覚的にとらえるヒストグラムを最後に紹介します。

2.1　和記法の復習

▶ 2.1.1　$\sum$（シグマ）の説明：基本的機能[1]

■ $\sum$ の 基 本

　ここでは，まず和記号 $\sum$ の基本的機能について考えます。以下のような n 個のデータが2組あったとします。

$$X_1, X_2, \cdots, X_n \quad n \text{ 個のデータ}$$
$$Y_1, Y_2, \cdots, Y_n \quad n \text{ 個のデータ}$$

具体的な数値例としては，4個のデータ（すなわち，$n = 4$）があったとします。

1　Excel での計算は，WEB 解説 2.2 の「和記法の練習」を参照。Excel の使用自体になじみのない読者は，まず WEB 解説 2.1 の「Excel の基本」を参照。

9

$$\{X_i\} = \{X_1, X_2, \cdots, X_n\} = \{1, 3, -3, 2\} \quad \text{4 個のデータ}$$

$$\{Y_i\} = \{Y_1, Y_2, \cdots, Y_n\} = \{2, 1, 2, -1\} \quad \text{4 個のデータ}$$

ここで，X_i や Y_i の添え字は，i 番目のデータであることを示しています。これらのデータの和は，和記号 $\sum$ を使って以下のように表すことができます。

$$X_1 + X_2 + \cdots + X_n = \sum_{i=1}^{n} X_i = 1 + 3 + (-3) + 2 = 3 \qquad (2.1)$$

$$Y_1 + Y_2 + \cdots + Y_n = \sum_{i=1}^{n} Y_i = 2 + 1 + 2 + (-1) = 4 \qquad (2.2)$$

ここで，$\sum$ の下の $i = 1$，$\sum$ の上の n は，和をとる範囲が $i = 1$ から $i = n$ までであることを示しています。この範囲の表示は，誤解がないときは省略も可能です。

■ $\sum$ の 応 用

なお，和記号は単なる数列の和ばかりでなく，それぞれの 2 乗の和についても以下のように表示されます。

$$X_1^2 + X_2^2 + \cdots + X_n^2 = \sum_{i=1}^{n} X_i^2 = 1^2 + 3^2 + (-3)^2 + 2^2 = 23 \qquad (2.3)$$

$$Y_1^2 + Y_2^2 + \cdots + Y_n^2 = \sum_{i=1}^{n} Y_i^2 = 2^2 + 1^2 + 2^2 + (-1)^2 = 10 \qquad (2.4)$$

さらに X_i と Y_i の積和，X_i^2 と Y_i の積和などの表現にも適用できます。

$$
\begin{aligned}
X_1 Y_1 + X_2 Y_2 + \cdots + X_n Y_n &= \sum_{i=1}^{n} X_i Y_i \\
&= 1 \times 2 + 3 \times 1 + (-3) \times 2 + 2 \times (-1) \\
&= -3 \qquad (2.5)
\end{aligned}
$$

$$X_1^2 Y_1 + X_2^2 Y_2 + \cdots + X_n^2 Y_n = \sum_{i=1}^{n} X_i^2 Y_i$$

$$= 1^2 \times 2 + 3^2 \times 1 + (-3)^2 \times 2 + 2^2 \times (-1)$$

$$= 25 \tag{2.6}$$

2 つの数列の和は，以下のように表すことができます。

$$\sum_{i=1}^{n} (X_i + Y_i) = (X_1 + Y_1) + \cdots + (X_n + Y_n)$$

$$= (1+2) + (3+1) + (-3+2) + (2-1)$$

$$= (1+3-3+2) + (2+1+2-1)$$

$$= (X_1 + \cdots + X_n) + (Y_1 + \cdots + Y_n)$$

$$= \sum_{i=1}^{n} X_i + \sum_{i=1}^{n} Y_i \tag{2.7}$$

すなわち，2 つの数列の個別の和の総和は，それぞれの数列の総和の和として表現できます。

▶ 2.1.2 定数に関する $\sum$ についての 2 つの重要な性質

（1） 定数（c と書きます）に関する和記号の表現はやや特殊です。今，定数を 5 としデータの数を 4（すなわち，$c = 5$, $n = 4$）とすると，定数の和は以下のようになります。

$$\sum_{i=1}^{4} 5 = 5 + 5 + 5 + 5 = 4 \times 5 = 20 \tag{2.8}$$

一般的に，以下のように表現できます。

$$\sum_{i=1}^{n} c = c + \cdots + c = nc \tag{2.9}$$

すなわち，定数 c の $\sum$ は，定数 c の n 倍となります。

(2) 数列 $\{X_i\}$ を定数倍して和をとると以下のようになります。

$$5 \times 1 + 5 \times 3 + 5 \times (-3) + 5 \times 3 = 5 \times (1 + 3 + (-3) + 2)$$
$$= 5 \times 3 = 15 \tag{2.10}$$

$$\sum_{i=1}^{n} cX_i = cX_1 + cX_2 + \cdots + cX_n$$
$$= c \times (X_1 + X_2 + \cdots + X_n)$$
$$= c \sum_{i=1}^{n} X_i \tag{2.11}$$

すなわち，数列の定数倍の和は数列の和の定数倍となります。

これまでの結果の応用例として，$(X_i + c)$ の 2 乗和は次のように表せることがわかります。

$$\sum_{i=1}^{n} (X_i + c)^2 = \sum_{i=1}^{n} (X_i^2 + 2X_i c + c^2)$$
$$= (X_1^2 + 2X_1 c + c^2) + \cdots + (X_n^2 + 2X_n c + c^2)$$
$$= (X_1^2 + \cdots + X_n^2) + (2X_1 c + \cdots + 2X_n c)$$
$$\quad + (c^2 + \cdots + c^2)$$
$$= \sum_{i=1}^{n} X_i^2 + \sum_{i=1}^{n} 2cX_i + \sum_{i=1}^{n} c^2$$
$$= \sum_{i=1}^{n} X_i^2 + 2c \sum_{i=1}^{n} X_i + nc^2 \tag{2.12}$$

2.2 基本的なデータの整理

▶ 2.2.1 単回帰モデルとデータ例

　第3章および第4章では，回帰分析の対象とするモデル，すなわち回帰モデルとして以下のモデルを考えます。

$$Y_i = \alpha + \beta X_i \tag{2.13}$$

ここで，左辺の Y_i は被説明変数，右辺の X_i は説明変数と呼ばれ，α と β は未知のパラメーターです。この場合は，説明変数が1つなので，単回帰モデルです。データとしては表2–1 が与えられたとします。図2–1 はこのデータをプロットしたものです。次章では，このデータから α と β を推定する方法を説明しますが，本節ではその準備として，これらのデータの基本的なとりまとめ方を紹介します。

　なお，データの添え字 i がある時点における個体番号に対応しているときは，クロスセクション・データ（横断面データ）と呼ばれます。たとえば，X_i と Y_i が i 番目の家計の所得と消費を表している場合です。一方，i が時刻に対応しているときは，タイムシリーズ・データ（時系列データ）と呼ばれます。たとえば，X_i と Y_i が特定の家計の i 時点の所得と消費を表している場合です。このようなデータは，標本とも呼ばれ，標本の大きさ（データ数）を n と書きます。

■表2–1　データ例

i	X_i	Y_i
1	10	6
2	12	9
3	14	10
4	16	10

■図2-1　X_i と Y_i の散布図と標本平均

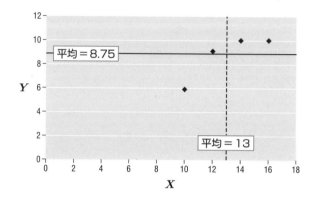

この例では，$n = 4$ です。実際の分析では，通常はより大きな標本が扱われますが，ここでは数値例として手計算でも簡単に確認ができるように，意図的に小さな標本を考えていきます。

▶ 2.2.2　データ（標本）の平均，分散，共分散，単相関係数

ここでは，表2-1を例に，基本的なデータのまとめ方を紹介します[2]。

■　標本平均

データの中心の指標である**標本平均**（あるいは，誤解のないときには単に平均）は，以下のように求められます。

$$\bar{X} = \frac{10 + 12 + 14 + 16}{4} = 13 \tag{2.14}$$

一般的には，標本平均は，以下のように定義されます。

2　Excelでの平均，分散，単相関係数の計算については，WEB解説2.3の「平均・分散・単相関係数の計算」を参照。

$$\bar{X} = \frac{1}{n}(X_1 + \cdots + X_n) = \frac{\sum X_i}{n} \qquad (2.15)$$

本書では，とくに断らない限り，$\sum$ は添え字 $i = 1$ から $i = n$ についての和を表すものとします。標本平均はこのように，変数の上に—（バー）を付けて表すのが一般的です（たとえば，$\bar{X}$ はエックス・バーと読みます）。同様に，$\{Y_i\}$ についての標本平均は以下で求められます。

$$\bar{Y} = \frac{\sum Y_i}{n} = \frac{6 + 9 + 10 + 10}{4} = 8.75 \qquad (2.16)$$

この結果は，全体的に見て X のほうが Y よりも大きいデータであるということを示しています。

■ 標本分散と標本標準偏差

次に，データのバラツキや散らばり具合を示す**標本分散**（あるいは，誤解のないときには単に**分散**）を紹介します。標本分散はデータが標本平均からどれだけ離れているかを見る指標です。そこで，まず**平均からの偏差**を求める必要があります。ここでの数値例では以下のように求まります。

$X_i - \bar{X}$	$Y_i - \bar{Y}$
$10 - 13 = -3$	$6 - 8.75 = -2.75$
$12 - 13 = -1$	$9 - 8.75 = 0.25$
$14 - 13 = 1$	$10 - 8.75 = 1.25$
$16 - 13 = 3$	$10 - 8.75 = 1.25$

データ全体についての平均からの偏差をまとめるために，その 2 乗和をとります（単に，平均からの偏差をすべて足すとゼロになってしまいます。これは，後ほど説明します）。

$$S_{xx} = (-3)^2 + (-1)^2 + 1^2 + 3^2 = 20 \tag{2.17}$$

一般的には，**偏差の2乗和**は以下で表現できます。

$$S_{xx} = (X_1 - \bar{X})^2 + \cdots + (X_n - \bar{X})^2 = \sum(X_i - \bar{X})^2 \tag{2.18}$$

偏差の2乗和は，データ数 n が増すと必ず増大しますが，これではバラツキの指標にはなりません。そこでデータ1個あたりのバラツキを考えるために，標本分散は偏差の2乗和を $n-1$ で割ることにより求めることができます（直観的には，n で割ることが適当のように思われますが，統計分析では $n-1$ で割る慣行があります）。すると X の標本分散は，以下で求められます。

$$s_x^2 = \frac{20}{4-1} = 6.67 \tag{2.19}$$

一般的には，**標本分散**は以下で定義されます。

$$\begin{aligned} s_x^2 = \frac{S_{xx}}{n-1} &= \frac{(X_1 - \bar{X})^2 + \cdots + (X_n - \bar{X})^2}{n-1} \\ &= \frac{\sum(X_i - \bar{X})^2}{n-1} \end{aligned} \tag{2.20}$$

Y についても同様に，偏差の2乗和および標本分散は，以下のように求められます。

$$\begin{aligned} S_{yy} = \sum(Y_i - \bar{Y})^2 &= (-2.75)^2 + 0.25^2 + 1.25^2 + 1.25^2 \\ &= 10.75 \\ s_y^2 = \frac{S_{yy}}{n-1} &= \frac{10.75}{4-1} = 3.583 \end{aligned} \tag{2.21}$$

これより，ここでの数値例では X のバラツキのほうが Y のバラツキより大きいことがわかります。

標本分散はデータのバラツキ具合を示す指標として有用ですが，偏差の2乗

をとっているので，この値の直観的解釈はなかなか難しいものがあります。そこで，元のデータと同じ単位（次元）に戻すために，データのバラツキを表すもう一つの指標として**標本標準偏差**もよく用いられます。これは，上で求めた標本分散の平方根です。

$$s_x = \sqrt{s_x^2} = \sqrt{6.67} = 2.58 \qquad (2.22)$$

$$s_y = \sqrt{s_y^2} = \sqrt{3.583} = 1.89 \qquad (2.23)$$

標本標準偏差と標本分散がもつ情報は同一なので，使用目的によって便利なほうを用いればよいのです。たとえば，データが標本平均に比べてどれだけバラついているかを判断するためには，標本分散より標本標準偏差を用いたほうが，単位が同じなので解釈しやすいのです。

■ **標 本 共 分 散**

次に，X と Y という 2 種のデータの関係を表す指標の一つである**共分散**を紹介します。これは 2 種のデータがどの程度一緒に動いているか（共変動といいます）を見る指標です。ここではまず，先に求めた 2 種のデータの**偏差の積和**を求めます。

$$S_{xy} = (-3)(-2.75) + (-1)(0.25) + 1(1.25) + 3(1.25) = 13 \qquad (2.24)$$

一般的には，偏差の積和は以下で定義されます。

$$S_{xy} = \sum (X_i - \bar{X})(Y_i - \bar{Y}) \qquad (2.25)$$

偏差の積和は負になる場合もあります。このように偏差の積和が正であるということは，全体の傾向として X が増えると Y も増えるということを示しています。偏差の積和が負であることは，全体の傾向として X が増えると Y は減るということを示しています。また，偏差の積和が小さい（ゼロに近い）ということは，X の変動と Y の変動にあまり関係がないということを意味します。

偏差の積和は，一般的にデータの数 n が増えれば（絶対値）で増大します。

そこで共変動のデータ1組あたりの平均の平均を考えるということで，**標本共分散** s_{xy} は，偏差の積和を $n-1$ で割ることにより，求められます。

$$s_{xy} = \frac{S_{xy}}{n-1} = \frac{\sum (X_i - \bar{X})(Y_i - \bar{Y})}{n-1}$$
$$= \frac{(-3)(-2.75) + (-1)(0.25) + 1 \cdot 1.25 + 3 \cdot 1.25}{3}$$
$$= \frac{13}{3} = 4.33 \tag{2.26}$$

■ 単 相 関 係 数

2変数の関係の強さを表す指標としては，（標本）**単相関係数**，あるいは（標本）**相関係数**がよく知られています（r_{xy} と書きます）。標本共分散は，データ自身の大きさ（単位）に依存しますが，これはそれをそれぞれのデータの標準偏差 s_x と s_y で割ることにより，データの単位の影響を受けない基準化された指標となっています。

$$r_{xy} = \frac{s_{xy}}{s_x s_y}$$
$$= \frac{4.33}{2.58 \cdot 1.89} = 0.887 \tag{2.27}$$

これを，元のデータで表現すれば以下のようになります。

$$r_{xy} = \frac{\sum (X_i - \bar{X})(Y_i - \bar{Y})}{\sqrt{\sum (X_i - \bar{X})^2 \sum (Y_i - \bar{Y})^2}} \tag{2.28}$$

よく知られているように，単相関係数は必ず -1 から1の間に含まれる指標です。もし $r_{xy} = 0$ であれば相関がないといい，$0 < r_{xy} < 1$ であれば**正の相関**があるといい，$-1 < r_{xy} < 0$ であれば**負の相関**があるといいます。

データの散らばり具合と単相関係数の関係は**図2-2**に示されています。単相関係数が絶対値で1に近いほど2変数の線型関係が強いことになります。なお

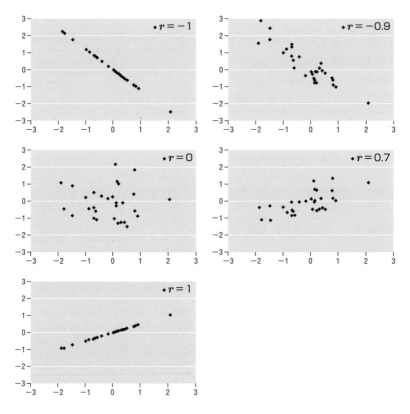

単相関係数は，2変数の関係の強さを示しますが，どちらが原因でどちらが結果であるかについては明らかではありません。

▶ 2.2.3　3つの重要な性質

これまで説明してきた標本平均，標本分散，標本共分散について，これ以降本書においてしばしば用いられる重要な性質があるので，ここではそれらを紹介します。

(1)　最初は，標本平均の定義 $\bar{X} = \dfrac{1}{n}\sum X_i$ より，

$$\sum X_i = n\bar{X} \tag{2.29}$$

すなわち，言葉で表すとデータの総和は標本平均の n 倍です。**表2–1** の数値例の場合は，以下の関係です。

$$10 + 12 + 14 + 16 = 4 \times 13 \tag{2.30}$$

(2)　次は，平均からの偏差の総和はゼロです。すなわち，**表2–1** の数値例の場合は，以下のようになります。

$$(10 - 13) + (12 - 13) + (14 - 13) + (16 - 13) = 0 \tag{2.31}$$

一般的には，以下のように表現できます。

$$\sum (X_i - \bar{X}) = 0 \tag{2.32}$$

この関係は，以下の関係によって示すことができます。

$$\begin{aligned} \sum (X_i - \bar{X}) &= \sum X_i - \sum \bar{X} \\ &= \sum X_i - n\bar{X} = 0 \end{aligned} \tag{2.33}$$

ここで，第 1 の等号は差の $\sum$ を $\sum$ の差に書き直したもので，第 2 の等号は $\bar{X}$ はもはや i には依存しない定数であることに注意すると，定数の $\sum$ は定数の n 倍であるという性質より与えられ，最後の等号は上記の (2.29) の性質からきています。

(3)　最後は，偏差 2 乗和および偏差の積和に関する計算上の便利さに関わるものです。

$$S_{xx} = \underbrace{\sum (X_i - \bar{X})^2}_{\text{こちらの計算は複雑}} = \underbrace{\sum X_i^2 - n\bar{X}^2}_{\text{こちらのほうが簡単}} \tag{2.34}$$

表 2–1 の Y の数値例では

$$S_{yy} = (-2.75)^2 + 0.25^2 + 1.25^2 + 1.25^2$$
$$= 6^2 + 9^2 + 10^2 + 10^2 - 4 \times 8.75^2 = 10.75 \quad (2.35)$$

となります。このように，元のデータが簡単な整数でも，偏差の2乗和を求める最初の方式では，もし標本平均が小数をもつ数であると，かなり細かい数の2乗をたくさん計算しなくてはなりません。一方，第2の方式であると，小数の2乗の計算は1回ですみます。

さて，上の一般的関係は，以下のように説明できます。

$$\sum(X_i - \bar{X})^2 = \sum(X_i^2 - 2X_i\bar{X} + \bar{X}^2)$$
$$= \sum X_i^2 - \sum 2X_i\bar{X} + \sum \bar{X}^2 \quad (2.36)$$

ここで，右辺の第2項は $2\sum X_i\bar{X} = 2\bar{X}\sum X_i$ であり，さらに $\sum X_i = n\bar{X}$ であることに注意すれば，$2\sum X_i\bar{X} = 2n\bar{X}^2$ となります。一方，第3項は $\sum \bar{X}^2 = n\bar{X}^2$ であるので，次式が成り立ちます。

$$\sum(X_i - \bar{X})^2 = \sum X_i^2 - 2n\bar{X}^2 + n\bar{X}^2$$
$$= \sum X_i^2 - n\bar{X}^2 \quad (2.37)$$

同様の計算上の便利さは，以下のような偏差の積和の計算においても成立します（説明は，サポートページにある本章の練習問題の解答5を参照）。

$$S_{xy} = \sum(X_i - \bar{X})(Y_i - \bar{Y}) = \sum X_i Y_i - n\bar{X}\bar{Y} \quad (2.38)$$

2.3 ヒストグラム

これまでは，データの特徴を平均，標準偏差などの指標によってとらえてきましたが，データ全体の散らばり具合を視覚的に確認するには，グラフが便利

■表2–2　300人の偏差値データ

データ区間	頻度	相対頻度
$X_i \leq 20$	1	0.003
$20 < X_i \leq 25$	0	0.000
$25 < X_i \leq 30$	7	0.023
$30 < X_i \leq 35$	12	0.040
$35 < X_i \leq 40$	28	0.093
$40 < X_i \leq 45$	35	0.117
$45 < X_i \leq 50$	62	0.207
$50 < X_i \leq 55$	54	0.180
$55 < X_i \leq 60$	52	0.173
$60 < X_i \leq 65$	29	0.097
$65 < X_i \leq 70$	13	0.043
$70 < X_i \leq 75$	6	0.020
$75 < X_i \leq 80$	1	0.003
$80 < X_i$	0	0
合　計	300	1

です。本節ではヒストグラムと呼ばれるグラフについて説明します。

　表2–2のように，受験生300人の偏差値のデータがあるとします。データ区間に含まれる偏差値を取得した学生の人数が「頻度」（あるいは度数）です。頻度の合計は，学生数の合計300と等しくなります。次に，偏差値の区間に含まれる学生が，全体のどれだけの割合かを表したものが**相対頻度**です。したがって，相対頻度は，頻度をデータの総数で割って計算されます。相対頻度は割合を表したものなので，すべてのデータ区間の相対頻度を足したとき，その合計は1になります。

　表2–2のデータ区間と相対頻度をグラフの形で表すと，図2–3のようになります。このようなグラフを**ヒストグラム**と呼びます（なお，通常は元の頻度そのもののグラフをヒストグラムと呼びますが，本書では特別に相対頻度のグラフをヒストグラムと呼ぶことにします）。ここで相対頻度を紹介するのは，データの散らばり具合を相対的にとらえる考え方を紹介するためで，第4章で説明するモデルの推定値の散らばりの解釈に役に立ちます。

■図2-3　偏差値のヒストグラム

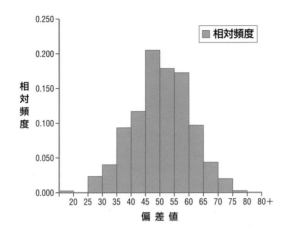

　図2-3では，区間 $45 < X_i \leq 50$ の偏差値をとった受験生がもっとも多く，この $45 < X_i \leq 50$ の区間から離れるにしたがって，受験生の人数が減り，山形の形をしていることがわかります。この例でいえば，70を超える偏差値を取得した受験生の割合は，右端から2本の棒グラフの高さを合計することで求められます。したがって70を超える偏差値を取得した受験生の割合は，$0.020 + 0.003 = 0.023$ と，全体の2.3%であると計算できます。また偏差値30以下の受験生の割合は，2.6%となります。このように散らばりの端のほうの相対頻度を計算することは，第4章で述べる t 検定で有用となります。

1. 次のデータが与えられたとする。

$$\{X_i\} = \{2, 3, 1, 4, 5\}, \qquad \{Y_i\} = \{1, -1, 3, 2, -3\}$$

以下の値を計算せよ。

(1) $\sum_{i=1}^{5} X_i$ (2) $\sum_{i=1}^{5} X_i^2$ (3) $\sum_{i=1}^{5} Y_i^2$ (4) $\sum_{i=1}^{5} X_i Y_i$

(5) $\sum_{i=1}^{5} X_i / Y_i$ (6) $\sum_{i=1}^{5} 5 X_i$ (7) $\sum_{i=1}^{5} (X_i + Y_i)^2$ (8) $\sum_{i=1}^{5} 6$

2. 次のようなデータについて，単相関係数を求めよ。

(1)	X_i	Y_i	(2)	X_i	Y_i
	50	82		5	120
	32	75		12	133
	48	63		15	160
	63	41		10	95
	91	46			

3. 上のデータ (2) について，X_i と Y_i の平均，分散と標準偏差を求めよ。

4. Excel を用いて，第 3 章のビッグ・マック価格比 $PPPB$ のデータの平均，分散，標準偏差を求めよ。また，トール・ラテ $PPPL$ と $PPPB$ の共分散と相関係数を求めよ。

5. $\sum (X_i - \bar{X})(Y_i - \bar{Y}) = \sum X_i Y_i - n \bar{X} \bar{Y}$ を示せ。

第3章

最 小 2 乗 法

　計量経済学の出発点は，経済理論にもとづいた線型モデルが与えられたときに，そのモデルの係数の値をデータ（標本）から求めることです。本章ではデータに直線をあてはめて係数の推定値を求める最小2乗法と呼ばれる方法を説明します。また，あてはまりの尺度である決定係数と呼ばれる指標を紹介します。これらは次章以降の基礎となる重要なものです。なお推定結果についての統計的推論に関しては，第4章と第5章で取り上げます。

3.1　最小2乗法と回帰直線

　ここで本題に戻り，与えられたデータに対して

$$Y = \alpha + \beta X \tag{3.1}$$

という直線をあてはめることを考えます。すなわち，未知のパラメーターである α と β をデータから推定する方法を学びます。

　この分析で重要なことは，ここでは，単に Y と X が関係しているということを想定しているのではなく，X が原因変数で Y が結果変数であるということを想定していることです。すなわち，変数間の因果関係が想定されているということです。この点が前章で学んだ単相関係数と異なる点です。経済理論は，経済変数間の因果関係を述べているものであり，その理論を検証することが計量分析の目的です。したがって，たとえば最小2乗法を体重と身長の関係の強

さを調べることに使うことは問題があります。なぜなら，体重と身長はどちらが原因で，どちらが結果であるかは判然としないからです。

なお一般的には，式の右辺に含まれる説明変数は1つである必要はなく，

$$Y = \alpha + \beta X + \gamma Z + \delta r \tag{3.2}$$

のように，説明変数は2つ以上でもかまいません。ここで，たとえばZは資産残高，rは利子率，γ（ガンマ）とδ（デルタ）は未知のパラメーターです。実際の実証分析では，2つ以上の説明変数が存在するモデルのほうが多いかもしれません。ただし，説明および理解の簡単化のために，本章ならびに第4章では説明変数が1つの場合のみを考えることにします。

▶ 3.1.1 最小2乗法（OLS）の考え方

まず$Y_i = \alpha + \beta X_i$をデータにあてはめて，αとβの推定値をデータから探ります。すなわち，データにあてはまると思われる直線を探す方法について，図3–1の例を使って説明します。

■図3–1 直 線 を 探 す

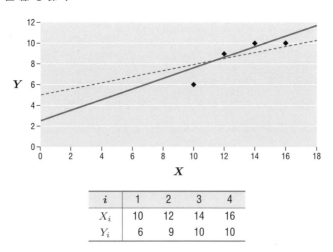

i	1	2	3	4
X_i	10	12	14	16
Y_i	6	9	10	10

■図3-2　直線とデータの剥離：残差の導入

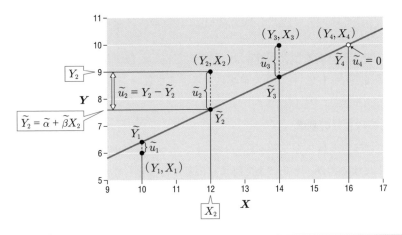

考え方としては，α と β について特定の $\tilde{\alpha}$（アルファ・ティルダ）と $\tilde{\beta}$（ベータ・ティルダ）という値を想定します。たとえば $\tilde{\alpha} = 0.4,\ \tilde{\beta} = 0.6$ のように考えます。すると，$\tilde{Y} = \tilde{\alpha} + \tilde{\beta}X$ という直線が想定されます。今，X_i のデータが与えられているので，それぞれの X_i に対応した直線上の点，$\tilde{Y}_i$

$$\tilde{Y}_i = \tilde{\alpha} + \tilde{\beta}X_i \quad (i = 1, 2, \cdots, n) \tag{3.3}$$

を求めることができます。これは，データ Y_i に対応したものですが，一般に Y_i とは等しくなりません。そこで，そのはずれ具合を残差と呼び，以下のように書きます。

$$\tilde{u}_i = Y_i - \tilde{Y}_i = Y_i - (\tilde{\alpha} + \tilde{\beta}X_i) \quad (i = 1, 2, \cdots, n) \tag{3.4}$$

図3-2 のデータにおいて，たとえば，$\tilde{\alpha} = 0.4,\ \tilde{\beta} = 0.6$ とすると，これらは以下で与えられます。

$\tilde{Y}_i$

$\tilde{Y}_1 = 0.4 + 0.6 \times 10 = 6.4$

$\tilde{Y}_2 = 0.4 + 0.6 \times 12 = 7.6$

$\tilde{u}_i$

$\tilde{u}_1 = 6.0 - 6.4 = -0.4$

$\tilde{u}_2 = 9.0 - 7.6 = 1.4$

$$\tilde{Y}_3 = 0.4 + 0.6 \times 14 = 8.8 \qquad \tilde{u}_3 = 10.0 - 8.8 = 1.2$$
$$\tilde{Y}_4 = 0.4 + 0.6 \times 16 = 10.0 \qquad \tilde{u}_4 = 10.0 - 10.0 = 0.0$$

ここで，$\tilde{\alpha} = 0.4$ と $\tilde{\beta} = 0.6$ は，勝手に想定した値でしたが，私たちは n 個の残差 $\tilde{u}_i$ $(i = 1, 2, \cdots, n)$ を最小にするような $\tilde{\alpha}$ と $\tilde{\beta}$ を探したいのです。

■ あてはまりの基準

あてはまりの良し悪しを考えるためには，どういう基準で $\tilde{u}_i$ $(i = 1, 2, \cdots, n)$ を最小にするのか，というあてはまりの基準を設定しなければなりません。簡単に思いつく基準には，以下の3つがあります。

(1)　残差の和（$\tilde{u}_i + \cdots + \tilde{u}_n = \sum \tilde{u}_i$）を最小にする。

(2)　残差の絶対和（$|\tilde{u}_i| + \cdots + |\tilde{u}_n| = \sum |\tilde{u}_i|$）を最小にする。

(3)　残差の2乗和（$\tilde{u}_i^2 + \cdots + \tilde{u}_n^2 = \sum \tilde{u}_i^2$）を最小にする。

まず(1)は，残差を足し合わせたものです。しかしながらこれには問題があります。なぜなら，$\tilde{u}_i$ には，正のものも負のものもあり，個々の値は絶対値で大きくとも，足し合わせると正負がキャンセルして小さな値になる可能性があります。これでは，和が小さくてもあてはまりがよいとは限りません。次の(2)は，残差の絶対値を足し合わせたものです。これは(1)の弱点を克服しています。ただし，この基準を最小にする $\tilde{\alpha}$ と $\tilde{\beta}$ を探すことは，数学的に難しいことが知られており，この基準は通常用いられません。最後の(3)は，残差の2乗和を基準とするものです。これは，残差の2乗によってすべて非負の値になっているので(1)の弱点をもたず，かつ数学的扱いが難しくないので，通常はこの基準を採用します。

なお，残差を正の値に変換して評価するということでは，残差の4乗和や6乗和も考えられますが，これらは複雑になりすぎるので，通常は用いられません。前章の標本分散のときにも用いられましたが，バラツキや散らばり具合を2乗和でとらえるのは，計量経済学（や統計学）での一般的な考え方です。

残差2乗和を最小にする方法ということで，これから扱われる方法は，**最小2乗法**と呼ばれます。英語では，Ordinary（普通の），Least（最小），Squares

（2乗）の頭文字をとって **OLS** という略称で呼ばれます。最小2乗法の考え方をまとめると，以下のボックスのようになります。

> ● **最小2乗法（OLS）**
>
> $\tilde{\alpha}$ と $\tilde{\beta}$ の関数である J,
>
> $$J = \tilde{u}_1^2 + \cdots + \tilde{u}_n^2 = \sum \tilde{u}_i^2 = \sum \left(Y_i - \tilde{\alpha} - \tilde{\beta} X_i \right)^2 \tag{3.5}$$
>
> を最小にする $\tilde{\alpha}$ と $\tilde{\beta}$ を求める。

▶ 3.1.2　最小2乗推定値の求め方

　ここでは，残差の2乗和 J を最小にする最小2乗推定値（OLS 推定値）の導出法を紹介します。これには2種の方法があります。

■ 微分による方法

　J は $\tilde{\alpha}$ と $\tilde{\beta}$ の関数なので，関数の最大や最小を求めるには，関数を微分してゼロとおいて，その式より求めることが標準的です（図3–3参照）。すなわち，以下を満たす $\tilde{\alpha}$ と $\tilde{\beta}$ を探すことになります。

$$\frac{\partial J}{\partial \tilde{\alpha}} = 0, \quad \frac{\partial J}{\partial \tilde{\beta}} = 0 \tag{3.6}$$

ここでは，具体的な手順は省略しますが，結果を整理すると**正規方程式**と呼ばれる，以下のような連立方程式が導かれます[1]。

$$n\hat{\alpha} + \left(\sum X_i \right) \hat{\beta} = \sum Y_i \tag{3.7}$$

$$\left(\sum X_i \right) \hat{\alpha} + \left(\sum X_i^2 \right) \hat{\beta} = \sum X_i Y_i \tag{3.8}$$

ここで，今までのように $\tilde{\alpha}$ と $\tilde{\beta}$ でなく $\hat{\alpha}$（アルファー・ハット）と $\hat{\beta}$（ベータ・ハット）と書いてあるのは，これらが J の最小値をもたらす，特定の推定値を意味するためです。

1　詳しい導出は，山本（2022）18 ページを参照。

■図3-3　微分のイメージ

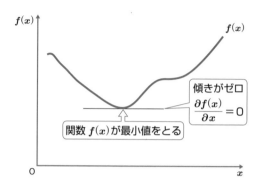

図3-1 の数値例の場合，(X_i, Y_i) $(i = 1, 2, \cdots, n)$ は具体的な値として与えられているので，それらを代入すると，以下のような具体的な連立方程式となります。

$$4\hat{\alpha} + 52\hat{\beta} = 35 \tag{3.9}$$

$$52\hat{\alpha} + 696\hat{\beta} = 468 \tag{3.10}$$

これより，OLS 推定値として以下が得られます。

$$\hat{\alpha} = 0.3, \quad \hat{\beta} = 0.65 \tag{3.11}$$

したがって，与えられたデータについて，もっともあてはまりのよい直線は，

$$\hat{Y} = 0.3 + 0.65X \tag{3.12}$$

として求められます。

なお，上記の一般的な正規方程式を $\hat{\alpha}$ と $\hat{\beta}$ について解くと，OLS の計算式が導かれます[2]。

2　この導出については，山本（2022）20〜22 ページを参照。

● OLSの計算式

$$\hat{\beta} = \frac{S_{xy}}{S_{xx}} = \frac{\sum (X_i - \bar{X})(Y_i - \bar{Y})}{\sum (X_i - \bar{X})^2} \qquad (3.13)$$

$$\hat{\alpha} = \bar{Y} - \hat{\beta}\bar{X} \qquad (3.14)$$

もちろん，この公式に前章で求めた $\bar{X}$, $\bar{Y}$, S_{xx}, S_{xy} の結果を代入すれば，前述のように正規方程式を解くことと同様の結果が得られます[3]。

$$\hat{\beta} = \frac{13}{20} = 0.65 \qquad (3.15)$$

$$\hat{\alpha} = 8.75 - 0.65 \times 13 = 0.3 \qquad (3.16)$$

■ OLS の計算式 (3.13)，(3.14) の直接的導出

ここでの導出法は，微分を使わずに，$\hat{\alpha}$ と $\hat{\beta}$ を導くところに特徴があります（それなりに複雑なので，興味のない読者はとばしてかまいません）。まず $J = \sum (Y_i - \tilde{\alpha} - \tilde{\beta}X_i)^2$ の各 i の $Y_i - \tilde{\alpha} - \tilde{\beta}X_i$ を以下のように書き直します。

$$Y_i - \tilde{\alpha} - \tilde{\beta}X_i = (Y_i - \bar{Y}) - \tilde{\beta}(X_i - \bar{X}) + (\bar{Y} - \tilde{\alpha} - \tilde{\beta}\bar{X}) \qquad (3.17)$$

両辺の 2 乗は以下で与えられます。

$$
\begin{aligned}
&(Y_i - \tilde{\alpha} - \tilde{\beta}X_i)^2 \\
&= (Y_i - \bar{Y})^2 + \tilde{\beta}^2(X_i - \bar{X})^2 + (\bar{Y} - \tilde{\alpha} - \tilde{\beta}\bar{X})^2 \\
&\quad - 2\tilde{\beta}(Y_i - \bar{Y})(X_i - \bar{X}) + 2(Y_i - \bar{Y})(\bar{Y} - \tilde{\alpha} - \tilde{\beta}\bar{X}) \\
&\quad - 2\tilde{\beta}(X_i - \bar{X})(\bar{Y} - \tilde{\alpha} - \tilde{\beta}\bar{X})
\end{aligned} \qquad (3.18)
$$

この結果の導出には，以下の公式が使われています。

$$(a + b + c)^2 = a^2 + b^2 + c^2 + 2ab + 2ac + 2bc$$

3　Excel での計算は，WEB 解説 3.1 の「最小 2 乗法」を参照。

ここで，上式の各項についての総和 $\sum$ をとると

$$
\begin{aligned}
&\sum(Y_i - \tilde{\alpha} - \tilde{\beta}X_i)^2 \\
&= \sum(Y_i - \bar{Y})^2 + \tilde{\beta}^2 \sum(X_i - \bar{X})^2 + \sum(\bar{Y} - \tilde{\alpha} - \tilde{\beta}\bar{X})^2 \\
&\quad - 2\tilde{\beta} \sum(Y_i - \bar{Y})(X_i - \bar{X}) + 2\sum(Y_i - \bar{Y})(\bar{Y} - \tilde{\alpha} - \tilde{\beta}\bar{X}) \\
&\quad - 2\sum \tilde{\beta}(X_i - \bar{X})(\bar{Y} - \tilde{\alpha} - \tilde{\beta}\bar{X})
\end{aligned}
\tag{3.19}
$$

このとき，第 5 項と第 6 項は $\sum(Y_i - \bar{Y}) = 0$ と $\sum(X_i - \bar{X}) = 0$ という性質
（前章 2.2.3 項参照）より，ゼロとなります。すなわち，

$$
\begin{aligned}
\sum 2(Y_i - \bar{Y})(\bar{Y} - \tilde{\alpha} - \tilde{\beta}\bar{X}) &= 2\hat{\beta}(\bar{Y} - \tilde{\alpha} - \tilde{\beta}\bar{X})\sum(Y_i - \bar{Y}) = 0 \\
\sum 2\tilde{\beta}(X_i - \bar{X})(\bar{Y} - \tilde{\alpha} - \tilde{\beta}\bar{X}) &= 2(\bar{Y} - \tilde{\alpha} - \tilde{\beta}\bar{X})\sum(X_i - \bar{X}) = 0
\end{aligned}
$$

さらに (3.19) の右辺の第 1 項，第 2 項および第 4 項を前章 2.2.2 項での偏差の
2 乗和や偏差の積和の表現を用いて書き換えると，以下のようになります。

$$
\sum(Y_i - \tilde{\alpha} - \tilde{\beta}X_i)^2 = S_{yy} + \tilde{\beta}^2 S_{xx} + n(\bar{Y} - \tilde{\alpha} - \tilde{\beta}\bar{X})^2 - 2\tilde{\beta}S_{xy}
\tag{3.20}
$$

この右辺の第 2 項と第 4 項をまとめると $\left(\tilde{\beta}\sqrt{S_{xx}} - \dfrac{S_{xy}}{\sqrt{S_{xx}}}\right)^2 - \dfrac{S_{xy}^2}{S_{xx}}$ と書き
直すことができます。この関係を用いると上式は，以下のように書き直すこと
ができます。

$$
\begin{aligned}
&\sum(Y_i - \tilde{\alpha} - \tilde{\beta}X_i)^2 \\
&= S_{yy} + \left(\tilde{\beta}\sqrt{S_{xx}} - \frac{S_{xy}}{\sqrt{S_{xx}}}\right)^2 + n(\bar{Y} - \tilde{\alpha} - \tilde{\beta}\bar{X})^2 - \frac{S_{xy}^2}{S_{xx}} \\
&= \left(S_{yy} - \frac{S_{xy}^2}{S_{xx}}\right) + \left(\tilde{\beta}\sqrt{S_{xx}} - \frac{S_{xy}}{\sqrt{S_{xx}}}\right)^2 + n(\bar{Y} - \tilde{\alpha} - \tilde{\beta}\bar{X})^2
\end{aligned}
\tag{3.21}
$$

以上で，目的とした式の書き換えは終わりです。上式の右辺の第 1 項は $\tilde{\alpha}$ や $\tilde{\beta}$ の関数ではないので，J の最小化には関係なく無視することができます。第 2 項，第 3 項のみが $\tilde{\alpha}$ や $\tilde{\beta}$ の関数であり，それらを適当に定めることにより J を小さくできます。具体的には，第 2 項と第 3 項をそれぞれ最小のゼロにするように，$\tilde{\alpha}$ と $\tilde{\beta}$ を決めればよいのです。まず第 2 項をゼロとするためには，以下が求まります。

$$\tilde{\beta}\sqrt{S_{xx}} = \frac{S_{xy}}{\sqrt{S_{xx}}} \tag{3.22}$$

これより $\tilde{\beta}$ について解けば，以下を得ます。

$$\tilde{\beta} = \frac{S_{xy}}{S_{xx}} \tag{3.23}$$

この $\tilde{\beta}$ を OLS 推定値 $\hat{\beta}$ とします（(3.13) が導かれました）。さらに定数項については，今求めた $\hat{\beta}$ を用いて，(3.21) の第 3 項より以下のように求めます。

$$\bar{Y} - \tilde{\alpha} - \hat{\beta}\bar{X} = 0 \tag{3.24}$$

これより

$$\tilde{\alpha} = \bar{Y} - \hat{\beta}\bar{X} \tag{3.25}$$

この $\tilde{\alpha}$ を OLS 推定値 $\hat{\alpha}$ とします（(3.14) が導かれました）。

▶ 3.1.3　回帰直線，理論値，残差
■ 回帰直線

　上記のように最小 2 乗法（OLS）によって求められた $\hat{\alpha}$ と $\hat{\beta}$ を用いて表した直線は以下で与えられます。

$$\hat{Y} = \hat{\alpha} + \hat{\beta}X \quad (\text{例}：\hat{Y} = 0.3 + 0.65X) \tag{3.26}$$

この直線は，回帰直線，あるいは推定された回帰直線と呼ばれます。またOLSを適用することをYの回帰をとる，あるいはより丁寧にYのX上への回帰をとるということもあります。まとめて，OLSを適用することは，しばしば回帰分析とも呼ばれます。なお，「回帰」という言葉が使われるようになったのは，OLSが当初用いられた実証分析の結果が回帰的であったためであり，OLSがもつ方法論的な性質を根拠にしたものではありません。

■ 理論値，残差

上記の推定された回帰直線の説明変数Xに，具体的なデータX_iを代入した場合は，以下のように表されます。

$$\hat{Y}_i = \hat{\alpha} + \hat{\beta}X_i \quad (例：\hat{Y}_i = 0.3 + 0.65X_i) \quad (i = 1, 2, \cdots, n) \quad (3.27)$$

この$\hat{Y}_i$のことを理論値と呼びます。これは，推定された回帰直線上のX_iに対応するYの値という意味です。この理論値に対応した残差もやはり＾（ハット）を付けて表すと，それは被説明変数のデータである実績値Y_iと理論値$\hat{Y}_i$の差として，以下のように求められます。

$$\hat{u}_i = Y_i - \hat{Y}_i \quad (i = 1, 2, \cdots, n) \tag{3.28}$$

図3–1の数値例の場合，理論値と残差は以下で与えられます。

理論値	残差
$\hat{Y}_1 = 0.3 + 0.65 \times 10 = 6.8$	$\hat{u}_1 = 6.0 - 6.8 = -0.8$
$\hat{Y}_2 = 0.3 + 0.65 \times 12 = 8.1$	$\hat{u}_2 = 9.0 - 8.1 = 0.9$
$\hat{Y}_3 = 0.3 + 0.65 \times 16 = 9.4$	$\hat{u}_3 = 10.0 - 9.4 = 0.6$
$\hat{Y}_4 = 0.3 + 0.65 \times 18 = 10.7$	$\hat{u}_4 = 10.0 - 10.7 = -0.7$

逆に残差の式をY_iについて解くと，実績値Y_iは次のように，理論値と残差に分解できることになります。

$$Y_i \ = \ \hat{Y}_i \ + \ \hat{u}_i \ = \hat{\alpha} + \hat{\beta}X_i + \hat{u}_i \quad (i = 1, 2, \cdots, n) \qquad (3.29)$$

"実績値" "理論値" "残差"

■ 残差についての重要な性質

OLS の残差には，以下のような３つの重要な性質があります[4]。

$$\sum \hat{u}_i = 0 \quad （残差の総和はゼロ） \qquad (3.30)$$

$$\sum X_i \hat{u}_i = 0 \quad （残差と説明変数の積和はゼロ） \qquad (3.31)$$

$$\sum \hat{Y}_i \hat{u}_i = 0 \quad （残差と理論値の積和はゼロ） \qquad (3.32)$$

図 3–1 の数値例では，これらの性質は，以下のように容易に確かめられます。

$$\sum \hat{u}_i = -0.8 + 0.9 + 0.6 - 0.7 = 0$$

$$\sum X_i \hat{u}_i = 10(-0.8) + 12 \cdot 0.9 + 14 \cdot 0.6 + 16(-0.7)$$

$$= -8 + 10.8 + 8.4 - 11.2 = 0$$

$$\sum \hat{Y}_i \hat{u}_i = 6.8(-0.8) + 8.1 \cdot 0.9 + 9.4 \cdot 0.6 + 10.7(-0.7)$$

$$= -5.44 + 7.29 + 5.64 - 7.49 = 0$$

残差の総和がゼロという性質は，理論値 $\hat{Y}_i$ の平均が実績値 Y_i の平均 $\bar{Y}$ と等しいことも意味します。なぜなら，上の (3.29) の両辺の総和をとると

$$\sum Y_i = \sum \hat{Y}_i + \sum \hat{u}_i \qquad (3.33)$$

となります。右辺の第２項は，残差の総和なので (3.30) よりゼロです。したがって，実績値の総和と理論値の総和は等しくなります。したがって，実績値の平均と理論値の平均は等しくなります。

$$\bar{Y} = \bar{\hat{Y}} \qquad (3.34)$$

---

4 これらの導出について興味のある読者は，山本（2022）23〜24 ページを参照。

■ 回帰直線の特徴

最後に，推定された回帰直線は，必ずそれぞれのデータ X と Y の標本平均 $\bar{X}$ と $\bar{Y}$ を通るという性質を示します。これを示すには，理論値 $\hat{Y}_i = \hat{\alpha} + \hat{\beta} X_i$ において，X_i に $\bar{X}$ を代入すると，$\hat{Y}_i = \bar{Y}$ であることがわかれば十分です。まず X_i に $\bar{X}$ を代入すると

$$\hat{Y}_i = \hat{\alpha} + \hat{\beta}\bar{X} \tag{3.35}$$

となります。ここで，OLS の計算式 (3.14) から，$\hat{\alpha} = \bar{Y} - \hat{\beta}\bar{X}$ を代入すると

$$\hat{Y}_i = (\bar{Y} - \hat{\beta}\bar{X}) + \hat{\beta}\bar{X} = \bar{Y} \tag{3.36}$$

という期待通りの結果を得ます。

3.2 回帰直線のあてはまりの尺度 ：決定係数

▶ 3.2.1 回帰直線の説明力

ここでは，推定した回帰直線が，どのくらい被説明変数の変動を説明しているのかについて考えます。そこで，あてはまりの尺度として**決定係数**（通常，R^2 （アール 2 乗）と書きます）を紹介します。

■ 被説明変数の変動の分解

まず，(3.29) で説明した実績値 Y_i の分解をスタートポイントとします。

$$\underset{\text{“実績値”}}{Y_i} = \underset{\text{“理論値”}}{\hat{Y}_i} + \underset{\text{“残差”}}{\hat{u}_i} \quad (i = 1, 2, \cdots, n) \tag{3.37}$$

両辺から標本平均 $\bar{Y}$ を引くと，以下のように書けます。

$$Y_i - \bar{Y} \;=\; \hat{Y}_i - \bar{Y} \;+\; \hat{u}_i \quad (i = 1, 2, \cdots, n) \qquad (3.38)$$

"実績値の変動"　　"理論値の変動"　　"残差"

これは，各 i についての平均からの変動なので，全体の変動をとらえるために，両辺の 2 乗和を作ります。

$$\begin{aligned}
\sum (Y_i - \bar{Y})^2 &= \sum \{(\hat{Y}_i - \bar{Y}) + \hat{u}_i\}^2 \\
&= \sum \{(\hat{Y}_i - \bar{Y})^2 + \hat{u}_i^2 + 2(\hat{Y}_i - \bar{Y})\hat{u}_i\} \\
&= \sum (\hat{Y}_i - \bar{Y})^2 + \sum \hat{u}_i^2 + 2 \sum (\hat{Y}_i - \bar{Y})\hat{u}_i \qquad (3.39)
\end{aligned}$$

このとき，最後の表現の第 3 項は，(3.30) と (3.32) を用いることにより 0 となります。したがって，被説明変数 Y の全変動は以下のように分解できます。

$$\sum (Y_i - \bar{Y})^2 = \sum (\hat{Y}_i - \bar{Y})^2 + \sum \hat{u}_i^2 \qquad (3.40)$$

"全体の変動"　　　　"説明された変動"　　"説明されない変動"

■ 決 定 係 数

以上の分解より，決定係数の第 1 の定義は，以下で与えられます。

$$R^2 = \frac{\sum (\hat{Y}_i - \bar{Y})^2}{\sum (Y_i - \bar{Y})^2} = \frac{\hat{Y} で説明された変動}{Y の全変動} \qquad (3.41)$$

すなわち，偏差の 2 乗和で定義された実績値 Y の全変動のうち，推定された回帰直線から導かれる理論値 $\hat{Y}$ の変動の割合を示しています。また上の (3.40) から，"$\hat{Y}$ で説明された変動"で解くことにより，以下のように書き換えることもできます。

$$\sum (\hat{Y}_i - \bar{Y})^2 = \sum (Y_i - \bar{Y})^2 - \sum \hat{u}_i^2 \qquad (3.42)$$

これを，(3.41) の分子に代入すると，決定係数の第 2 の定義を得ます。

$$R^2 = \frac{\sum(Y_i - \bar{Y})^2 - \sum \hat{u}_i^2}{\sum(Y_i - \bar{Y})^2} = 1 - \frac{\sum \hat{u}_i^2}{\sum(Y_i - \bar{Y})^2} \tag{3.43}$$

右辺の第2項は，残差の変動が全変動に対してどれだけの割合を占めるかを示しています。

ここで，計算上の便利さを考えて，$\sum(\hat{Y}_i - \bar{Y})^2 = \sum \hat{Y}_i^2 - n\bar{Y}^2$ （(2.34) 参照）であることを思い出すと，図3–1の数値例では，決定係数の第1の定義を用いて以下のように計算できます。

$$\begin{aligned}
R^2 &= \frac{\sum(\hat{Y}_i - \bar{Y})^2}{\sum(Y_i - \bar{Y})^2} = \frac{\sum \hat{Y}_i^2 - n\bar{Y}^2}{\sum Y_i^2 - n\bar{Y}^2} \\
&= \frac{6.8^2 + 8.1^2 + 9.4^2 + 10.7^2 - 4 \times 8.75^2}{6^2 + 9^2 + 10^2 + 10^2 - 4 \times 8.75^2} \\
&= \frac{8.45}{10.75} = 0.786
\end{aligned} \tag{3.44}$$

この例では，推定された回帰直線が，実績値の全変動の78.6%を説明していることを示しています。

一方，決定係数の第2の定義を用いると以下のように計算されます。

$$\begin{aligned}
R^2 &= 1 - \frac{\sum \hat{u}_i^2}{\sum(Y_i - \bar{Y})^2} = 1 - \frac{\sum \hat{u}_i^2}{\sum Y_i^2 - n\bar{Y}^2} \\
&= 1 - \frac{(-0.8)^2 + 0.9^2 + 0.6^2 + (-0.7)^2}{6^2 + 9^2 + 10^2 + 10^2 - 4 \times 8.75^2} \\
&= 1 - \frac{2.3}{10.75} = \frac{8.45}{10.75} = 0.786
\end{aligned} \tag{3.45}$$

当然ですが，いずれの定義を用いても結果は同じです。

▶ 3.2.2 決定係数の性質・解釈

ここでは，決定係数 R^2 の基本的な性質をいくつか紹介します。なお決定係

数を解釈するあたっては，いくつかの注意すべき点がありますが，それについ
ては第 5 章 5.5 節で説明します。

■ 決定係数は，$0 \le R^2 \le 1$ を常に満たす

最初の不等号は，決定係数の第 1 の定義 (3.41) を見れば，分子と分母はとも
に 2 乗和で作られているので，ともに非負であることは明らかです。さらに分
母はゼロになることはなく，必ず正です。もし分母がゼロである場合は，もとも
とすべての Y_i が $\bar{Y}$ と等しく，Y_i にはまったく変動がないということを意味す
るので，その場合は，そもそも回帰分析など行わないと考えることができます。

2 番目の不等号は，やはり第 1 の定義において，分子は分母の一部なので成
立します。

この R^2 のとる範囲の性質は，もし手計算で OLS を行って，R^2 が 0 から 1
の範囲をはみ出たら，R^2 の計算が間違いか，そもそも OLS 推定値の計算に誤
りがある，というチェックにも使えます。

■ $R^2 = 1$ は，完全なあてはまりを意味する

決定係数の第 2 の定義 (3.43) を用いると，$R^2 = 1$ ということは $\sum \hat{u}_i^2 = 0$
を意味します。これはすべての残差 $\hat{u}_i$ がゼロということであり，すべてのデー
タは推定された回帰直線上に乗っているということを意味します。すなわち，す
べての i について，$\hat{Y}_i = Y_i$ となります。逆にいうと，もともとすべてのデータ
がある直線上に並んでいて，OLS はその直線を探しあてたということを意味し
ます。

■ $R^2 = 0$ は，完全なはずれを意味する

ここで「完全なはずれ」とは，説明変数 X に被説明変数 Y の変動を説明す
る力がまったくない，という意味です。これは，決定係数の第 1 の定義 (3.41)
を用いて説明します。$R^2 = 0$ ということは，$\sum (\hat{Y}_i - \bar{Y})^2 = 0$ を意味します。
これはすべての i について，$\hat{Y}_i = \bar{Y}$ ということを意味します。すなわち，すべ
ての理論値 $\hat{Y}_i = \hat{\alpha} + \hat{\beta} X_i$ が変動せず，一定の $\bar{Y}$ であるということです。理論
値の式より，これが成り立つのは $\hat{\beta} = 0$（かつ $\hat{\alpha} = \bar{Y}$）のときであり，これは

X が Y の変動の説明にまったく役に立たないということを意味しています。

■ R^2 がどのくらいあれば，よいあてはまりといえるか？

以上の考察から，R^2 は 1 に近いほどあてはまりがよい，ということになります。一般的には，R^2 が 0.8 以上あれば，ある程度のあてはまりが実現され，0.3 以下では，あてはまりが悪いといえます。ここで，どの程度の値があればよいか（推定がうまくいったか），ということが気になります。実はこれはなかなか難しい問題です。結論からいうと，R^2 のみを基準として，モデルがうまく推定できたか否かを判断するのは，必ずしも適当ではありません。

すなわち，これまでの多くの実証分析の蓄積から，決定係数についてもかなり多くのことがわかってきています。たとえば，マクロの消費関数の推定においては，決定係数が 0.95 程度が得られるのは普通のことであり，とくにめざましくよい結果ではありません。またマクロの投資関数では，0.7 が得られれば上出来と考えられます。またクロスセクション・データの分析では，0.3 くらいしか得られない場合も多いのです。このように，ケース・バイ・ケースであり，R^2 について一般的な基準はありません。

■ 決定係数と単相関係数の関係

前章 2.2.2 項で紹介した単相関係数と決定係数には，以下のような重要な関係があります。単回帰モデルの場合には，決定係数は Y_i と X_i の単相関係数 r_{xy} の 2 乗に等しくなります（証明は，サポートページにある本章の練習問題 5 の解答を参照）。

$$R^2 = r_{xy}^2 = 0.888^2 = 0.786 \tag{3.46}$$

この関係は，単回帰の場合にのみ成立します。第 5 章で紹介される多重回帰モデルでも通用する一般的関係は，決定係数 R^2 は Y_i と $\hat{Y}_i$（理論値）の単相関係数 $r_{y\hat{y}}$ の 2 乗に等しいという関係です[5]。

5　山本（2022）28〜29 ページを参照。

$$R^2 = r_{y\hat{y}}^2 \tag{3.47}$$

3.3 実証例：スターバックス・ラテ指数

■ 一物一価の法則と PPP

　マクドナルドのハンバーガー，ビッグマックは世界中にあるマクドナルドの店舗で同じ商品が売られており，一物一価の法則が成り立つならば，どの国のビッグマックも同じ価格で販売されているはずです。もしそうであるならば，日本のビッグマックとアメリカのビッグマックの価格を比較すると，円とドルの相対的な価値を計算することができます。このように，ビッグマックの価格比（これを，**ビッグマック指数**といいます）で簡易的に通貨価値を比較しようとする試みがなされてきました。2004 年のイギリスの経済雑誌『The Economist』では，「Burgers or beans? A new theory is percolating through the foreign-exchange markets」という記事の中で，ビッグマック指数に加えてスターバックスのトール・ラテを使った指数（**スターバックス・ラテ指数**）も公表されました。

　すべての財が世界中で同じ価値で取引されているのであれば，経済全体で考えたとき，同じことを国全体の物価水準の比較で考えることができます。このことを為替レートの**購買力平価**（Purchasing Power Parity Theory；**PPP**）といいます。ここでは，スターバックス・ラテ指数（$PPPL$ と書きます）が実際の為替レート（EXC と書きます）の代わりになりうるか否か検証してみます。スターバックス・ラテ指数は**表 3-1** に与えられています。検証のためのモデルは，以下のように書けます。

$$EXC_i = \alpha + \beta PPPL_i + u_i \tag{3.48}$$

　もし，スターバックス・ラテ指数が為替レートの代替が務まるとすると $\hat{\alpha} = 0$ かつ $\hat{\beta} = 1$ が期待されます。またそのとき，決定係数は高いはずです。Excel

■表3-1　スターバックス・ラテ指数とビッグマック指数

国　　名	対ドル為替レート *EXC*	スターバックス・ラテ 指数 *PPPL*	ビッグマック指数 *PPPB*
オーストラリア	1.288	1.236	1.069
イギリス	0.545	0.638	0.670
カ ナ ダ	1.2869	1.081	1.081
中　　国	8.2768	8.194	3.642
ユーロ圏	0.788	1.048	0.977
日　　本	106.22	120.029	93.473
マレーシア	3.8	2.850	1.786
メキシコ	10.8231	9.200	8.550
ニュージーランド	1.467	1.291	1.408
シンガポール	1.6934	1.727	1.168
ス イ ス	1.231	1.994	2.240
タ　　イ	38.961	26.883	21.039

（出所）『The Economist』および IMF より抜粋。為替レートは 2004 年 1 月 14
日のデータを使用。*PPPL* および *PPPB* は，『The Economist』に公表されている
データを用いて計算した。

を用いて計算してみましょう[6]。

■　**異常値の問題：日本とタイを除いた場合**

　計算されたスターバックス・ラテ指数と為替レートの関係を図 3-4 で見てみ
ましょう。12 カ国のデータをすべて使った場合，図 3-4(a)から，あるいは元
の表 3-1 から，2 カ国のデータだけ他と比較して大きな値をとるものがあるこ
とがわかります。一番大きな値は日本，次がタイです。これらは，他の国のデー
タから突出した大きさであり，**異常値**とも考えることができます。とりあえず
日本とタイのデータを除いた図 3-4(c) について分析することにします。その
後で，タイや日本のデータを加えた場合を考えて，突出したデータの影響を考
えます。
　ここでは，「OLS の計算式」を使います。β の推定をするために，まず，平均は，

6　Excel での分析例は，WEB 演習 3.2 の「スターバックス・ラテ指数」を参照。

■図3-4　スターバックス・ラテ指数と為替レートの散布図

(a)　12カ国すべて

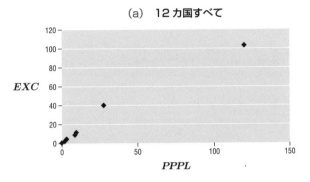

(b)　日本を除く11カ国

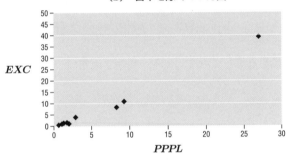

(c)　日本とタイを除く10カ国

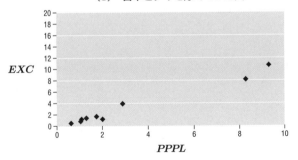

$$P\bar{P}PL = 2.926, \quad E\bar{X}C = 3.120 \tag{3.49}$$

さらに (3.13) における分母 S_{xx} と分子 S_{xy} は，ここではスターバックス・ラテ指数の偏差 2 乗和と為替レートとの偏差の積和として，以下のように計算されます。

$$S_{PPPL,PPPL} = 87.117, \quad S_{PPPL,EXC} = 98.363 \tag{3.50}$$

したがって，β の推定値は (3.13) より

$$\hat{\beta} = \frac{S_{PPPL,EXC}}{S_{PPPL,PPPL}} = 1.129 \tag{3.51}$$

となります。さらに (3.14) より，$\hat{\alpha}$ は以下のように求められます。

$$\hat{\alpha} = E\bar{X}C - \hat{\beta} \cdot P\bar{P}PL = -0.184 \tag{3.52}$$

次に決定係数を計算してみましょう。残差 2 乗和は

$$\sum \hat{u}_i^2 = 2.453 \tag{3.53}$$

として計算されます。為替レート EXC の偏差 2 乗和は

$$\sum (EXC_i - E\bar{X}C)^2 = 113.514 \tag{3.54}$$

なので，決定係数は

$$R^2 = 1 - \frac{\sum \hat{u}_i^2}{\sum (EXC_i - E\bar{X}C)^2} = 0.978 \tag{3.55}$$

となります。R^2 の値が 1 に近いので，この回帰はあてはまりがよいことがわかります。

OLS の推定結果を図 3–5 に示します。かなりあてはまりがよいことがわかり

■図3–5　推定された回帰直線とデータ

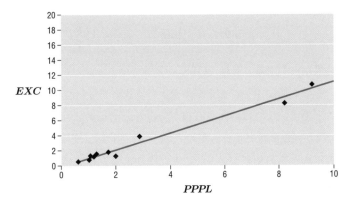

ます。以上の推定結果から β の推定値が 1 に近く推定されました。もし，$\beta = 1$ であれば，スターバックス・ラテ指数に関する購買力平価が成立している可能性があります。

　ところで，上の推定結果から $\beta = 1$ が正しいといえるのでしょうか？　さらに，$\beta = 1$ であったとしても，$\alpha = 0$ が同時に成り立たなければ，厳密な意味で $PPPL_i$ が EXC_i の代理変数となることはできません。$\alpha = 0$ であるとみなせるか否かも検討する必要があります。このような議論・検討は**統計的推論**といわれるもので，第4章ならびに第8章で紹介される検定という手法を使う必要があります。

■　突出したデータ（異常値）の影響について

　表3–1あるいは図3–4(a)で明らかになった，タイさらには日本のデータを分析に加えるとどのようなことが起こるかを考えます。まず2番目に大きいタイのデータを加えた散布図が図3–4(b)で与えられています。この11カ国のデータに対してOLSを適用すると，以下の結果を得ます。

$$\hat{\alpha} = -0.989, \quad \hat{\beta} = 1.444, \quad R^2 = 0.990 \qquad (3.56)$$

さらに，日本を加えた散布図は**図 3–4 (a)** で与えられています。この 12 カ国の
データを用いて OLS をすると以下の結果を得ます。

$$\hat{\alpha} = 1.540, \quad \hat{\beta} = 0.897, \quad R^2 = 0.980 \tag{3.57}$$

これらの結果からわかることは，OLS は突出したデータ（異常値）を 1 つでも
加えると，その影響によって推定結果が大きく影響を受けて変化するという性
質があることです。これは，回帰直線が突出したデータにも近づこうとするの
で，その影響が回帰直線に現れるためです。数学的には，突出したデータは，そ
のデータの平均からの偏差が大きいことになる可能性が高いので，たとえ 1 つ
でも結果に大きな影響を与えることになります。わずかなデータで，全体の結
果が変化してしまうということは，OLS にとっての弱点の一つです。

　したがって，データ表あるいは散布図を見て，突出したデータ（異常値）が
見つかったときは，そのデータをどう扱うかについては慎重に考える必要があ
ります。この段階では，もし心配であれば，そのデータを除くという方法を勧
めます。なお第 7 章 7.2 節では，ダミー変数を用いた処理法，第 10 章では，不
均一分散モデルというより進んだモデルによる処理法を紹介します。

練 習 問 題

1. 第 2 章の練習問題 2 のデータについて，それぞれ正規方程式を解くことにより，
   回帰直線を求めよ。

2. 第 2 章の練習問題 2 のデータについて，それぞれ解の計算公式を用いることによ
   り，回帰直線を求めよ。さらに決定係数と X と Y の単相関係数を求めよ。

3. (X_i, Y_i) $(i = 1, 2, \cdots, n)$ という n 組のデータに対して，回帰モデル $\hat{Y} = \hat{\alpha} + \hat{\beta} X$
   が推定されたとする。ここで，$\hat{\alpha}$ と $\hat{\beta}$ は最小 2 乗推定値である。決定係数は R^2
   であったとする。
   (1)　このとき，$\{X_i\}$ のデータがすべて $X_i^* = 10X_i$ $(i = 1, 2, \cdots, n)$ と変
   更されたとする。（$\{Y_i\}$ は全て不変とする）。この新しいデータの組 (X_i^*, Y_i)
   $(i = 1, 2, \cdots, n)$ に対する最小 2 乗推定値 $\hat{\alpha}^*$ と $\hat{\beta}^*$，および決定係数 R^{*2} を

求めよ (すなわち, $\hat{\alpha}^*$, $\hat{\beta}^*$ および R^{*2} を $\hat{\alpha}$, $\hat{\beta}$ と R^2 を用いて表現せよ)。

(2) $\{X_i\}$ のデータがすべて $X_i^* = X_i + 3$ $(i = 1, 2, \cdots, n)$ と変更されたとする。($\{Y_i\}$ はすべて不変とする)。

この新しいデータの組 (X_i^*, Y_i) $(i = 1, 2, \cdots, n)$ に対する最小 2 乗推定値 $\hat{\alpha}^*$ と $\hat{\beta}^*$, および決定係数 R^{*2} を求めよ。

4. 3.3 節と同様の実証分析を, ビック・マック指数を用いて分析せよ。

(1) すべてのデータを用いて, α と β を計算し, 決定係数 R^2 を求めよ。

(2) トール・ラテと同様に, 日本とタイを除いて, 分析せよ。

5. 単回帰モデルの最小 2 乗推定において, $R^2 = r_{xy}^2$ であることを示せ。

第4章

単 回 帰 分 析

　本章では，最小 2 乗法により推定された回帰モデルのパラメーター $\hat{\alpha}$ と $\hat{\beta}$ についての統計的推論（仮説検定）を学びます。本来このためには，まず確率，確率変数，確率分布とその特性値，母集団と標本，標本分布などについての知識が必要となります。しかし本書では，これらの説明は最小限にして，直観的な解釈を進めることにします。このようなアプローチをとる理由は，上記のような概念の説明を丁寧に進めると 5，6 コマ相当の数学的な講義を進めなくてはならず，そのためにその先への意欲を失ってしまう場合があるからです。

　一方，これらの概念を簡単に説明してすませることは難しく，かえって混乱をもたらすことになりかねません。そこで本書では，大学生であればそれなりになじみのある偏差値，そしてその元にある基準化変量の概念を使って，直観的に検定の考え方を説明することにします [1]。

4.1　統計的推論入門

▶ 4.1.1　基 準 化 変 量

　ここでは，データが与えられたときの基準化変量という考え方を紹介します。

---

[1]　統計的推論についてのより詳しい説明に興味のある読者は，たとえば，山本（2022）の付録 A ならびに付録 B で確率や統計的推論の基礎概念を学び，その後で，同書の第 3 章において回帰分析の統計的推論に進んでください。もっとも，同書も一部は簡略的に扱っており，厳密な説明が必要な読者は，たとえば西山他（2019）などのレベルの本を読む必要があります。なお，統計的推論の厳密な議論には線型代数の知識が必要となります。

■表4-1　2回の試験結果

j	1	2	3	4	5	6	和	平均	分散	標準偏差
1回目 $W_j^{(1)}$	71	77	81	71	84	84	468	78	36	6
2回目 $W_j^{(2)}$	72	54	54	74	84	94	432	72	256	16

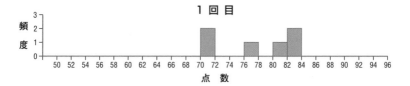

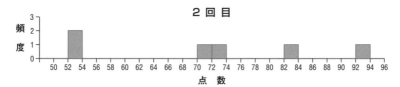

（注）　上図において，各階級の幅は 2 ですが，たとえば，下限 70，上限 72 の階級には 70 "より" 大きく，72 "以下" の点数が含まれています。このような図の見方は，以下の 表4-2 の図，図4-1 も同様です。

たとえば表4-1 のような 2 組のデータが与えられたとします。これはある塾のクラスで，6 人の生徒が 2 回の試験を受けた結果です。なおここで，W の上添え字は，試験の 1 回目，2 回目を表しています。

　このような 2 組のデータが与えられたとき，私たちは以下のような興味をもつでしょう。

（1）　これらのデータの散らばり方（分布）の形状を比較したい。

（2）　ある特定のデータ，たとえば 1 回目のデータ $\{W_j^{(1)}\}$ 中での 1 番目のデータ $W_1^{(1)}$ の相対的位置をわかりやすく評価したい（この特定データのデータ全体の中での相対的位置の評価は，仮説検定の考え方において重要な役目を演じます）。

　これらの要求に対して，基準化変量は有効な回答を提供します。

■ 基 準 化 変 量

まず1組の m 個からなるデータ $\{W_j\}$ について，基準化変量の考え方を説明します。このデータの（標本）平均と（標本）分散が

$$\bar{W} = \frac{\sum_{j=1}^{m} W_j}{m} \tag{4.1}$$

$$s_w^2 = \frac{S_{ww}}{m-1} = \frac{\sum_{j=1}^{m} (W_j - \bar{W})^2}{m-1} \tag{4.2}$$

として与えられているとします。なおここでは，データの数は今までの n ではなく，今後の説明との混乱を避けるために意図的に m としてあります。また変数の添え字も今までの i でなく j としてあります。したがって，ここでは $\sum$ は $j = 1$ から $j = m$ までの和を示します。

基準化変量は以下のように定義されます（基準化は**標準化**ともいわれます）。

$$Z_j = \frac{W_j - \bar{W}}{s_w} \quad (j = 1, 2, \cdots, m) \tag{4.3}$$

基準化変量の分母 s_w は，（標本）分散の平方根，すなわち（標本）標準偏差です。基準化変量の特徴は，以下の2つです。第1は，基準化変量の平均は0という性質です。すなわち

$$\bar{Z} = \frac{1}{m} \sum \frac{W_j - \bar{W}}{s_w} = \frac{1}{ms_w} \sum (W_j - \bar{W})$$
$$= 0 \tag{4.4}$$

ここで最後の等号は，平均からの偏差の総和は0になるという性質（(2.32)参照）からきています。第2は，基準化変量の分散（標準偏差）は1という性質です。すなわち

$$s_z^2 = \frac{1}{m-1} \sum (Z_j - \bar{Z})^2 = \frac{1}{m-1} \sum Z_j^2$$

$$= \frac{1}{m-1} \sum \left(\frac{W_j - \bar{W}}{s_w} \right)^2 = \frac{1}{m-1} \sum \frac{(W_j - \bar{W})^2}{s_w^2}$$

$$= \frac{1}{s_w^2} \frac{1}{m-1} \sum (W_j - \bar{W})^2 = \frac{1}{s_w^2} s_w^2$$

$$= 1 \tag{4.5}$$

■ 数値例

表4–1数値例について,基準化変量を求めてみます。たとえば5番目の学生の1回目と2回目の試験の基準化変量を求めると

$$Z_5^{(1)} = \frac{84 - 78}{6} = 1.0 \tag{4.6}$$

$$Z_5^{(2)} = \frac{84 - 72}{16} = 0.75 \tag{4.7}$$

として求めることができます。その他の生徒についても計算すると**表4–2**の3列目と4列目のようになります。

5番目の生徒についていえば,2回とも同得点 (84) であり,2回目のほうが平均値より大きく離れているので,かなり平均よりはずれているように見えますが,基準化変量で見ると平均からのはずれ具合は逆に小さくなっています。これは1回目の試験に比べて2回目の試験のほうが全体としてのバラツキ (標準偏差) がはるかに大きいためです (6と16)。この結果,5番目の生徒の結果は,1回目のほうが相対的に平均からはずれていることがわかります。このようにデータ全体の中での特定のデータの相対的位置は,基準化変量で見るとわかりやすいのです。

▶ 4.1.2 偏差値

基準化変量の応用 (あるいは拡張) として,私たちになじみ深いのは,予備校の全国模試などで使われている**偏差値**です。基準化変量は元のデータを平均0,標準偏差1となるように変換したものですが,多くの場合,偏差値は平均50,標準偏差10となるように変換したものです。これは,対象が試験の点数な

■表4–2　基準化変量と偏差値

学生番号	試験の点数		基準化変量		偏差値	
	1回目	2回目	1回目	2回目	1回目	2回目
	$W_j^{(1)}$	$W_j^{(2)}$	$Z_j^{(1)}$	$Z_j^{(2)}$	$H_j^{(1)}$	$H_j^{(2)}$
1	71	72	−1.167	0.0	38.33	50.0
2	77	54	−0.167	−1.125	48.33	38.75
3	81	54	0.5	−1.125	55.0	38.75
4	71	74	−1.167	0.125	38.33	51.25
5	84	84	1.0	0.75	60.0	57.5
6	84	94	1.0	1.375	60.0	63.75
和	468	432	0	0	300	300
平均	78	72	0	0	50	50
分散	36	256	1	1	100	100
標準偏差	6	16	1	1	10	10

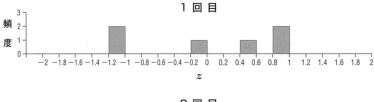

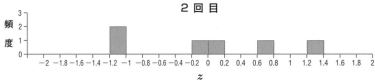

ので，基準化変量では 0 を中心としているためにわかりにくいので，試験の点数のように直観的にわかりやすい数値にするために考えられたものです。具体的には，偏差値（H_j と書くことにします）は基準化変量に対する以下のような変換として求めることができます。

$$H_j = 50 + Z_j \times 10 \tag{4.8}$$

たとえば，2 番目の学生の 2 回の試験の偏差値を求めると以下のようになります。

$$H_2^{(1)} = 50 + (-0.167) \times 10 = 48.33 \qquad (4.9)$$

$$H_2^{(2)} = 50 + (-1.125) \times 10 = 38.75 \qquad (4.10)$$

他の学生の偏差値も同様に，基準化変量から簡単に計算することができます。それらは表 4–2 の 5 列目と 6 列目に与えられています。

▶ 4.1.3　正規分布

■ ヒストグラム

偏差値の散らばり具合は，ヒストグラムによって見ることができます。縦軸に頻度（度数）ではなく相対頻度をとると，それはそれぞれの階級が起こる確率（可能性）を表すことになります。図 4–1 は，受験生の人数（データ数）m が増えていくときの相対頻度のヒストグラムの変化を示しています。図において，各階級の幅を 2 点としておくと，たとえば $m = 100$ のときはかなり凸凹していますが，m が増えて，$m = 300$ から $m = 1000$ になると，かなり分布は滑らかになってくることがわかります。さらにデータの数 m が増していくと，より狭い階級幅に対応した滑らかな相対頻度のヒストグラムが作れることが想像できます。

■ 大規模データと正規分布への近似

全国模試のような大規模（m が非常に大きい場合，たとえば $m = 10$ 万など）なデータの場合，偏差値の相対頻度を縦軸にとったヒストグラムは，階級幅を非常に狭くとれるようになり，ヒストグラムは滑らかな連続した曲線で近似できるようになることが想像できます。そしてより具体的には，平均 50，標準偏差 10 の正規分布と呼ばれる連続分布に近づくものと考えることができます（もっとも実際に大規模な模試の点数の分布が正規分布に近づくか否かについては，議論のあるところです。多くの場合はこの近似は妥当と思われますが，明らかにあてはまらない場合もあります。しかし，ここでは正規分布を紹介する目的から，そのように想定します）。

このような平均 50，標準偏差 10 の正規分布を一般に $N(50, 10^2)$ と書きま

■図4-1　受験生の人数とヒストグラムの関係

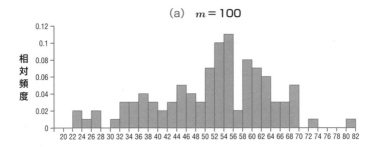

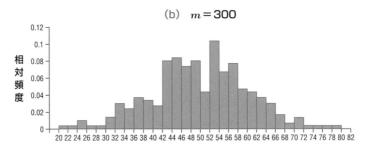

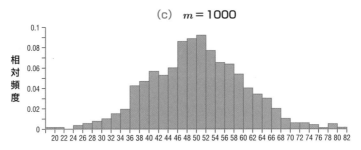

す。これを，一般に以下のように表現します。

$$H_j \sim N(50, 10^2) \tag{4.11}$$

正規分布は，釣り鐘型の 50 を中心とした対称分布で，図 4-2 のように与えら
れます。平均 50 の周辺が起こりやすく（生徒の数が多く），平均から離れるに
したがって，起こる可能性が減っていきます（生徒の数が減っていきます）。正

■図4-2　偏差値：$N(50, 100)$ の分布

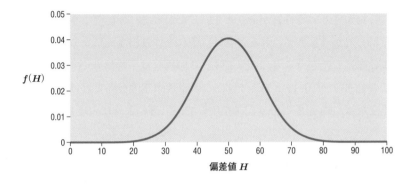

規分布は，もともと天体の測定誤差を記述する分布に適していると考えられて
提案されました（測定誤差の場合は，平均は通常 0 です。測定誤差は 0 の周り
のものが多く，大きな測定誤差が起きる可能性は順次減っていきます）。

　正規分布の便利な点は，その分布にもとづいた確率（これまでは相対頻度と
呼んできたものに対応しています）が簡単に求められる（よく知られている）こ
とです。たとえば，70 以上の確率は，0.0228，また 60 以上の確率は，0.1587
として知られています。この意味は，偏差値が 70 以上の人は，トップ 2.28％以
内に属し，偏差値が 60 以上の人は，トップ 15.87％以内に属することを意味し
ます。この分布は平均 50 を中心に対称な分布をしているので，偏差値が 50 の
人はちょうど真ん中に位置することになります。このように分布が正規分布で
あることを前提とすると，偏差値の具体的な値がわかれば，全体の中での相対
的位置（トップ何％か）がわかることになります。

　このような偏差値において，誰か 1 人をランダムに選び出すことにしたとき
（一定の規則性をもたず，偶然の機会で選び出すとき），この選び出される可能
性のある偏差値（たとえば 10 から 90 までの実数）を表す変数を**確率変数**と呼
びます。以上の議論からの延長で考えると，10 万人の中から適当にある生徒を
選び出したとき，その人の偏差値が 70 以上である確率は 2.28％であり，60 以
上である確率は 15.87％であると考えることができます。

■ 標準正規分布

さらに正規分布の重要な特徴の一つに，正規分布を 1 次変換した分布も正規分布にしたがうという性質があります。したがって，上記のように偏差値が正規分布にしたがうと考えられるときは，それを作り出す元になった基準化変量も正規分布にしたがうことになります。この場合は平均は 0，標準偏差 1 なので，この分布は $N(0,1)$ と書きます。これは**標準正規分布**と呼ばれます。この基準化変量は，通常 Z という記号を用いて，以下のように表現されます。

$$Z_j = \frac{W_j - \bar{W}}{s_w} \sim N(0,1) \tag{4.12}$$

標準正規分布の形は先の $N(50, 10^2)$ の形と相似形で，図 4-3 に与えられています。

この場合も偏差値の場合とまったく同様に確率が求められます。すなわち基準化変量の値が 2 以上の確率は，0.0228，また 1 以上の確率は，0.1587 として求められます。この意味は，偏差値の場合と同様に，基準化変量が 2 以上の人は，トップ 2.28% 以内に属し，基準化変量が 1 以上の人は，トップ 15.87% 以内に属することを意味します。このように正規分布を前提とすれば，基準化変量の値がわかれば，全体の中での相対的位置（トップ何%か）がわかります。

■ 仮説検定への導入

次節以降の仮説検定においては，基準化変量の標準正規分布にもとづいた議論を基礎として用いていきます（偏差値は，試験の点数らしく見せるために意図的にたとえば平均 50，標準偏差 10 としたものにすぎません）。さらにそこでは，標準正規分布の両端の 5% を問題にします。それは，図 4-4 にあるように，基準化変量が 1.96 以上か，あるいは −1.96 以下の範囲です。両端の確率を合わせれば，ちょうど 5% になります。この 5% という値は，統計的検定では大きな意味をもっています。

標準正規分布にしたがうと想定された基準化変量は，理論的には −∞ から ∞ の値をとっておかしくないのですが，基準化変量が両端の 5% の領域に入ったときは，きわめて稀（あるい特異）なことが起こったと判断します。このよう

■図4-3　$N(0, 1)$ の分布

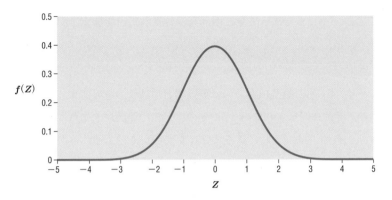

■図4-4　$N(0, 1)$ の両側 5 ％確率

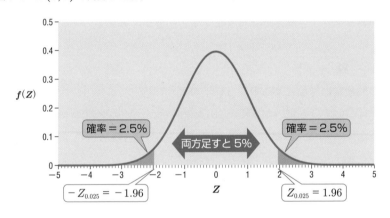

な考え方が次節で説明する仮説検定の基礎となります。

4.2　*t* 検 定

　本節では，最小 2 乗法（OLS）で求めた推定結果 $\hat{\beta}$ についての仮説検定の方法を説明します。

▶ 4.2.1　回帰モデルと検定のための仮説

■ 回帰モデル

ここでは，これまで扱ってきた回帰直線に撹乱要因を加えます。

$$Y_i = \alpha + \beta X_i + u_i \quad (i = 1, 2, \cdots, n) \tag{4.13}$$

ここで，u_i は i 期の**撹乱項**あるいは**誤差項**と呼ばれるものです。これには，説明変数 X_i では説明しきれない Y_i の他のすべての要因が含まれていると考えられます。一般的には，これにはさまざまな要因があり，それらがすべて足されたものであると考えられています。このような多くのよくわからないものを足し合わせたものは，**中心極限定理**と呼ばれる特性によって，近似的に正規分布にしたがう確率変数であると考えることができます。たとえばここでは，u_i は平均 0，分散 σ^2 の正規分布 $N(0, \sigma^2)$ にしたがうと考えます。このとき σ^2 は，未知のパラメーターであり，将来推定する必要があります。

■ 仮　説

統計的検定の対象とする仮説は以下のように設定します。ここでは β に関する検定について考えていきます。これは一般的に，Y の変動についての X の説明力を示す β のほうに関心が高いためです（α の検定についても同様の考え方が成立します）。ここでは

$$\begin{cases} 帰無仮説\ H_0 : \beta = \beta_0 \\ 対立仮説\ H_1 : \beta \neq \beta_0 \end{cases} \tag{4.14}$$

を有意水準 5% で検定する，という問題を考えていきます。ここで，H_0 は**帰無仮説**と呼ばれ，研究者が検定の対象としたい仮説です。β_0 は，たとえば 0.0 とか 1.2 とかの具体的な値です。H_1 は**対立仮説**と呼ばれ，帰無仮説が満たされない状況を表しています。この場合，不等号 $\neq$ は，帰無仮説が満たされないのは，推定値が帰無仮説に比べて小さすぎるか，あるいは大きすぎるという状況を意味しています。有意水準については，後に説明します。

▶ 4.2.2 $\hat{\beta}$ の分布

私たちは，実際には $\{X_i, Y_i\}$ $(i = 1, 2, \cdots, n)$ という 1 組のデータしかもっていませんが，ここでは仮想的に，他にも何組ものデータセットが入手可能であると考えます。図 3–1 の数値例の場合であると，今までのデータに加えて（それを第 1 組として），表 4–3 のような m 組のデータセットが得られたような状況です。撹乱項の値と Y の値との具体的な対応関係については，4.5.1 項および表 4–4 に示されています。

たとえば化学実験を m 回繰り返している状況を考え，X_i は試料の量で，毎回 $\{10,12,14,16\}$ であり同一であると考えます。それに対して毎回の実験のたびに Y_i については異なった結果が得られたと考えます。このように実験のたびに異なった Y_i が得られるのは，撹乱項の存在のためです。撹乱項は確率変数なので，その分布の中のどのような値をとるか一定の規則性がないためです。それぞれの組について OLS 推定値を求めると，推定値の列 $\{\hat{\beta}^{(j)}\}$ $(j = 1, 2, \cdots, m)$ は

■表 4–3　m 組のデータセット（m 回の実験）

1回目	i	1	2	3	4
	X_i	10	12	14	16
	$Y_i^{(1)}$	6.0	9.0	10.0	10.0

2回目	i	1	2	3	4
	X_i	10	12	14	16
	$Y_i^{(2)}$	4.9	10.9	8.5	9.5

$\vdots$

m 回目	i	1	2	3	4
	X_i	10	12	14	16
	$Y_i^{(m)}$	8.1	8.6	8.8	10.6

以下のように求められます（図 4–5 も参照）。

$$\hat{\beta}^{(1)} = 0.65, \quad \hat{\beta}^{(2)} = 0.57, \quad \cdots, \quad \hat{\beta}^{(m)} = 0.385 \qquad (4.15)$$

ここでは撹乱項が正規分布にしたがうと仮定しているので，$\{\hat{\beta}^{(j)}\}$ $(j = 1, 2, \cdots, m)$ の分布も正規分布にしたがうことが知られており，その分布は図 4–6 のように与えられます。

この推定値の列 $\{\hat{\beta}^{(j)}\}$ $(j = 1, 2, \cdots, m)$ を前節で紹介した $\{W_j\}$ $(j = 1, 2, \cdots, m)$ の一例であると解釈することができるので，その基準化変量は以下のように書くことができます。

$$Z_j = \frac{\hat{\beta}^{(j)} - \bar{\hat{\beta}}}{s_{\hat{\beta}}} \quad (j = 1, 2, \cdots, m) \qquad (4.16)$$

ここで，

$$\bar{\hat{\beta}} = \frac{\sum_{j=1}^{m} \hat{\beta}^{(j)}}{m} \qquad (4.17)$$

$$s_{\hat{\beta}}^2 = \frac{\sum_{j=1}^{m} (\hat{\beta}^{(j)} - \bar{\hat{\beta}})^2}{m - 1} \qquad (4.18)$$

です。前節の議論にしたがって m が大きいとき，この Z_j は近似的に標準正規分布 $N(0, 1)$ にしたがうと考えることができます。このとき，m はそもそも仮想的に繰り返す実験の回数なので，仮想的実験をたくさん繰り返すという想定は問題ありません。

ただし，上記の議論で注意すべきことは，実際にデータから得ているのは，$\hat{\beta}^{(1)} = 0.65$ のみであり，2 番目以降の $\hat{\beta}^{(j)}$ $(j = 2, 3, \cdots, m)$ は，仮想的な実験を繰り返せば得られるはずである仮想的な推定値の列であるということです。

▶ 4.2.3　標準正規分布にもとづく仮説検定

■ 仮説検定

ここで，本節の最初で述べた仮説検定の問題に戻ります。

■図4-5　m 回の実験と対応する OLS の結果

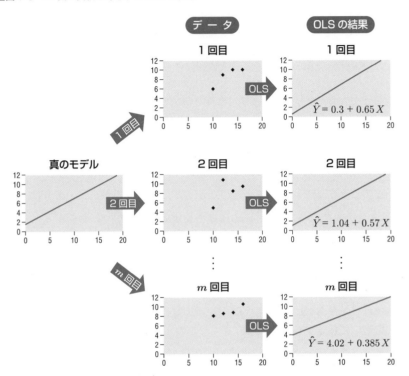

■図4-6　$\hat{\beta}$ の 分 布

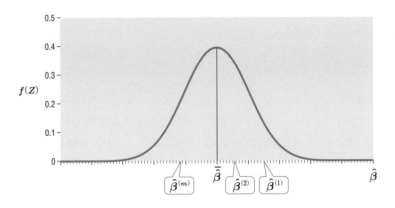

$$\begin{cases} \text{帰無仮説 } H_0 : \beta = \beta_0 \\ \text{対立仮説 } H_1 : \beta \neq \beta_0 \quad \text{を有意水準 5\%で検定する} \end{cases} \quad (4.19)$$

このとき，上で示された基準化変量において，$\bar{\hat{\beta}}$ の代わりに帰無仮説の値 β_0 を代入します。

$$Z_j = \frac{\hat{\beta}^{(j)} - \beta_0}{s_{\hat{\beta}}} \quad (j = 1, 2, \cdots, m) \quad (4.20)$$

もし帰無仮説が正しければ，m が十分に大きいときは，$\bar{\hat{\beta}}$ は近似的に β_0 と等しくなることが知られています。したがって，帰無仮説が正しいときは，$\bar{\hat{\beta}}$ を β_0 で置き換えたこの Z_j も近似的に標準正規分布 $N(0, 1)$ にしたがうと考えることができます。

■ 標準正規分布にもとづく検定の考え方

実際には私たちは，1組（すなわち1回目）のデータしかもっていないので，それを用いて検定することになります。この1つだけ得られた β の推定値 $\hat{\beta}^{(1)}$ を以下では簡単化のために $\hat{\beta}^*$ と表すことにします。前章までは，このように具体的に推定されたパラメーターに上添え字 $*$ は付けていませんでしたが，本章では仮想的に m 回得られる推定結果の第1回目のものということを明示するために，上添え字 $*$ を付けることにします[2]。その基準化されたものは，以下で与えられます。

$$Z^* = \frac{\hat{\beta}^* - \beta_0}{s_{\hat{\beta}}} \quad (4.21)$$

仮説が正しいか否かは，Z^* が標準正規分布のどこに位置するかで判断します。もしこの値が，両端の5%の領域に属するとき，すなわち図4-4において，

---

[2] このように具体的にデータから計算された値に $*$ を付けるのは，本書の特徴であり，一般的な $\hat{\beta}^{(j)}$ と区別するためにそのようにしてあります。混乱がない場合は $*$ を付けなくてもかまいません。

Z^* が -1.96 より小さいか，1.96 より大きいときは，Z^* （したがって $\hat{\beta}^*$）が，$\beta = \beta_0$ が正しいと考えたときの標準正規分布としてはきわめて稀な結果であると考えます。

これは理論的には起こりうる結果なのですが，その可能性は5%にすぎないのに，その稀な結果が起こってしまったと考えます。この場合，このような稀にしか起こらないはずのものが起こってしまったのは，$\beta = \beta_0$ という帰無仮説自体が誤りであったと判断し，この帰無仮説を**棄却**します。逆に Z^* が絶対値で 1.96 より小さいときは，これは十分に起こりうることなので，帰無仮説を**採択**します。

■ 検定に関する用語の説明

この仮説検定において，帰無仮説が正しいとき，帰無仮説を棄却する可能性は分布の両端の5%と設定してあります。この確率のことを検定の**有意水準**と呼びます。したがって，有意とは推定値が帰無仮説から「十分にはずれている」ということを意味しています。

有意水準は，5%以外の値（たとえば，1%あるいは10%）に設定されることもありますが，標準的には5%が用いられることが多いので，本書では基本的にこの水準での検定を考えていきます。両端の5%の範囲に Z^* が入ると帰無仮説を棄却するので，その範囲のことを**棄却域**と呼びます。また先ほどの例のように，分布の両端に棄却域を設ける検定の方式を**両側検定**と呼びます。

検定においては，棄却域を分布の片側の端にしか設けない**片側検定**という考え方もあります。しかし本書では議論の混乱を避けるために，t 検定については両側検定のみを考えていきます。後に紹介する F 検定ならびに χ^2 （カイ2乗）検定では，片側検定を扱うことになります。なお棄却域が始まる分布上の点を**臨界値**といいます。これまでの説明から明らかなように，標準正規分布の場合の有意水準5%の臨界値は，± 1.96 です。

▶ 4.2.4 t 分 布

■ t 分 布

さて以上では，1回目のデータから推定した $\hat{\beta}^*$ （すなわち $\hat{\beta}^{(1)}$）から Z^* を

導いて，標準正規分布にもとづく検定を紹介しました。しかしながら，OLS を行うときの $\{X_i, Y_i\}$ のデータ数 n（本章で用いてきた m ではありません）が小さいとき（図 3–1 の数値例の場合は，$n = 4$）は，Z_j の分布は標準正規分布にはしたがわず，自由度 $n - 2$ の t 分布というものにしたがうことが知られています。なぜそのような分布を考える必要があるかを以下で説明します。

■ $\hat{\beta}$ の分散の推定

私たちは，実際には 1 つの $\hat{\beta}^{(1)} = \hat{\beta}^*$ しか得られないので，$\hat{\beta}$ の分散は，(4.18) のように m 回の繰返しの結果として求めることはできません。そこで，別の方法で分散を推定する必要があります。

ここでは細かい導出は省略しますが，$\hat{\beta}$ の分散の推定値は，以下のような計算式により求められることが知られています[3]。

$$s_{\hat{\beta}}^2 = \frac{s^2}{\sum_{i=1}^{n}(X_i - \bar{X})^2} \tag{4.22}$$

ここで，s^2 はモデルの撹乱項 u_i の分散 σ^2 の推定値であり，推定したモデルの残差 $\hat{u}_i$ から以下のように求めます。

$$s^2 = \frac{1}{n-2}\sum_{i=1}^{n}\hat{u}_i^2 = \frac{1}{n-2}\sum_{i=1}^{n}(Y_i - \hat{Y}_i)^2$$

上記の s^2 の式に現れている $\dfrac{1}{n-2}$ の分母に出てくる 2 は，先に述べたように単回帰における定数項も含めた説明変数の数です。

また，分母の $n - 2$ という数は**自由度**と呼ばれるもので，本章で紹介する t 分布などで重要な役目を果たします。OLS の残差 $\hat{u}_i$ $(i = 1, 2, \cdots, n)$ は，n 個あるのですが，残差には (3.30) および (3.31) で示されたような 2 つの制約があります。したがって，実際に自由に動ける $\hat{u}_i$ は，$n - 2$ 個しかありません。このように，実際に自由に動ける残差の個数のことを自由度といいます[4]。

---

3 詳しくは，山本（2022）50 ページならびに 64 ページを参照。

また，$\hat{\alpha}$ の分散の推定値 $s_{\hat{\alpha}}^2$ は，以下の計算式により求めます。

$$s_{\hat{\alpha}}^2 = \frac{s^2 \sum X_i^2}{n \sum (X_i - \bar{X})^2} \tag{4.23}$$

このように推定された分散を用いて基準化すると，分散の推定に伴う誤差が生じて，基準化変量の分布は正規分布から少しずれて，自由度 $n-2$ の t 分布という分布になることが知られています。

帰無仮説が真だとすると，$\hat{\beta}$ の基準化変量が自由度 $n-2$ の t 分布にしたがうことは，数学的には以下のように表現されます。

$$\frac{\hat{\beta} - \beta_0}{s_{\hat{\beta}}} \sim t_{n-2} \tag{4.24}$$

■ t 分布と標準正規分布の関係

t 分布と標準正規分布の関係は以下の図 4-7 のように与えられます。この図

■図4-7　t_{n-2} 分布と標準正規分布の関係

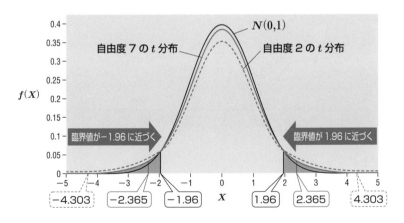

4　ここでの説明は，自由度についての直観的解釈です。

のように t 分布は，標準正規分布と同じように，0 を中心とした釣り鐘型の対称分布ですが，分母に推定値が用いられて，その影響で分布がより散らばるので，標準正規分布より扁平で裾がより厚いのが特徴です。ゆえに有意水準 5% の臨界値（したがって棄却域）は，±1.96 より外側に位置することになります。

やや面倒なのは，臨界値の値が自由度 $n-2$ の値によって変化することです。n が小さいときは，t 分布はかなり扁平であり，n が大きくなると，t 分布は標準正規分布に収束していきます。したがって n が小さいときは，臨界値は絶対値で 1.96 よりかなり大きな値となりますが，n が増すにつれて，急速に小さくなり 1.96 に収束していきます。

■ 分散推定の数値例

図 3-1 の $n = 4$ の場合における OLS の数値例の場合，OLS 推定値の分散の推定値は，これまでの計算結果を利用すると以下のように求めることができます。以下では，それらが具体的な推定値 $\hat{\alpha}^* = 0.3$ と $\hat{\beta}^* = 0.65$ に対応する具体的な値であることを明示的に示すために，上添え字 $*$ を付けます。

$$s^{*2} = \frac{1}{n-2} \sum \hat{u}_i^{*2} = \frac{1}{4-2} 2.3 = 1.15 \tag{4.25}$$

したがって

$$s_{\hat{\beta}}^{*2} = \frac{s^{*2}}{\sum (X_i - \bar{X})^2} = \frac{1.15}{20} = 0.0575 \tag{4.26}$$

$$s_{\hat{\alpha}}^{*2} = \frac{s^{*2} \sum X_i^2}{n \sum (X_i - \bar{X})^2} = \frac{1.15 \times 696}{4 \times 20} = 10.005 \tag{4.27}$$

となります。

▶ 4.2.5 t 検定の考え方

ここでは第 3 章 3.3 節で取り上げた，スターバックス・ラテにもとづいた PPP（購買力平価）の検証を実例として，t 検定の考え方を説明します。ここでは

$n = 10$ であり，推定の結果 $\hat{\beta}^* = 1.129$ でした。検定のためには $\hat{\beta}^*$ の標準偏差 $s_{\hat{\beta}}^*$ が必要です。計算過程は省略しますが，これは $s_{\hat{\beta}}^* = 0.0593$ として求めることができます。なお一般的には，このような回帰分析に伴うパラメーター推定の分散の平方根（標準偏差）のことを，しばしば**標準誤差**という別の呼称で呼びます[5]。本書でも以下では，この呼び方の慣行にしたがうことにします。

以下ではこれらの数値例をもとに，仮説検定の考え方をステップを追って説明します。

(1) 検定しようとする仮説を設定します。

ここでは

$$\begin{cases} \text{帰無仮説 } H_0 : \beta = 1.0 \\ \text{対立仮説 } H_1 : \beta \neq 1.0 \end{cases} \tag{4.28}$$

なる仮説を有意水準 5% で仮説検定をする，という設定をします。これは，PPP が成立しているという仮説の一部です（PPP の成立には $\alpha = 0$ という条件もありますが，ここでは取り上げていません）。推定値は 1.129 であり，かなり 1 に近いですが，はたして統計学的に見てそのように考えてよいか否かを検証します。

(2) H_0 が真だと考えて，検定に必要な臨界値を求めます。

H_0 が真の場合は

$$\frac{\hat{\beta} - 1.0}{s_{\hat{\beta}}} \sim t_{10-2} \tag{4.29}$$

すなわち，自由度 8 の t 分布にしたがうことが知られています。t 分布の両側にそれぞれ 2.5% の棄却域を設けます。巻末の t 分布表から臨界値は $t_{8,0.025} = 2.306$ であることを調べることができます。ここで，$t_{8,0.025}$ は自由度 8 の t 分布における，片端 2.5% の領域を示す臨界値です[6]。

---

5 これは，ここで計算される標準偏差の値が，$\hat{\beta}$ の推定と同様に，理論的には無数に繰り返される推定の中のたまたま 1 回の標準偏差を示しているにすぎない，ということを明示的に反映した呼び方です。

(3) 推定値を用いた具体的な基準化変量の値 (t^* と書くことにします。これ
は t 値と呼ばれることもあります) を求め，臨界値と比べて判断を下します。

$$t^* = \frac{\hat{\beta}^* - 1.0}{s_{\hat{\beta}}^*} = \frac{1.129 - 1.0}{0.0593} = 2.175 \tag{4.30}$$

t^* が棄却域に入ったら，きわめて稀なことが起こったと考えます。この場合は
2.175 は 2.306 より小さい (t^* が上方 (右側) の棄却域に入らない) ので，有
意水準 5% で帰無仮説を採択します。したがって，統計的には PPP 仮説は受容
されます。

なお Excel に組み込まれた回帰分析を行うと，仮説検定に必要な $\hat{\beta}^*$, $s_{\hat{\beta}}^*$, t^*
などの数値が自動的に出力されます。

4.3　説明変数選択の手段としての t 検定

前節での実例は，特定の値 $\beta = 1$ を帰無仮説としたものですが，本節では，
実証分析において t 検定が実用的にもっとも多く用いられる例を紹介します。そ
れは，$\beta = 0$ を帰無仮説とするものです。

■ 一般に用いられる t 検定：帰無仮説 $\beta = 0$

回帰モデル

$$Y_i = \alpha + \beta X_i + u_i \quad (i = 1, 2, \cdots, n) \tag{4.31}$$

において，もっとも多く用いられる検定は，帰無仮説を $\beta = 0$ とするもので
す。ここで，$\beta = 0$ は，X には Y の変動を説明する能力がないことを意味していま
す。この場合，仮説体系は

6　この場合の自由度 8 の臨界値は，Excel で「=T.INV.2T(0.05,8)」としても求めることが
　　できます。カッコ内の最初の数値が，両側検定における有意水準 5% を意味し，2 番目の数
　　字が自由度を表しています。

$$\begin{cases} \text{帰無仮説 } H_0 : \beta = 0 \\ \text{対立仮説 } H_1 : \beta \neq 0 \quad \text{を有意水準 5\% で検定する} \end{cases} \tag{4.32}$$

として与えられることになります。通常私たちは，説明変数としては説明力のあるものを選びたいと考えているので，この帰無仮説は，棄却したい仮説です。

棄却できれば，推定値は統計的にゼロではなく，X に説明力があることになります。このとき，$\hat{\beta}^*$ は有意に推定されたといいます。そして，X を回帰モデルの説明変数として採用することができます。一方，もし帰無仮説が棄却できないとき（すなわち，帰無仮説が採択されるとき）は，推定結果 $\hat{\beta}^*$ は統計的にゼロと変わらないことになり，X をモデルの説明変数として採用することができなくなります。

このように，$\beta = 0$ という仮説の検定は，X を説明変数として採用できるか否かを検定を通じて調べることを意味しており，説明変数選択の手段として用いられることになります。もし，ある変数の係数が有意に推定されなかったときは，別の説明変数を探したり，別の関数型を考えなければなりません。

■ 検定のルール

実際の検定方法として整理すると

$$\left.\begin{array}{l} \dfrac{\hat{\beta}^* - 0}{s^*_{\hat{\beta}}} > t_{n-2, 0.025} \\[3mm] \dfrac{\hat{\beta}^* - 0}{s^*_{\hat{\beta}}} < -t_{n-2, 0.025} \end{array}\right\} \text{のとき，有意水準 5\% で } H_0 \text{ を棄却。}$$

$$\tag{4.33}$$

となります。たとえば，自由度 26 の t 分布の棄却域は図 4–8 で与えられます（この臨界値は，4.4 節の実証分析例において用いられます）。

棄却域は 0 を中心に対称に位置しているので，実質的には t^* の絶対値で考えればよく，まとめると以下のような検定手続きとなります。

■図4-8　t_{26} の分布の棄却域

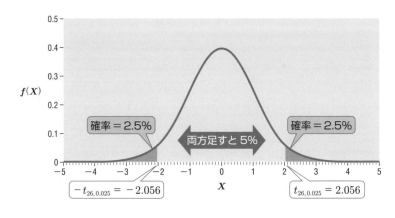

- $|t^*| = \left| \dfrac{\hat{\beta}^*}{s_{\hat{\beta}}^*} \right| \geq t_{n-2, 0.025}$ のとき，有意水準 5% で H_0 を棄却。

- $|t^*| = \left| \dfrac{\hat{\beta}^*}{s_{\hat{\beta}}^*} \right| < t_{n-2, 0.025}$ のとき，有意水準 5% で H_0 を採択。

このように，推定値 $\hat{\beta}^*$ を対応する標準誤差 $s_{\hat{\beta}}^*$ で割った t^* は，一般に t 値と呼ばれます。Excel などのパッケージ・プログラムで出力される t 値は，このように帰無仮説を 0 としたときの t の値です。

■ 検定は「棄却」のほうが「採択」より意味がある

　ここで，仮説検定についての重要な注意点を述べておきます。それは，仮説検定では，帰無仮説の「棄却」に重要な意味があり，「採択」には強いメッセージがないということです。なぜなら，帰無仮説の「棄却」は，帰無仮説のもとではきわめて稀なこと（5% しか起こらないこと）が起こったので，その結論は強いものですが，「採択」は帰無仮説のもとでは十分起こりうること（95% の確率で起こりうること）が起こったので，強いメッセージはないのです。

　そこで，帰無仮説が「採択」される場合には，上記の状況を考慮して，より厳密に「帰無仮説を棄却できなかった」という表現を用いることもあります[7]。

β が有意に推定されなかった場合は，先に述べたようにそのモデルは意味の
ある結果として採用することができず，他の説明変数を探したり，他の関数型
を考える必要があります。ただし，α のほうに関しては一般に重要度・関心度
は低く，有意に推定できなくても定数項をモデルから除くことはなく，そのま
まにしておく慣行があります。

■ 数 値 例

図 3-1 で取り上げてきた簡単な数値例についての仮説検定を行います。

$$\hat{Y}_i = 0.3 + 0.65X_i \tag{4.34}$$

$$s_{\hat{\beta}}^{*2} = 0.0575 \tag{4.35}$$

は知られているので，$s_{\hat{\beta}}^* = 0.240$ より，t 値は

$$|t^*| = \left| \frac{0.65}{0.240} \right| = 2.71 < t_{4-2, 0.025} = 4.303 \tag{4.36}$$

となり，有意水準 5% で H_0 は採択されます。$\hat{\beta} = 0.65$ は，有意な推定結果で
はなく，この結果は採用できないことになります。したがって，有意に推定で
きる他の説明変数を探す等の試みが必要となります。

α の有意性検定は，

$$\begin{cases} 帰無仮説\ H_0 : \alpha = 0 \\ 対立仮説\ H_1 : \alpha \neq 0 \end{cases} \tag{4.37}$$

$$|t^*| = \left| \frac{\hat{\alpha}^*}{s_{\hat{\alpha}}^*} \right| = \left| \frac{0.3}{3.163} \right| = 0.095 < t_{4-2, 0.025} \tag{4.38}$$

となり有意水準 5% で H_0 を採択されます。したがって，これまで取り上げてき
た簡単な数値例は，α についても β についても有意な結果をもたらさないもの

---

7 4.2.5 項で取り上げた，スターバックス・ラテの実証分析においては，$\beta = 1$ という帰無
仮説が採択されましたが，必ずしも帰無仮説が立証されたことにはなりません。厳密には
「棄却できなかった」という表現のほうが妥当ということになります。

でした。

■ p 値にもとづく検定

Excel などのパッケージ・プログラムを用いて回帰分析を行うと，p 値というものが出力されてきます。これは，仮説検定を行うにあたっては大変便利なものなので，説明しておきます。たとえば，図 3–1 の簡単な数値例であると，$\hat{\beta}^*$ の p 値は，0.113 で与えられます（図 4–9 参照）。これは，自由度 2 の t 分布において，絶対値で $t^* = 2.71$ より大きい領域（すなわち，-2.71 より小さい領域，および 2.71 より大きい領域の合計）を示します。ここでは，有意水準 5% を t 分布の両脇に設けていますが，11.3% は明らかにこれより大きく，棄却域に含まれないことを示しています。

■図 4–9　t^* と p 値（例：$p > 0.05$）

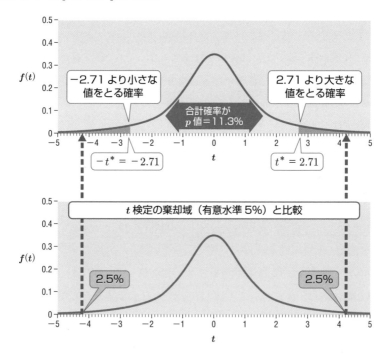

もし p 値が 0.05（すなわち 5%）以下であれば，帰無仮説 $\beta = 0$ は，有意水準 5% で棄却されることになります。たとえば，Excel の場合は

- 出力される p 値が 0.05 と等しいか，より小さい $\Rightarrow$ H_0 を棄却する。
- 出力される p 値が 0.05 より大きい $\Rightarrow$ H_0 を採択する。

という判断をすればよいことになります[8]。p 値の直観的意味としては，「帰無仮説 H_0 が正しい確率」であると考えることができます。すなわち p 値が小さい（大きい）ということは，帰無仮説が正しい確率（可能性）が小さい（大きい）ことを意味するので，それを棄却（採択）するのです。

Excel では，『=TDIST（t 値，自由度，1 もしくは 2)』（両側確率では 2，片側確率では 1 を選択）で，p 値を簡単に求めることもできます。

4.4 実証分析の進め方

ここでは，消費関数（単回帰）の推定を例として，ステップを踏んで実証分析の進め方を説明します[9]。

(1) モデルの提示

まず，どのようなモデルを分析するのかを提示します。

● 推定モデルの提示

$$RC_i = \alpha + \beta RYD_i + u_i \tag{4.39}$$

RC_i：i 年の実質民間最終消費支出（2000 年基準）

RYD_i：i 年の実質国民総可処分所得（2000 年基準）

8　なお，Excel 以外のパッケージ・プログラムの場合は，p 値は両端でなく片端の領域の確率を示す場合もあるので，注意してください。

9　Excel による単回帰計算の詳細は，WEB 解説 4.3 および WEB 演習 4.3 の「Excel による回帰分析（消費関数）」を参照。基本統計量の計算は，WEB 解説 4.2 の「Excel による基本統計量の計算」を参照。これらを行うためには，場合によっては，分析ツールをあらかじめ読み込む必要があります。詳しくは，WEB 解説 4.1 の「Excel データ分析ツールの読み込み」を参照。

■図4-10　実質所得と実質消費の時系列プロット

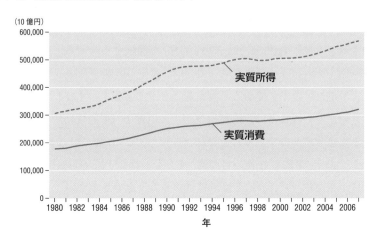

データ期間は1980年から2007年（$n = 28$）です。このモデルおよびデータ
は，本書ではこの後もしばしば用いられます。データのプロットは，図4-10に
与えられています（なお2008年以降のデータを含めると，リーマン・ショック
の影響で，モデルが安定しないので，意図的に2007を最終年としています。こ
の点に関しては，第7章7.2節の「一時的ダミー変数」を参照してください）。

(2)　符号条件について

実証分析においては，モデルの**符号条件**を考える必要があります（第1章参
照）。符号条件とは，モデルのパラメーター α や β についての先験的な条件で
す。これらは経済理論あるいは常識からもたらされるもので，この場合は，た
とえば $0 < \beta < 1$ です（所得の増加とともに消費が増えることが期待されま
す。しかし一般的に，消費の増加が所得の増加を上回ることはありません）。こ
れは，いわば期待される結果です。α についても場合によっては符号条件がお
かれることがあります。

(3)　推定結果の表示と符号条件のチェック

推定結果は，以下のように得られました。

● 結果の表現法

$$\hat{RC}_i = 16579.7 + 0.527 RYD_i \tag{4.40}$$
$$(4.46) \qquad (65.1)$$
$$R^2 = 0.994, \quad s = 3357.6$$

（注） カッコ内の数値は t 値。

符号条件 $0 < \beta < 1$ は満たされています。そこで次のステップへ進みます。もし符号条件が満たされないときは，経済学的に意味のある結果が得られなかったので，このモデルによる分析はそこで終わりです。

このように符号条件のチェックは，実証分析においてきわめて重要なプロセスです。

（4） 統計的有意性の検定

次に，以下のような仮説を有意水準5%で仮説検定を行います[10]。

$$\begin{cases} H_0 : \beta = 0 \\ H_1 : \beta \neq 0 \end{cases} \tag{4.41}$$

$$t\,値 = t^* = \left| \frac{\hat{\beta}^*}{s^*_{\hat{\beta}}} \right| = \frac{0.527}{0.0081} = 65.1 > \underbrace{t_{28-2, 0.025}}_{\text{巻末の } t \text{ 分布表より } 2.056} \tag{4.42}$$

以上より，H_0 は有意水準5%で棄却できますので，上の推定結果 (4.40) はモデルとして採用することができます。したがって，必要に応じて予測やその他の分析に使えることになります。

あるいは，前節で説明した p 値を調べると（図 4–11 参照），$\hat{\beta}^*$ の p 値は $2.51E - 30 = 2.51 \times 10^{-30} \approx 0 < 0.05$ であり，やはり H_0 は棄却されます。

なお分析に慣れてくれば，(4.41) のような仮説体系を明示的に示す必要はなくなってきます。

もし H_0 が棄却できなければ，モデルは採用できません。対策としては，説

10　本書では有意水準は5%に限定していますが，5%以外に，1%，10%も使われることがあります。

■図4-11 t^* と p 値（例：$p \leq 0.05$）

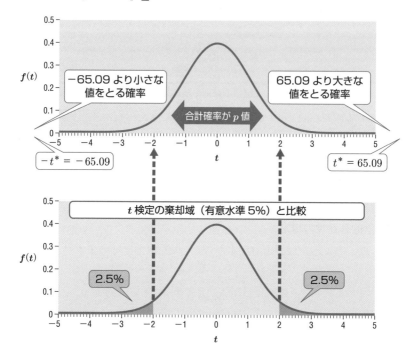

明変数を入れ替える，あるいは関数型を替える，たとえば以下のように，対数モデルを考えてみる必要があります。

$$Y_i = \alpha + \beta X_i \Rightarrow \log Y_i = \alpha' + \beta' \log X_i$$

■ より丁寧な分析のために

　より丁寧な分析のためには，グラフを利用してまず推定結果を用いた理論値と実績値を比較することを勧めます（図4-12参照）。これにより，決定係数 R^2 や t 値だけではわからないあてはまりの状況を確認できます。とくに極端にあてはまりの悪い時点の発見などができます（この原因が異常値の結果である場合は，当該データを推定から除いたほうがよいかもしれません。また，第7章

■図 4–12　消費関数の理論値と実績値（単回帰）

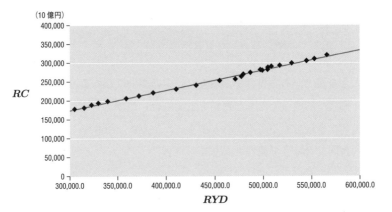

■図 4–13　残差：説明変数に対する変動と時系列的変動

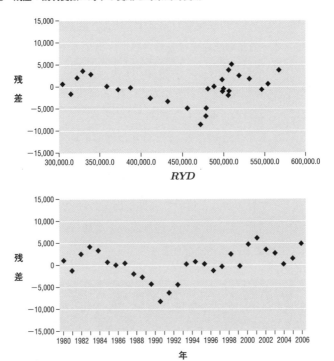

7.2節で紹介するダミー変数を用いて処理する方法もあります)。

同様に，推定結果の残差をグラフで眺めることも有効です（図4-13参照）。

$$\hat{u}_i = RC_i - \hat{RC}_i \quad (i = 1, 2, \cdots, n) \tag{4.43}$$

$$\text{ここで} \quad \hat{RC}_i = \hat{\alpha}^* + \hat{\beta}^* RYD_i \tag{4.44}$$

異常に大きな残差がある場合や，残差に一定の規則性がある場合（同じ符号で長く続く場合や，ゆっくりした変動を示す場合）には，モデルに問題があると考え，モデルを再考する必要があります。たとえば，第9章で紹介する「撹乱項の系列相関」という可能性もあります。

■ t 検定におけるポイント（まとめ）

(1)　n が大きいときは，先にも述べたように t_{n-2} の分布は標準正規分布に収束します。したがって，たとえば $n \geq 30$ のときは，t_{n-2} の分布は，近似的に正規分布にしたがうと考えて検定を行います（実際に通常の t 分布表では，自由度が30を超える t 分布の臨界値は省略されています）。そこで，そのようなときは，検定の臨界値としては，±1.96を用いればよいことになります。

(2)　したがって，ある程度データ数 n が大きければ，t 値が絶対値で2（≈ 1.96）を超えていれば，おおむね「有意」と判断することができます。なぜなら上の説明にあるように，n が大きいときは，t 分布は標準正規分布に収束するので，臨界値としてはおおよそ ±2.0（≈ 1.96）を考えていればよいことになるからです。

(3)　パッケージ・プログラムを用いて p 値が出力されている場合は，p 値が0.05より小さいときは，$\beta = 0$ という帰無仮説を棄却し，そうでないときは，帰無仮説を採択すればよいことになります。

4.5　モデルの仮定と最小2乗推定量の性質

本章では，これまでモデルの特徴や性質を表すパラメーターに関する仮説検

定について直観的な説明を与えてきましたが，ここではそれらの説明の前提となっているモデルの数学的仮定を明示的に示します。また OLS 推定量の種々の統計的性質もまとめて示します[11]。ここで，OLS 推定量とは OLS 推定値を求めるための「OLS の計算式」(3.13) および (3.14) のことです。計算式は推定値を導き出すメカニズム（方法）を示しています。ここでは計算式（計算メカニズム）自体がもっている特徴を紹介・議論することになります。

ここでの説明はこれまでの説明と異なり，確率変数の期待値や分散等についての知識を前提としていますので，細かい議論に興味のない読者はとばしてかまいません。ただし本書の後半の部分のやや進んだ内容となる第 9 章ならびに第 10 章では，ここで示される仮定を緩めることについての話題になります。そのときには本節に戻ってくる必要があります。

4.5.1 モデルの仮定，およびモデルとデータとの対応

■ モ デ ル

繰返しになりますが，本書ではこれまで真のモデルとして以下を考えてきました。

$$Y_i = \alpha + \beta X_i + u_i \quad (i = 1, 2, \cdots, n) \tag{4.45}$$

ここで，Y_i は被説明変数，X_i は説明変数，α と β は未知のパラメーターであり，u_i は撹乱項あるいは誤差項と呼ばれる確率変数です。このモデルに「暗黙のうちに想定されていた仮定」は以下です。これらの仮定を本書では**標準的仮定**と呼ぶことにします。これらは，最小 2 乗法（OLS）が優れた性質をもつための理想的な状況をもたらす仮定です。

■ 標 準 的 仮 定

- 仮定 1：X_i は確率変数ではなく固定された値をもつ。
- 仮定 2：n が大きくなるとき，$\sum_{i=1}^{\infty}(X_i - \bar{X})^2 \to \infty$ になる。

11　より厳密な説明に興味のある読者は，山本（2022）第 3 章 3.1 節～3.3 節を参照。

- 仮定3：すべてのiについて，u_iの期待値は0である（すなわち，$\mathrm{E}(u_i)=0$）。
- 仮定4：すべてのiについて，u_iの分散はσ^2である（すなわち，$\mathrm{Var}(u_i)=\sigma^2$）。
- 仮定5：すべての$i \neq j$について，u_iとu_jの共分散は0である（すなわち，$\mathrm{Cov}(u_i,u_j)=0$）。
- 仮定6：すべてのu_iは正規分布にしたがう（すなわち，仮定3と仮定4と合わせると$u_i \sim N(0,\sigma^2)$のように書けます）。

仮定4は，撹乱項のバラツキが各iで変化しない，均一分散の仮定と呼ばれます。仮定5は，異時点間の撹乱項の間に相関がない，すなわち系列無相関の仮定です。これらの仮定は，第9章，第10章で緩められ，その影響・解決法などについて検討されます。

■ モデルとデータならびに$\hat{\beta}$の分布の対応

モデルとデータの関係を例示するために，ここでは未知のαとβがわかっており，$\alpha=2$，$\beta=0.5$であるとします。

$$Y_i = 2 + 0.5X_i + u_i \tag{4.46}$$

ここで，4.2.2項で説明したような実験を考えると，1回目の実験結果としては，u_1の実現値として-1が選択され，u_2の実現値として1が選択され，u_3の実現値として1が選択され，u_4の実現値として0が選択されたとすると，表4-4の1回目の$u_i^{(1)}$の列が得られます。対応して表4-4の$Y_i^{(1)}$の列に，1回目のY_iのデータとしてこれまで取り上げてきたデータ$\{6,9,10,10\}$が得られます。2回目の実験結果としては，u_1の実現値として-2.1が選択され，u_2の実現値として2.9が選択され，u_3の実現値として-0.5が選択され，u_4の実現値として-0.5が選択されたとすると，2回目のY_iのデータとして$\{4.9,10.9,8.5,9.5\}$が得られます。ついでながらm回目の実験結果としては，u_1の実現値として1.1，u_2の実現値として0.6，u_3の実現値として-0.2，u_4の実現値として0.6が選択されたとすると，m回目のY_iのデータとして$\{8.1,8.6,8.8,10.6\}$が得られることになります。

X_i	$\alpha + \beta X_i$	$i \backslash j$	$u_i^{(1)}$	$u_i^{(2)}$	$u_i^{(3)}$	$\cdots$	$u_i^{(m)}$	$i \backslash j$	$Y_i^{(1)}$	$Y_i^{(2)}$	$Y_i^{(3)}$	$\cdots$	$Y_i^{(m)}$
10	7	$u_1^{(j)}$	-1	-2.1	0.1	$\cdots$	1.1	$Y_1^{(j)}$	6	4.9	7.1	$\cdots$	8.1
12	8	$u_2^{(j)}$	1	2.9	-0.2	$\cdots$	0.6	$Y_2^{(j)}$	9	10.9	7.8	$\cdots$	8.6
14	9	$u_3^{(j)}$	1	-0.5	0.5	$\cdots$	-0.2	$Y_3^{(j)}$	10	8.5	9.5	$\cdots$	8.8
16	10	$u_4^{(j)}$	0	-0.5	1.9	$\cdots$	0.6	$Y_4^{(j)}$	10	9.5	11.9	$\cdots$	10.6

■表4–5　1回目のデータの例

i	X_i	Y_i
1	10	6
2	12	9
3	14	10
4	16	10

これらの各組のデータから $\hat{\beta}^{(j)}$ $(j = 1, 2, \cdots, m)$ を求めると，以下のような $\hat{\beta}^{(j)}$ の列ができます。

$$\hat{\beta}^{(1)} = 0.65, \quad \hat{\beta}^{(2)} = 0.57, \quad \cdots, \quad \hat{\beta}^{(m)} = 0.385$$

実際に得られているのは表4–5のデータ（第1回目の実験）のみであり，そこから以下の推定結果が求められたわけです。

$$\hat{\alpha}^* = 0.3, \quad \hat{\beta}^* = 0.65 \tag{4.47}$$

▶ 4.5.2　最小2乗推定量の性質

■　不偏性

不偏性とは，パラメーター推定のメカニズム（推定方式）に偏りのないことです。すなわち，これまで説明してきたOLSの計算式

$$\hat{\beta}^{(j)} = \frac{\sum (X_i - \bar{X})(Y_i^{(j)} - \bar{Y}^{(j)})}{\sum (X_i - \bar{X})^2} \tag{4.48}$$

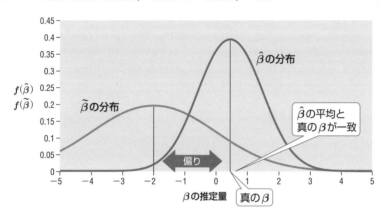

によって，仮想的に $\hat{\beta}^{(j)}$ $(j = 1, 2, \cdots, m)$ なる推定結果の列が得られたとしたら，その平均

$$\frac{\hat{\beta}^{(1)} + \hat{\beta}^{(2)} + \cdots + \hat{\beta}^{(m)}}{m} = \frac{1}{m}\sum_{j=1}^{m}\hat{\beta}^{(j)} \tag{4.49}$$

は，$m \to \infty$ となった極限においては

$$\frac{1}{m}\sum_{j=1}^{m}\hat{\beta}^{(j)} \xrightarrow[m \to \infty]{} \beta \ (= 真の \beta) \tag{4.50}$$

となり，真の β に収束するという性質です（**図4–14**）。すなわち不偏性とは，もし何回も実験が可能で，たくさんの $\hat{\beta}^{(j)}$ が得られるとすると，その平均は実験の回数 m が増していくにつれて真の β に近づいていくという性質です。これは OLS がもっている優れた性質の一つです。

■ 最良線型不偏性

線型推定量とは，被説明変数 Y_i $(i = 1, 2, \cdots, n)$ の線型結合，すなわち

$\sum_{i=1}^{n} w_i Y_i$ で表現されるようなパラメーターの推定方式のことをいいます。ここで，w_i $(i = 1, 2, \cdots, n)$ は，適当なウェイト（加重）です。たとえば，OLSは以下のようなウェイトをもつ線型推定量です。

$$w_i = \frac{X_i - \bar{X}}{\sum (X_i - \bar{X})^2} \quad (i = 1, 2, \cdots, n) \tag{4.51}$$

線型不偏推定量とは，線型推定量の中で不偏性をもつ推定方式を指します。OLSは上で述べたように不偏性をもつので線型不偏推定量です。β についての線型不偏推定量の他の例としては，データセットの最初と最後のデータしか用いない，以下のような推定方法を考えることができます。

$$\beta^+ = \frac{Y_n - Y_1}{X_n - X_1} \tag{4.52}$$

最良線型不偏性とは，β のどのような線型不偏推定量を考えても，OLS 推定量 $\hat{\beta}$ のほうがバラツキ（分散）が小さい，という OLS 推定量の優れた性質を意味します。すなわち上の例の場合は，$\hat{\beta}$，β^+ ともに線型不偏推定量ですが，$\hat{\beta}$ の分散のほうが β^+ の分散より小さい，ということを意味します。このような性質より，OLS は**最良線型不偏推定量**（Best Linear Unbiased Estimator；BLUE）と呼ばれます。

これまで述べてきた線型推定量，線型不偏推定量，最良線型不偏推定量の包含関係は図 4-15 に示されています。

■ 一 致 性

一致性は，$\{X_i, Y_i\}$ のデータ数 n が増えたとき，すなわち $n \to \infty$ のとき，$\hat{\beta}$ が確率的な意味で真の β に収束するという性質のことです。それは，図 4-16 のような状況を意味します。

これは，$\hat{\beta}$ の分散の推定量が以下のように表されることを用いると説明できます。

■図4–15　最良線型不偏推定量（BLUE）

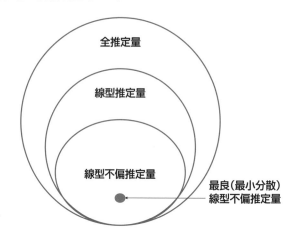

■図4–16　一致性の図的解釈

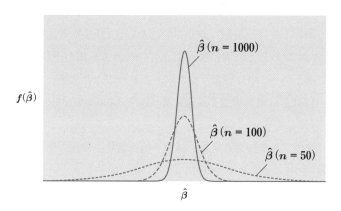

$$s_{\hat{\beta}}^2 = \frac{s^2}{\sum (X_i - \bar{X})^2} \tag{4.53}$$

この表現において，s^2 は n を増すと，一般に真の分散 σ^2 に収束することが知られていますが，$\sum (X_i - \bar{X})^2$ はデータ数が増えれば，4.5.1 項の仮定 2 より

∞ になります。結局，データ数が増えると $\hat{\beta}$ の分散がゼロに近づき，推定量は真の β に収束します。この状況は図 **4-16** に示されています。データ数 n が増えると，推定量の分布が真の β の周りに集まっていき，分布は尖っていくことになります。

OLS 推定量の一致性より，データ数 n が大きいほうが，より真の値に近い推定値を得る確率が高くなるので，望ましいということがいえます。

4.6　実証例：株価のリスク分析

ファイナンスでは，株価収益率の分析で単回帰モデルが使われています。本節では，直観的に株価収益率のモデルの解説を行い，回帰分析を行います [12]。まず，飲料業界の大手であるサッポロホールディングス，アサヒビール，キリンホールディングスの 3 社の株価について，次のような株価収益率の回帰モデルを考えてみましょう。モデルに入る前に，2006 年 1 月 5 日から 2008 年 3 月 31 日までのサッポロ，アサヒ，キリンの日次の株価収益率のデータを見てみます。図 **4-17** には，株価の収益率から安全利子率を差し引いた超過収益率と，日経 225 株価指数の超過収益率が図示されています [13]。日経 225 株価指数と，3 銘柄の超過収益率の関係から，正の相関がある可能性が確認されます。また，銘柄ごとにデータのバラツキ具合に差があることもわかります。

■ マーケット・モデル

ここでは，「マーケット・モデル」と呼ばれる簡単なモデルを紹介しましょう。ある個別銘柄の株価収益率を R_i，安全資産の収益率を rf_i，株式市場全体の収益率を MR_i という記号を使用し，

$$R_i - rf_i = \alpha + \beta(MR_i - rf_i) + u_i \tag{4.54}$$

12　ここで扱うファイナンス理論の詳細は，小林・芹田（2009）を参照。

13　安全利子率にはコールレート無担保翌日物を使用。Excel での分析については，WEB 演習 4.4 の「株価のリスク分析」を参照。

■図 4–17　3 銘柄の超過収益率と日経 225 株価指数の超過収益率

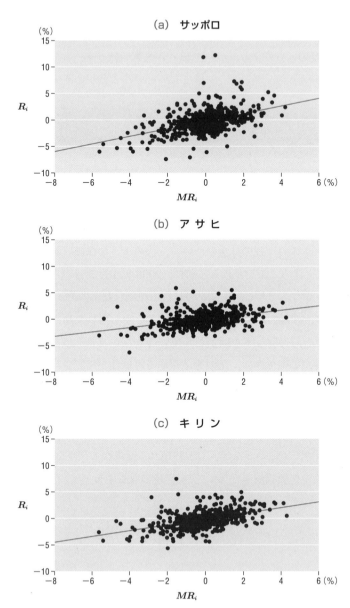

とします。この式が**マーケット・モデル**，もしくは**1ファクター・モデル**（第5章5.7節参照）と呼ばれるモデルです。上式から，株価収益率が次の2つの要因に分けられると考えられます。

- **要因1**：経済全体の景気がよければ，株式市場全体の収益が上昇する。そして，それぞれの会社の売上も伸び，結果として株価は上昇すると考えられる。
- **要因2**：新商品の開発や効率的な経営方法の実践など，会社ごとに改革を行えば，その会社の収益が上昇し株価は上昇すると考えられる。

要因1による収益が，第1項 $\beta(MR_i - rf_i)$ で示され，要因2による収益が $\alpha + u_i$ で表されます。このように，株価収益率の変動は，経済全体に依存するものと，会社固有の収益に分解できます。ここで，株価指数が株式市場全体の動きを表すと仮定すれば，このモデルでは，株価の収益率から安全利子率を差し引いた超過収益率 $R_i - rf_i$ が，株価指数の超過収益率 $MR_i - rf_i$ で説明できると解釈できます [14]。

さて，投資では収益だけでなく，リスクも同時に考慮する必要があります。このリスクを，ファイナンスでは収益率の分散として定義します。リスクについても，収益率と同様に，要因1によるリスクと要因2によるリスクに分解することが可能です。

まず，1つ目の経済全体の要因によるリスクを「**システマティック・リスク**」もしくは「**市場リスク**」と呼びます。このリスクは $\beta(MR_i - rf_i)$ の分散となり，導出は省略しますが「$\beta^2 \times MR_i$ の分散」という数式で表現できます。この式から，システマティック・リスクは，β の絶対値が大きくなると増加することがわかります。

次に，2つ目の会社個別要因によるリスクを「**個別リスク**」と呼びます。式の中では $\alpha + u_i$ の分散，つまり u_i の分散となり，回帰モデルの撹乱項の分散（もしくは標準偏差）がその推定値となります。

マーケット・モデルの β と α の値は，実務でも活用されています。まず，マー

---

14 ここでは，日経225株価指数を用いて分析していますが，CAPMやマーケット・モデルの分析では，225銘柄の平均値を示す日経225株価指数ではなく，1部上場銘柄全体の平均値であるTOPIXの収益率のほうが望ましいという考えもあります。詳細はファイナンスのテキストを参照。

ケット・モデルの係数 β の数値は，株価収益率が経済全体の収益率 MR_i と連動する割合を示しています。実務でもリスクを表す数値として扱われ，たとえば，β の数値が大きいものを「ハイ・ベータ銘柄」，β の値が低いものを「ロー・ベータ銘柄」と呼び，景気がよいときは「ハイ・ベータ銘柄」を買い，景気が悪いときは「ロー・ベータ銘柄」を買うという投資戦略があります。

■ C A P M

また，α の値は，当該 1 銘柄にすべて投資する投資戦略を考えたとき，投資パフォーマンスの指標としても使われています。この α の意味を説明するには，マーケット・モデルとは別の **CAPM**（Capital Asset Pricing Model；資本資産評価モデル）と呼ばれるモデルを同時に考える必要があります。CAPM とは投資家が株の期待される収益率とリスクにだけ着目し，かつ，市場が効率よく理想的な状態であると仮定したとき，

$$E(R_i) - E(rf_i) = \beta E\,(MR_i - rf_i) \tag{4.55}$$

という関係が成立するというものです。ここで，$E(R_i)$ は $\{R_i\}$ の期待値（平均値）を表します。$E(MR_i)$，$E(rf_i)$ も同様です。この CAPM は，市場が効率的であるときに得られる平均的な収益を表し，定数項 α を 0 としたマーケット・モデルと等しくなります。この α に着目すると，α の推定値が正であれば，市場で平均的に得られる収益を上回る投資パフォーマンスであると解釈でき，逆に負であれば，平均的に得られる収益より低い投資パフォーマンスと解釈できます [15]。

■ 実証分析

ここで，上記飲料業界の株価データを用いてマーケット・モデルを推定し，①推定パラメーターの有意性を検定し，② $\alpha = 0$ は成立しているか検討します。その後，③有意であった β の中で，どの銘柄のシステマティック・リスクが高いか，④どの銘柄の個別リスクが高いかを考えてみます。

---

[15] α についての詳しい議論は小林・芹田（2009）を参照。

各社の推定結果は，以下のようになりました。ここで，カッコ内の数値は t 値を表しています。

● サッポロの推定結果

$$R_i - rf_i = 0.092 + 0.761(MR_i - rf_i) + \hat{u}_i \qquad (4.56)$$
$$(1.12) \quad (12.7)$$
$$R^2 = 0.226, \quad \bar{R}^2 = 0.225, \quad s = 1.937$$

● アサヒの推定結果

$$R_i - rf_i = 0.090 + 0.420(MR_i - rf_i) + \hat{u}_i \qquad (4.57)$$
$$(1.55) \quad (9.93)$$
$$R^2 = 0.152, \quad \bar{R}^2 = 0.150, \quad s = 1.367$$

● キリンの推定結果

$$R_i - rf_i = 0.091 + 0.548(MR_i - rf_i) + \hat{u}_i \qquad (4.58)$$
$$(1.57) \quad (12.9)$$
$$R^2 = 0.233, \quad \bar{R}^2 = 0.231, \quad s = 1.369$$

上記の推定結果を用い，推定値 $\hat{\alpha}$ と $\hat{\beta}$ の有意性の検定を行います。まず，有意水準 5% で検定を行うとすると，データの数は 552 個と非常に大きいので，標準正規分布を用いて臨界値を求めると，その値は 1.96 です。サッポロの推定結果から，$\hat{\alpha}$ の t 値 = 1.115 < 1.96 より，α は有意水準 5% で有意ではありませんでした。$\hat{\beta}$ の t 値 = 12.682 > 1.96 より，β は有意水準 5% で有意です。アサヒとキリンについても同様の検定結果が得られることは，容易に確認できます。

以上の 3 銘柄の t 検定の結果から，以下のような結論が導かれます。

(1)　β は 3 銘柄すべてで有意であったので，株価収益率は株式市場全体の収益率に依存していることがわかります。

(2)　定数項は 3 銘柄とも有意ではありませんでした。したがって，この 3 銘柄では，CAPM で示されている平均的な収益よりも高い収益は得られているとはいえないことが示されました。

(3)　次に $\hat{\beta}$ の大きさから，どの銘柄のシステマティック・リスクが大きか検討

します。$\hat{\beta}$ の推定値の大小関係は

サッポロ $(\hat{\beta} = 0.761)$ > キリン $(\hat{\beta} = 0.548)$ > アサヒ $(\hat{\beta} = 0.420)$

となりました。3銘柄の中では，サッポロの株価収益率がもっとも経済全体の動きと連動して変動するので，システマティック・リスクも高いと考えられます。
(4) 最後に，個別リスクの検討を行います。このマーケット・モデルの中で個別リスクは，撹乱項の標準偏差 σ（もしくは分散）のことを指します。撹乱項の標準偏差の推定値である標準誤差 s で評価すると，

サッポロ $(s = 1.937)$ > キリン $(s = 1.369)$ > アサヒ $(s = 1.367)$

でした。したがって会社の個別要因による収益率の変化はサッポロがもっとも高くなりました[16]。

──────────────── 練 習 問 題 ────────────────

1. 第3章の練習問題1(2)の推定結果に基づいて，
    (1) モデルの撹乱項の分散の推定値 s^2 を求めよ。
    (2) 有意水準5%で $H_0 : \beta = 0, H_1 : \beta \neq 0$ の仮説検定を行え。

2. 日本とタイのデータを除いたビック・マック指数データを用いて，有意水準5%で以下の検定をせよ。ただし，計算には Excel を用いよ。
    $(1) \begin{cases} H_0 : \alpha = 0 \\ H_1 : \alpha \neq 0 \end{cases}$　$(2) \begin{cases} H_0 : \beta = 0 \\ H_1 : \beta \neq 0 \end{cases}$　$(3) \begin{cases} H_0 : \beta = 1 \\ H_1 : \beta \neq 1 \end{cases}$

3. 4.4節の消費関数を，1990年から2007年までのデータを用いて推定し，その結果をまとめたのち，有意性の検定をせよ。

────────────────────────────────

[16] この結果はシステマティック・リスクと同じ順番になっていますが，これは偶然の一致です。

第5章

多重回帰分析の基礎

　前章では，説明変数が１つだけの場合の回帰分析を考えてきました。しかし，経済現象を説明する場合にはより多くの説明変数を用いるほうが好ましい場合があります。たとえば，マクロの民間消費を説明する場合には，所得だけではなく，資産残高を説明変数に加えたほうがよいかもしれません。実際，多くの経済理論は複数の説明変数をもっているので，そのほうが一般的といえます。

　本章では，このような説明変数が複数個あるモデルの回帰分析を紹介します。次に Excel による多重回帰分析の実例を紹介し，その後は多重回帰分析にかかわって生じる固有の問題を順次取り上げていきます。

5.1　多重回帰分析の基本的な結果

■ 多重回帰モデル

本章では以下のような k 個の説明変数からなる**多重回帰モデル**を考えます。

$$Y_i = \beta_1 + \beta_2 X_{2i} + \cdots + \beta_k X_{ki} + u_i \quad (i = 1, 2, \cdots, n) \tag{5.1}$$

ここで，X_{ji} は j 番目の説明変数の i 番目のデータです。その他の設定は，単回帰分析の場合と同様です。ただしこれまで，定数項には α を用いてきましたが，これ以降は多くのパラメーターを使うので，統一的に β_1 と表すことにします。

　本節では**多重回帰分析**の基本的な結果を紹介します。これらは，前章で学んだ単回帰分析の直接的拡張なので，細かい説明は与えずに紹介していきます。以

下では，簡単化のために多重回帰モデルの中でもっとも簡単な場合である $k=3$ の場合を考えていきます。

$$Y_i = \beta_1 + \beta_2 X_{2i} + \beta_3 X_{3i} + u_i \quad (i = 1, 2, \cdots, n) \qquad (5.2)$$

■ 最小2乗法（OLS）の考え方

OLS の考え方は従来通りです。$\tilde{\beta}_1$, $\tilde{\beta}_2$, $\tilde{\beta}_3$ を，β_1, β_2, β_3 の想定値とします。単回帰の場合の (3.5) を拡張して，以下のような目的関数

$$J = \sum_{i=1}^{n} \left\{ Y_i - (\tilde{\beta}_1 + \tilde{\beta}_2 X_{2i} + \tilde{\beta}_3 X_{3i}) \right\}^2 \qquad (5.3)$$

を最小にする $\tilde{\beta}_1$, $\tilde{\beta}_2$, $\tilde{\beta}_3$ を，OLS 推定値 $\hat{\beta}_1$, $\hat{\beta}_2$, $\hat{\beta}_3$ とします。

正規方程式も単回帰の場合の単純な拡張として以下のように与えられます。

$$\begin{cases} n\hat{\beta}_1 + \left(\sum X_{2i}\right)\hat{\beta}_2 + \left(\sum X_{3i}\right)\hat{\beta}_3 = \sum Y_i \\ \left(\sum X_{2i}\right)\hat{\beta}_1 + \left(\sum X_{2i}^2\right)\hat{\beta}_2 + \left(\sum X_{2i}X_{3i}\right)\hat{\beta}_3 = \sum X_{2i}Y_i \\ \left(\sum X_{3i}\right)\hat{\beta}_1 + \left(\sum X_{2i}X_{3i}\right)\hat{\beta}_2 + \left(\sum X_{3i}^2\right)\hat{\beta}_3 = \sum X_{3i}Y_i \end{cases}$$

$$\qquad (5.4)$$

OLS 推定値はこの3元連立1次方程式から，$\hat{\beta}_1$, $\hat{\beta}_2$, $\hat{\beta}_3$ を解けばよいことになります。ただし，この方程式は考え方を紹介するために提示したもので，実際には Excel などのパッケージ・プログラムを用いて推定値を求めればよいでしょう（Excel による多重回帰の例は，次節で早速紹介します）。

■ 最小2乗推定量の性質

多重回帰分析の推定結果も，4.5.1 項で紹介したのと同様な標準的仮定の下に，単回帰の場合と同様の優れた統計的性質をもちます。以下ではそれらを列挙していきます。

• $\hat{\beta}_1$, $\hat{\beta}_2$, $\hat{\beta}_3$ は不偏性をもつ（より厳密には，$\hat{\beta}_1$, $\hat{\beta}_2$, $\hat{\beta}_3$ は最良線型不偏性

をもつ)。

- $\hat{\beta}_1$, $\hat{\beta}_2$, $\hat{\beta}_3$ は一致性をもつ。

これらの特性については，単回帰分析の統計的性質を説明した第 4 章 4.5 節を参照してください。

■ 理論値，残差，決定係数

推定結果を用いた理論値は，以下のように求められます。

$$\hat{Y}_i = \hat{\beta}_1 + \hat{\beta}_2 X_{2i} + \hat{\beta}_3 X_{3i} \quad (i = 1, 2, \cdots, n) \tag{5.5}$$

残差は，実績値と理論値の差として以下のように求められます。

$$\hat{u}_i = Y_i - \hat{Y}_i = Y_i - (\hat{\beta}_1 + \hat{\beta}_2 X_{2i} + \hat{\beta}_3 X_{3i}) \quad (i = 1, 2, \cdots, n) \tag{5.6}$$

残差については，今回は以下の 3 個の制約を満たします。

$$\sum \hat{u}_i = 0, \quad \sum \hat{u}_i X_{2i} = 0, \quad \sum \hat{u}_i X_{3i} = 0 \tag{5.7}$$

単回帰分析のときは，$\sum \hat{u}_i = 0$, $\sum \hat{u}_i X_i = 0$ の 2 つでした（なお，一般的な k 個の説明変数をもつ多重回帰分析の場合は，k 個の制約を満たすことになります）。

撹乱項の分散の推定は，この制約の数（定数項を含めた説明変数の数）k に依存して，一般的に以下のように定義されます。

$$s^2 = \frac{\sum \hat{u}_i^2}{n - k} \tag{5.8}$$

多重回帰分析についての決定係数の定義は単回帰の場合と同じです。

$$R^2 = \frac{\sum (\hat{Y}_i - \bar{Y})^2}{\sum (Y_i - \bar{Y})^2} = 1 - \frac{\sum \hat{u}_i^2}{\sum (Y_i - \bar{Y})^2} \tag{5.9}$$

多重回帰分析には，自由度修正済み決定係数（Excel では「補正 R^2」と表記されています）という新しいあてはまりの基準がありますが，これについては 5.4 節で説明します。

■ 最小 2 乗推定量についての統計的推論

パラメーター β_i $(i = 1, 2, 3)$ についての仮説検定は，基本的に単回帰の場合と同様に行うことができます。すなわち，各 β_i について

$$
\left\{
\begin{array}{l}
帰無仮説\ H_0 : \beta_i = \beta_{i0} \\
対立仮説\ H_1 : \beta_i \neq \beta_{i0}
\end{array}
\right.
\tag{5.10}
$$

を有意水準 5% で検定する，という状況になります。

従来の状況と異なるのは，対象となる t 分布の自由度です。一般の k 個の説明変数をもつモデルにおいては，帰無仮説 H_0 のもとに自由度 $n - k$ の t 分布にしたがうことが知られています。数学的には，それは以下のように表現されます。

$$
t = \frac{\hat{\beta}_i - \beta_{i0}}{s_{\hat{\beta}_i}} \sim t_{n-k}
\tag{5.11}
$$

図 5–1 に，その場合の棄却域が示されています。

具体的な検定の手段は，以下のようにまとめられます。実際の推定結果から計算された t の値を t^* とすると

- $|t^*| \geq t_{n-k, 0.025}$ のとき，有意水準 5% で H_0 を棄却。
- $|t^*| < t_{n-k, 0.025}$ のとき，有意水準 5% で H_0 を採択。

あるいは，p 値を使うときは

- p 値 ≤ 0.05 のとき，有意水準 5% で H_0 を棄却。
- p 値 > 0.05 のとき，有意水準 5% で H_0 を採択。

となります。

■図5-1　t_{n-k} の分布と棄却域

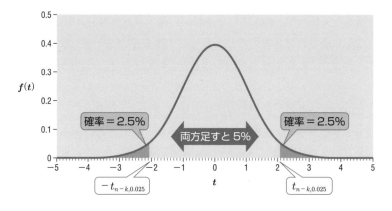

5.2　多重回帰分析のExcel例
：消費関数の推定（1980-2007）

■ モデル[1]

　ここでは，以下の消費関数のモデルを考えます（データ期間は，1980年から2007年）。このモデルは，Excel例の基本として次章以降でもたびたび使われます。

$$RC_i = \beta_1 + \beta_2 RYD_i + \beta_3 RMA_i + u_i \quad (i = 1980, 1981, \cdots, 2007)$$

$$(5.12)$$

　ここで，RC_i は i 年の実質民間最終消費支出，RYD_i は実質国民総可処分所得，RMA_i は実質金融資産残高です（データの単位は，いずれも10億円）。実質とは，インフレやデフレなどの価格変動の影響を取り除いたデータです。ここでは，2000年を基準とした実質データが用いられています（実質データならびに

1　Excel での分析については，WEB 解説 5.1 および WEB 演習 5.1 の「多重回帰分析（消費関数）」を参照。

データの実質化については，第6章6.3節で説明します）。

このモデルは，第4章4.4節で扱われたモデルに実質金融資産残高 RMA_i を説明変数として加えたものです。日本経済の高度成長に伴い，1980年代以降は金融資産が蓄積されてきたので，消費に対する資産効果が現れ始めたと考えられます。そこで金融資産残高を説明変数として取り入れることが有用と考えられます。

ここでの符号条件は，以下で与えられます。

- $\beta_1 > 0$：基礎消費 β_1 は所得がない状態でも生活のために必要な消費支出。
- $0 < \beta_2 < 1$：限界消費性向。β_2 は所得が1単位増加したとき，消費額が β_2 単位増える。
- $0 < \beta_3 < 1$：金融資産残高が1単位増加したとき，消費額が β_3 単位増える。

■ 推 定 結 果

推定結果は以下のようになりました。

$$\hat{RC_i} = 44381.4 + 0.3955 RYD_i + 0.0286 RMA_i \qquad (5.13)$$
$$\quad (7.08) \qquad (14.42) \qquad\quad (4.92)$$
$$R^2 = 0.997, \quad \bar{R}^2 = 0.997, \quad s = 2441.2$$

ここで，$\bar{R}^2$ は自由度修正済み決定係数です（これについては，5.4節で説明します）。s は撹乱項の標準誤差，すなわち (5.8) で定義された撹乱項の分散の推定値 s^2 の平方根です（ここでは，$n = 28$，$k = 3$ です）。

$$s^2 = \frac{1}{28 - 3} \sum \hat{u}_i^2 = 5959106.27 \qquad (5.14)$$

なお，符号条件はすべて満たされています。

■ 仮 説 検 定

まず定数項について，有意水準5%で以下の検定を考えます。

$$\begin{cases} H_0 : \beta_1 = 0 \\ H_1 : \beta_1 \neq 0 \end{cases} \tag{5.15}$$

t_{28-3} の t 分布を使って検定します。臨界値は，巻末の t 分布表より $t_{25,0.025} = 2.060$ として求められます。したがって

$$t \text{ 値} = 7.08 > t_{25,0.025} \tag{5.16}$$

より，有意水準 5% で H_0 は棄却されます。あるいは，p 値[2] を使って，

$$p \text{ 値} = 2.00 \times 10^{-7} < 0.05 \tag{5.17}$$

より，有意水準 5% で H_0 を棄却します。

β_2 と β_3 の仮説検定においても，t 値はそれぞれ 14.41 と 4.92 なので（これらは 2 よりはるかに大きいので），

$$\begin{cases} H_0 : \beta_2 = 0 \\ H_1 : \beta_2 \neq 0 \end{cases} \tag{5.18}$$

については，有意水準 5% で H_0 は棄却されます。同様に

$$\begin{cases} H_0 : \beta_3 = 0 \\ H_1 : \beta_3 \neq 0 \end{cases} \tag{5.19}$$

についても，有意水準 5% で H_0 は棄却されます。β_3 が符号条件を満たし，有意に推定されたということは，RMA を消費関数の説明変数に加えたことは正解であったいえます。

■ 単回帰モデルとの比較

ここで，比較のために説明変数を RYD_i のみとした単回帰の結果を再述しま

2　第 4 章 4.3 節参照。p 値を得るには，Excel などのパッケージ・プログラムが必要です。

す（第 4 章 4.4 節参照）。

$$\hat{RC_i} = 16579.7 + 0.527 RYD_i \qquad (5.20)$$
$$(4.46) \qquad (65.1)$$
$$R^2 = 0.994, \quad \bar{R}^2 = 0.994, \quad s = 3357.6$$

多重回帰の結果と比較すると，まずあてはまりの基準である決定係数ならびに自由度修正済み決定係数については大きな改善があるようには見えませんが，標準誤差 s については，多重回帰のほうは単回帰の 70％位になっています。したがって，RMA の追加によって，消費関数の残差のバラツキはかなり減少したと考えることができます。

次に，RYD の係数 β_2 は**限界消費性向**と呼ばれるものですが，多重回帰モデルのほうがかなり小さい値となっています。推定した 2 つのモデルを使って，その経済効果を比較してみましょう。たとえば，所得が 1 単位増えたとき，その影響がどうなるかを考えます。所得が増えますので，まず消費額が増えます。するとこの分だけさらに所得が増えます。そして，この所得の増加が，再び消費の増加を生み出します。ある時期の 1 単位の所得の増加の消費への影響は，上のプロセスを通じて，ある一定期間続きます。それらをすべて足し合わせた効果を**乗数効果**と呼び，

$$\frac{1}{1-\lceil 1\,単位の所得増加によって，その期に増える消費額 \rfloor} \qquad (5.21)$$

として計算できます。多重回帰分析と単回帰分析の結果から，それぞれの乗数効果を比べてみると，

$$\frac{1}{1-0.395} = 1.653 < 2.114 = \frac{1}{1-0.527} \qquad (5.22)$$

となります。ここで，多重回帰分析のモデルを正しいモデルと考えれば，単回帰モデルで乗数効果を計算した場合には，実際の効果よりも過大な乗数が算出されることになります。

5.3　多重回帰分析の係数推定値の解釈

■　消費関数の場合

　ここでは，多重回帰分析の係数推定値について，どのような単回帰的解釈を与えることができるかを実例を通じて考えていきます[3]。結論としては，前節の実例における多重回帰の RYD_i の係数推定値 0.395 は，「定数項と金融資産 RMA_i の影響を取り除いた後での RC_i の RYD_i への単回帰係数」と考えることができます。

　以下ではステップを踏んで，その考え方を説明します。

(1)　RC_i を定数項と RMA_i に回帰したときの残差を $\hat{w}_i$ $(i = 1, 2, \cdots, n)$ とします。

(2)　RYD_i を定数項と RMA_i に回帰したときの残差を $\hat{v}_i$ $(i = 1, 2, \cdots, n)$ とします。

(3)　次に

$$\hat{w}_i = \alpha + \beta \hat{v}_i + \epsilon_i \tag{5.23}$$

というモデルを考え，OLS で推定します。すると，$\hat{\beta} = 0.3955$ という結果を得ます。これは，多重回帰モデルにおける RYD_i の係数推定値と同一になります。すなわち，以下が成立します[4]。

$$\begin{aligned}\hat{\beta} &= \frac{\sum (\hat{v}_i - \bar{\hat{v}})(\hat{w}_i - \bar{\hat{w}})}{\sum (\hat{v}_i - \bar{\hat{v}})^2} \\ &= \frac{\sum \hat{v}_i \hat{w}_i}{\sum \hat{v}_i^2} = \hat{\beta}_2\end{aligned} \tag{5.24}$$

3　この数値例の Excel での計算は，WEB 解説 5.2 の「多重回帰係数の意味（FWL）」を参照。また，この性質の詳しい解説は，山本（2022）第 4 章 4.2 節を参照。

4　この導出は，山本（2022）98〜100 ページを参照。

ここで，上式の 2 行目は，$\hat{v}_i$ と $\hat{w}_i$ はともに単回帰の残差なので，その平均 $\bar{\hat{v}}$ と $\bar{\hat{w}}$ は 0 となるため，無視することができて，簡単に表現できるためです。

　この結果は，単回帰モデルに説明変数 RMA_i を加えることにより，被説明変数 RC_i と説明変数 RYD_i のそれぞれから RMA_i の影響（貢献）が除かれて，多重回帰の係数推定値は，そのような影響が除かれた後での RC_i と RYD_i の関係をとらえていることを意味しています。

　このような多重回帰の係数推定値の性質は，**FWL 定理**と呼ばれています。FWL とは，この性質の発見者である，フリッシュ（R. Frisch），ウォー（F. W. Waugh），そしてラベル（M. Lovell）の 3 名の頭文字に由来しています。

　なお，このとき $\hat{\beta}_2$ の分散の推定値は，上記(2)における単回帰分析の結果として，以下で与えられることが知られています [5]。

$$s_{\hat{\beta}_2}^2 = \frac{s^2}{\sum \hat{v}_i^2} \tag{5.25}$$

ここで，$\hat{v}_i$ は，上記(2)において第 2 説明変数 RYD_i を定数項と第 3 説明変数 RMA_i に回帰したときの残差です。

■ 一般的な多重回帰モデルにおける FWL 定理

　一般的な多重回帰モデルにおいても，FWL 定理は成り立ちます。すなわち

$$Y_i = \beta_1 + \beta_2 X_{2i} + \beta_3 X_{3i} + \cdots + \beta_k X_{ki} + u_i \tag{5.26}$$

において，β_2 の係数推定値について考えことにすると，以下のような関係が成立します。

（1）　Y_i を定数項と $X_{3i}, \cdots, X_{ki}$ に回帰したときの残差を $\hat{w}_i$（$i = 1, 2, \cdots, n$）とします。

（2）　X_{2i} を定数項と $X_{3i}, \cdots, X_{ki}$ に回帰したときの残差を $\hat{v}_i$（$i = 1, 2, \cdots, n$）とします。

（3）　最後に

5　この厳密な導出は，山本（2022）102〜103 ページを参照。

$$\hat{w}_i = \alpha + \beta \hat{v}_i + \epsilon_i \tag{5.27}$$

を OLS で推定すると，推定された $\hat{\beta}$ は多重回帰係数の $\hat{\beta}_2$ と等しくなります。

このように多重回帰分析のある変数の係数推定値は，そのモデルに含まれている他のすべての変数の影響を受けて変化することになります。この性質は，多重回帰分析の困難さを意味しています。すなわち，ある時点でかなり好ましい結果が得られていても，そのモデルに新しい説明変数を加えると，係数推定値はこれまでとまったく異なった結果になる可能性があるのです。つまり逐次的に変数を足していっても，徐々によりよいモデルに接近できるという保証はありません。結局のところ，多重回帰分析においては，効率的に適切なモデルを見つける便法はなく，考えられるすべての変数の組合せを試みないと，適切なモデルは見つからないということになります。

5.4 自由度修正済み決定係数

■ 決定係数の限界

決定係数 R^2 は，回帰分析のあてはまりの基準として有用ですが，一つの弱点があります。ここではその問題を取り上げます。決定係数は，以下のように定義されます（(3.43) を参照）。

$$R^2 = 1 - \frac{\sum \hat{u}_i^2}{\sum (Y_i - \bar{Y})^2} \tag{5.28}$$

ここで，$\hat{u}_i$ は回帰分析の残差であり，以下のように求められています。

$$\begin{aligned} \hat{u}_i &= Y_i - \hat{Y}_i \\ &= Y_i - (\hat{\beta}_1 + \hat{\beta}_2 X_{2i} + \cdots + \hat{\beta}_k X_{ki}) \quad (i = 1, 2, \cdots, n) \end{aligned} \tag{5.29}$$

このとき，多重回帰の説明変数の数 k を増やすと，決定係数 (5.28) の右辺の第 2 項の分子にある残差 2 乗和 $\sum \hat{u}_i^2$ は必ず減少します（このことを解析的に説

明するのは難しいので省略します。なお厳密には，減少せず無変化の場合も稀
にはあります）。すると決定係数が必ず向上します。これをまとめると，以下の
ような関係になります。

$$k \uparrow \quad \Rightarrow \quad \sum \hat{u}_i^2 \downarrow \quad \Rightarrow \quad R^2 \uparrow$$

すなわち，決定係数 R^2 をあてはまりの基準として考えると，説明変数の数 k
は大きいほどよいということになってしまいます。これは決定係数のある種の
弱点です。本来，あまり説明力のない変数を加えることは意味がないはずなの
で，そのような場合には逆に減少する指標が望ましいのです。

■ 自由度修正済み決定係数

上記のような点を考慮して提案されたのが，**自由度修正済み決定係数**です
（Excel では「補正 R^2」と表記されています）。それは以下のように定義され
ます。

$$\bar{R}^2 = 1 - \frac{\sum \hat{u}_i^2 / (n-k)}{\sum (Y_i - \bar{Y})^2 / (n-1)} \tag{5.30}$$

ここで，$\bar{R}^2$ は，「アール・バー・2 乗」と読みます。また，n はデータの数，k
は定数項を含めた説明変数の数です。

以下では，この指標の意味を考えていきます。ここでは，上式の右辺の第 2
項の分子 $\dfrac{\sum \hat{u}_i^2}{n-k}$ のみが説明変数の数 k に依存して変化するので，これについて
考えていきます。

k が増加すると，$\dfrac{\sum \hat{u}_i^2}{n-k}$ の分子 $\sum \hat{u}_i^2$ および分母 $n-k$ の両方が減少します。
したがって，全体がどうなるかは，どちらがより小さくなるかによって異なっ
てきます。$\sum \hat{u}_i^2$ の減り方が少ないと $\dfrac{\sum \hat{u}_i^2}{n-k}$ が上昇（したがって $\bar{R}^2$ が減少）し
ます。逆に，$\sum \hat{u}_i^2$ の減り方が大きいと $\dfrac{\sum \hat{u}_i^2}{n-k}$ が減少（したがって $\bar{R}^2$ が上昇）

します。このように，$\bar{R}^2$ は，加えられる変数が説明力がない場合には，減少する可能性があるように作られています。

なお理論的には，追加した変数の係数推定値の t 値が絶対値で 1 より小さい（$|t$ 値 $|<1$）ときは，$\bar{R}^2$ は減少することが知られています。逆に，追加した変数の t 値が絶対値で 1 より大きい（$|t$ 値 $|\geq 1$）ときは，$\bar{R}^2$ は増加します。

若干理論的なことを付言すると，自由度修正済み決定係数では，右辺の第 2 項の分子，分母ともに分数になっていますが，統計学的には

- 分子 $\dfrac{\sum \hat{u}_i^2}{n-k}$ は撹乱項 u_i の分散の不偏推定量
- 分母 $\dfrac{\sum (Y_i - \bar{Y})^2}{n-1}$ は，ある条件のもとで，Y_i の分散の不偏推定量

であることが知られています。

■ $\bar{R}^2$ の 性 質

ここでは，$\bar{R}^2$ についての 2 つの重要な性質を紹介します。

(1) 常に $\bar{R}^2 \leq R^2$ が成立します。

証明：$\bar{R}^2$ を書き直すと以下のように表現できます。

$$
\begin{aligned}
\bar{R}^2 &= 1 - \frac{\sum \hat{u}_i^2/(n-k)}{\sum (Y_i - \bar{Y})^2/(n-1)} \\
&= 1 - \frac{\sum \hat{u}_i^2}{\sum (Y_i - \bar{Y})^2}\left(\frac{n-1}{n-k}\right)
\end{aligned}
\tag{5.31}
$$

ここで，通常 $k \geq 2$ なので，$\dfrac{n-1}{n-k} \geq 1$ であり，右辺の第 2 項は決定係数 (5.28) の第 2 項より常に大きくなります。したがって以下が成立します。

$$
\bar{R}^2 \leq R^2 = 1 - \frac{\sum \hat{u}_i^2}{\sum (Y_i - \bar{Y})^2}
\tag{5.32}
$$

(2) $\bar{R}^2$ は負になることもあります（この性質は，常に非負である決定係数 R^2 とは対照的な性質です）。

証明：これは，簡単な数値例で証明します。まず $\bar{R}^2$ を R^2 で表現します。

$$\bar{R}^2 = 1 - \underbrace{\frac{\sum \hat{u}_i^2}{\sum(Y_i - \bar{Y})^2}}_{1 - R^2}\left(\frac{n-1}{n-k}\right)$$

$$= 1 - (1 - R^2)\left(\frac{n-1}{n-k}\right) \tag{5.33}$$

R^2 が非常に小さく，かつ n も小さいとき，$\bar{R}^2$ が負になることがあります。た
とえば，$n = 10$，$k = 3$，$R^2 = 0.1$ とすると，以下のように $\bar{R}^2$ は負になり
ます。

$$\bar{R}^2 = 1 - (1 - 0.1)\frac{10 - 1}{10 - 3} = -0.157$$

5.5　決定係数で注意すべきこと

決定係数 R^2 はあてはまりの尺度として有用な指標ですが，解釈の際に注意
すべき点があります。ここでは，その点について説明します。

■ 消費関数と貯蓄関数

ここでは，消費関数と貯蓄関数の 2 種類の回帰分析の決定係数の違いについ
て述べます。

$$\text{消費関数}\quad \underset{\text{"消費"}}{C_i} = \alpha + \beta\ \underset{\text{"所得"}}{Y_i} + u_i \tag{5.34}$$

$$\text{貯蓄関数}\quad \underset{\text{"貯蓄"}}{S_i} = \gamma + \delta Y_i + v_i \tag{5.35}$$

ここでは，$Y_i = C_i + S_i$ が「厳密に」成立していると考えます（あるいは，S_i
が $S_i = Y_i - C_i$ として求められたものとして考えます）。

両モデルを OLS で推定して $\hat{\alpha},\ \hat{\beta},\ \hat{\gamma},\ \hat{\delta}$ を求めると，以下の 2 つの関係が常に成立します。

$$\hat{\gamma} = -\hat{\alpha} \tag{5.36}$$

$$\hat{\delta} = 1 - \hat{\beta} \quad (\text{あるいは，} \ \hat{\beta} + \hat{\delta} = 1) \tag{5.37}$$

さらに，2 つのモデルの OLS の残差は，符号が逆で等しくなります（これらの証明は省略します）。

$$\hat{u}_i = -\hat{v}_i \quad (i = 1, 2, \cdots, n) \tag{5.38}$$

したがって，2 つのモデルの残差 2 乗和は常に等しくなります。

$$\sum \hat{u}_i^2 = \sum \hat{v}_i^2 \tag{5.39}$$

しかしながら，一般的に，2 つのモデルの決定係数は

$$R_C^2 \quad > \quad R_S^2 \tag{5.40}$$
$$\text{``消費関数''} \quad \text{``貯蓄関数''}$$

となります。

この原因は，一般的に $\sum (C_i - \bar{C})^2 > \sum (S_i - \bar{S})^2$ が成立するためです。このため，決定係数における右辺の第 2 項の分母において，消費関数のほうが大きくなるためです。

$$R_C^2 = 1 - \frac{\sum \hat{u}_i^2}{\sum (C_i - \bar{C})^2} \tag{5.41}$$

$$R_S^2 = 1 - \frac{\sum \hat{v}_i^2}{\sum (S_i - \bar{S})^2}$$

$$= 1 - \frac{\sum \hat{u}_i^2}{\sum (S_i - \bar{S})^2} \tag{5.42}$$

1991 年から 2007 年までの消費関数と貯蓄関数[6]

　1991 年から 2007 年までの実質消費と実質貯蓄，実質所得のデータを使って，消費関数と貯蓄関数を推定し上記のことを確認します。

　まず，実質消費と実質貯蓄を図で見てみると，**図 5–2** のようになります。実質消費のほうが実質貯蓄よりもそれぞれの平均周りの変動が若干大きいことがわかります（実質という言葉の意味については，第 6 章で説明します）。消費関数の推定結果は，

$$\hat{RC}_i = -24703.4 + 0.609 RYD_i \qquad (5.43)$$
$$\quad\ (-1.71) \qquad\ (21.5)$$
$$R^2 = 0.967, \quad s = 3113.1$$

貯蓄関数の推定結果は

$$\hat{RS}_i = 24703.4 + 0.391 RYD_i \qquad (5.44)$$
$$\quad\ (1.71) \qquad\ (13.8)$$
$$R^2 = 0.927, \quad s = 3113.1$$

■図 5–2　消　費　と　貯　蓄

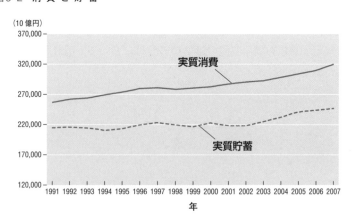

6　Excel での分析については，WEB 演習 5.3 の「消費関数と貯蓄関数の R^2 の比較」を参照。ここでは，これまでの消費関数のデータ期間とは異なり，実例として適切な 1991 年から 2007 年までのデータを意図的に使っています。

となります。ここで, RS_i は $RC_i + RS_i = RYD_i$ という制約を満たすように, 意図的に $RS_i = RYD_i - RC_i$ として求められたものです。

この結果より, 係数推定値が上で述べた制約 (5.36) と (5.37) を満たしていることが確認できます。また, 残差の標準誤差は同一ですが, 決定係数を比較すると, 消費関数では $R^2 = 0.968$ に対し, 貯蓄関数では $R^2 = 0.927$ と小さな値となりました。残差 (あるいは, 残差の標準誤差 s) から考えると 2 つのモデルのあてはまり具合は同一ですが, 決定係数では差がでます。ここからわかることは, 被説明変数が異なる場合は, R^2 によるモデルのあてはまりの単純な比較は困難であるということです。

5.5

決定係数で注意すべきこと

■ ストック・モデルとフロー・モデルの決定係数

被説明変数が異なることにより, 決定係数が大幅に異なってしまう重要な例として, ストック・モデルとフロー・モデルの決定係数の違いを紹介します。

> **例** ストック・モデルとフロー・モデルの決定係数
>
> 投資関数 (フロー・モデル) が以下のモデルで与えられたとします。
>
> $$I_i \underset{\text{“投資”}}{=} \beta_1 + \beta_2 \underset{\text{“所得”}}{Y_i} - \beta_3 \underset{\text{“前期末の資本残高”}}{K_{i-1}} + u_{Ii} \qquad (5.45)$$
>
> このモデルを OLS で推定して得られた残差から, $\sum_{i=1}^{n} \hat{u}_{Ii}^2$ を計算します。
>
> ここで, 今期の資本残高は, 前期の資本残高と今期の投資の合計で表すことができます。言い換えれば, 以下の式が定義的に成立します (ここでは, 簡単化のために減価償却は無視することにします)。
>
> $$K_i = K_{i-1} + I_i \qquad (5.46)$$
>
> $$\text{あるいは} \quad I_i = K_i - K_{i-1} \qquad (5.47)$$
>
> この第 2 の関係を上の式の左辺に代入して, 投資関数を書き直すと,

$$K_i - K_{i-1} = \beta_1 + \beta_2 Y_i - \beta_3 K_{i-1} + u_{Ki} \qquad (5.48)$$

となります。ここで，モデルを区別するために撹乱項を意図的に u_{Ki} と書くことにしますが，もちろん $u_{Ki} = u_{Ii}$ $(i = 1, 2, \cdots, n)$ が成立しています。上式を i 期末の資本残高 K_i について整理すれば，資本残高についてのストック・モデルが求まります。

$$K_i = \beta_1 + \beta_2 Y_i + \underbrace{(1 - \beta_3)}_{\gamma \text{ とする}} K_{i-1} + u_{Ki}$$
$$= \beta_1 + \beta_2 Y_i + \gamma K_{i-1} + u_{Ki} \qquad (5.49)$$

このストック・モデルを OLS で推定し，$\sum_{i=1}^{n} \hat{u}_{Ki}^2$ を計算します。このフロー・モデルとストック・モデルは，定義的関係 (5.47) を代入して書き直したものであり，両モデルの残差はまったく同一となります。したがって2つのモデルの残差2乗和はまったく同一です。しかし，決定係数については，R_K^2 が R_I^2 よりはるかに大きくなります。すなわち，数式で表すと

$$R_K^2 \gg R_I^2 \qquad (5.50)$$

となります。なぜなら，決定係数はそれぞれ，

$$R_K^2 = 1 - \frac{\sum \hat{u}_{Ki}^2}{\sum (K_i - \bar{K})^2} \qquad (5.51)$$

$$R_I^2 = 1 - \frac{\sum \hat{u}_{Ii}^2}{\sum (I_i - \bar{I})^2} = 1 - \frac{\sum \hat{u}_{Ki}^2}{\sum (I_i - \bar{I})^2} \qquad (5.52)$$

で与えられます。資本残高 K_i と投資 I_i のデータを見ると，K_i は通常強い正のトレンド（趨勢）をもち，その平均周りの変動が I_i の平均周りの変動より，はるかに大きいことがわかります。そのため，

$$\sum (K_i - \bar{K})^2 \gg \sum (I_i - \bar{I})^2 \qquad (5.53)$$

となり，前述の $R_K^2 \gg R_I^2$ という関係が導かれます。

一般にフロー・モデルに比べて，ストック・モデルは非常に高い決定係数 R^2 を与えます。しかし残差（たとえば，残差の標準誤差 s）で見た場合，あてはまりがよいわけではありません。これは，ストックのデータは一般に強い正のトレンドをもち，平均周りの変動がフローのデータの平均周りの変動よりはるかに大きくなるためです。

5.6　説明変数の過不足とその影響

実際には真のモデルを知らないために，回帰分析の際に不要な説明変数を加えてしまう場合，あるいはその逆に，必要な説明変数を除いてしまう場合がありえます。ここでは，そのような場合には，推定結果にどのような影響があるかを考えることにします[7]。

ここでは真のモデルとして，以下の2種の回帰モデルを考えます。

$$\text{モデル A：} Y_i = \alpha + \beta X_{2i} + u_i \qquad (5.54)$$

$$\text{モデル B：} Y_i = \beta_1 + \beta_2 X_{2i} + \beta_3 X_{3i} + \epsilon_i \qquad (5.55)$$

一方，推定法としては，以下の2種を考えます。ここでは，とくに説明変数 X_{2i} の係数推定値に注目して考えることにします。

$$\text{推定法 I：単回帰} \qquad \hat{\beta} = \frac{\sum (X_{2i} - \bar{X}_2)(Y_i - \bar{Y})}{\sum (X_{2i} - \bar{X}_2)^2} \qquad (5.56)$$

---

[7] ここで示される結果のより詳細な議論は，山本（2022）第4章4.5節を参照。

■表5-1　真のモデルと推定法の影響

	真のモデル	
	モデル A $Y_i = \alpha + \beta X_{2i} + u_i$	モデル B $Y_i = \beta_1 + \beta_2 X_{2i} + \beta_3 X_{3i} + \epsilon_i$
推定法 I： 単回帰	OK	説明変数不足 不偏性と一致性なし
推定法 II： 多重回帰	説明変数過剰 不偏性と一致性あり 推定量の分散は大きい	OK

$$推定法 II：多重回帰 \quad \hat{\beta}_2 = \frac{\sum \hat{v}_i \hat{w}_i}{\sum \hat{v}_i^2} \tag{5.57}$$

ここで，$\hat{w}_i$ と $\hat{v}_i$ は，5.3 節の「多重回帰分析の係数推定値の解釈」の際に紹介したもので，それぞれ以下の 2 つのモデルの OLS の残差です。

$$Y_i = 定数項 + 係数 \times X_{3i} + w_i$$
$$X_{2i} = 定数項 + 係数 \times X_{3i} + v_i$$

真のモデルと適用される推定法の影響は，わかりやすくまとめると，表5-1 のように整理できます。

- 変数不足の場合：きわめてシリアスな問題が生じます。OLS の望ましい性質は満たされません。基本的に「何を推定しているのか不明」な状況になります。
- 変数過剰の場合：不偏性や一致性等の OLS の望ましい性質は満たされています。すなわち本質的な問題はありません。ただし，バラツキ（分散）が大きい推定結果となります。したがって，余分な説明変数を含んでいるために，正しいモデルを使った推定より精度が悪いということになります。

以上の結果から，変数を採用するか否か迷ったときには，基本的には加えておいたほうが無難であることがわかります。

5.7　多重回帰モデルの実証例

▶ 5.7.1　既婚女性の就業率の分析

女性の就業率を上げようという政策は，以前より行われています。女性の就業率についての分析は日本でも数多くなされており，その要因も多岐にわたっています。まず，就業を決定する重要な要因は労働者が得られる賃金です。その他に，既婚女性の場合，夫の所得が関係するともいわれています（ダグラス＝有澤の法則などと呼ばれています）。そして，出産休暇，育児休暇という制度が揃っている現在においても，子供がいる女性は就業率が下がるということがいわれています。ここでは，賃金と家庭状況を調整したとき，経済が好況であれば，女性の就業率が上昇するか，検証を行います。そこで，都道府県別の集計データで既婚女性の有業率を分析しました。データの出所は，2007 年と 2012 年の就業構造基本調査のオーダーメイド集計です [8]。

モデルは，被説明変数として，既婚女性の有業率（都道府県別）WER_i を分析します。説明変数として，景気を表す変数として，都道府県別鉱工業生産指数 Y_i と有効求人倍率 JA_i の 2 つを用います。また，調整する変数として，既婚女性の平均所得 INC_i，子供の平均人数 CH_i，3 歳未満の子供保有率 CH_i^0，3 歳～6 歳未満の子供保有率 CH_i^3 を用いました。したがって，モデルを次のように表します。

$$WER_i = \beta_1 + \beta_2 Y_i + \beta_3 JA_i + \beta_4 INC_i$$
$$+ \beta_5 CH_i + \beta_6 CH_i^0 + \beta_7 CH_i^3 + u_i$$

推定結果は，次のようになりました。

8　竹内・竹内・細萱・新井・大内（2017）「都道府県別データを用いた既婚女性有業率に対する経済変数の影響と学歴別差異の分析」，『上智経済論集』，第 62 巻，pp.27–43 の分析結果を簡略化したものです。

$$WER_i = 29.96 - \underset{(-1.08)}{0.05\ Y_i} + \underset{(0.18)}{0.43\ JA_i}$$
$$\underset{(1.29)}{}$$

$$+ \underset{(3.06)}{0.13\ INC_i} + \underset{(1.98)}{27.85\,CH_i} - \underset{(-2.01)}{0.78\ CH_i^0} - \underset{(-2.44)}{2.03\ CH_i^3}$$

$$R^2 = 0.292, \quad \bar{R}^2 = 0.243, \quad s = 5.244$$

鉱工業生産指数も，有効求人倍率も，有意水準5%で有意にはなりませんでした。有意になったのは，平均所得と，3歳未満の子供保有率，3歳〜6歳未満の子供保有率，子供の数でした。

　分析結果から，所得が影響することは男性と同じですが，既婚女性の有業率は，経済状況の影響よりも，子供の数や，就学前の子供の有無が大きく関係することがわかりました。ただし，この結果自体は他の研究と整合的でない部分もあります。さまざまな研究で，異なる変数，説明変数を用いており，説明変数を変えることによって結果が異なる場合があるでしょう。

▶5.7.2　中古マンションの価格

　ここでは，ヘドニック価格という考え方にもとづいて，中古マンションの価格がどの程度説明できるかを考えます。ヘドニック価格とは，財がもっている特徴（性質）によって財の価格が決まるという考え方です。具体的には，JR中央線高円寺駅から徒歩で行ける中古マンションの価格が，駅からの徒歩の時間，床面積，築後経過年数の3要因によってどのように決まるかを考えます。モデルは，以下のようになります。

$$Price_i = \beta_1 + \beta_2 Distance_i + \beta_3 Space_i + \beta_4 Years_i + u_i \qquad (5.58)$$

ここで，$Price_i$ は i 番目の中古マンションの販売（実績）価格（単位：万円），$Distance_i$ は当該物件の高円寺駅からの徒歩の時間（単位：分），$Space_i$ は当該物件の床面積（単位：m^2），そして $Years_i$ は当該物件の築後経過年数（単位：年）です。

　このモデルの符号条件は，容易に想像がつくように，$\beta_2 < 0$（駅から遠いほど，価格は下がる），$\beta_3 > 0$（広いほど，価格は上がる），$\beta_4 < 0$（古いほど，

価格は下がる）です。

　対象とするデータは，2023 年第 2 四半期の 1 年前からの高円寺駅周辺の 73 件の中古マンションの販売実績です。データは，国土交通省の「土地総合情報システム」より得ました[9]。これは，これまでの例と異なり，クロスセクション・データの例となっています。

　推定結果は以下のようになりました。

$$\hat{Price}_i = 1293.35 - 83.34 Distance_i + 103.54 Space_i - 46.64 Years_i$$
$$\qquad\quad (2.88) \qquad (-2.24) \qquad\qquad (16.86) \qquad\qquad (-4.96)$$
$$R^2 = 0.841, \quad \bar{R}^2 = 0.834, \quad s = 1088.322 \qquad\qquad (5.59)$$

符号条件は，すべて満たされており，また各係数パラメーターも，データの数が十分に大きいので標準正規分布の臨界値 1.96 より，有意水準 5% で有意に推定されています。この推定結果より，徒歩時間が 1 分増えると 83 万円安くなり，$1\,m^2$ 広くなると 104 万円高くなり，1 年古くなると 47 万円安くなるという平均的傾向が読みとれます。決定係数もかなり高く，中古マンション価格はヘドニック・アプローチによってかなりの程度説明できることがわかります。なお「土地総合情報システム」には，ここで用いた 3 要因以外のデータも与えられているので，それらの影響も考えることも可能です。

---

9 「土地総合情報システム」のウェブサイトは以下です。https://www.land.mlit.go.jp/ webland/。このウェブサイトには最近の全国の不動産販売実績が示されています。同ページを開いた後，「不動産取引価格情報検索」をクリックし，調べたい物件（マンション，土地，一戸建てなど）と地域（県・市，あるいは路線）を絞り込んで検索します。ただし，ダウンロードできるデータは細かい絞り込みができないので，計算用ファイルを作るには，ある程度自分でデータをまとめ直す必要があります。Excel での分析については WEB 演習 5.5 の「中古マンション価格」を参照。

1. 自由度修正済み決定係数の意義を述べよ。

2. 過少定式化による誤りと，過剰定式化による誤りとは何か，またその影響についてそれぞれ論じよ。

3. 5.2 節の消費関数を，1990 年から 2007 年までのデータを用いて推定し，その結果をまとめたのち，有意性の検定を行え。

第6章

価格指数，デフレーター，名目変数と実質変数

マクロ経済学などで取り上げられる価格変動は，個々の財やサービスの価格変動ではなく，経済全体の物価変動を指しています。私たちは，個々の財の価格を観察することができますが，個々の財の価格変動は，上昇するものもあれば下落するものもあります。そこで，経済全体の価格変動を見るために作られたのが物価指数と呼ばれるものです。

また経済活動を数量的に分析するにあたっては，名目額と実質額を区別して考える必要があります。そこでもデフレーターと呼ばれる物価指数が重要な役目を果たします。

本章では，物価指数の考え方，デフレーター，ならびに名目変数から実質変数への導出について紹介します。

6.1　物価指数

▶ 6.1.1　加重平均

■ 物価指数とは

物価指数とは，私たちが生活でよく使う財の組合せに関して，それらの財の価格を加重平均したものです。たとえば食料品だけ存在する経済を想定したとき，スーパーで買い物かごに商品を入れる光景を思い出してください。かごの中には，パンや牛乳，米などの商品があり，それらの価格を加重平均したものを物価指数として計算します。この財の組合せを「財のバスケット」と呼びます。もちろん，ここで述べる物価指数は，食料品だけでなく市場で取引される

■表6-1　ミカンとリンゴへの支出

	2000年		2001年		2002年	
	価格	数量	価格	数量	価格	数量
ミカン：1財	50円/kg	10 kg	40円/kg	15 kg	48円/kg	12 kg
リンゴ：2財	100円/kg	30 kg	110円/kg	25 kg	105円/kg	28 kg

さまざまな代表的な財から計算されています。

　物価指数の役割は，以下のようにまとめることができます。

(1)　個別の財ではなく，財のグループさらには国全体の価格変動を把握するため。

(2)　名目額から実質額を計算するため。

　物価指数には，さまざまな種類があります。ここでは，物価指数の基本的な2つの作成方法について解説し，その後，デフレーターの概念ならびに物価指数を使用した名目変数から実質変数への調整方法を解説します[1]。

■　加 重 平 均

　個別の財の価格変化ではなく，これらの変化をまとめて表そうとするものを**価格指数**といいます。ここでは**表6-1**に与えられているある家計の3年間にわたるミカンとリンゴへの支出を例として説明します。2000年から2001年にかけてミカンの価格は下落していますが，リンゴの価格は上昇しています。この期間におけるミカンとリンゴの価格の変化をとりまとめるもっとも単純なものは，それぞれの価格変化の算術平均であり，以下で与えられます。

$$\frac{1}{2}\left(\frac{40}{50} + \frac{110}{100}\right) = \frac{1}{2}(0.8 + 1.1) = 0.95 \tag{6.1}$$

1　実際に公表されている物価指数の厳密な作成方法は，これらのデータを公開している省庁のホームページ（https://www.stat.go.jp/data/index.htm）を参照してください。たとえば，消費者物価指数ならば，総務省のホームページ（https://www.stat.go.jp/data/cpi/index.htm）を参照してください。

しかし，この家計ではリンゴの消費量のほうが多いので，価格変化の家計への影響はリンゴの価格変化のほうがより大きいはずです。したがって，その重要度の違いを反映する何らかの重み（加重）を付けて，価格の全体的変化を計算すべきであると考えられます。以下では，個別財の価格の表記を

$$p_{it} \quad i = 第\,i\,財, \quad t = 時点\,t\,(年)$$

とします。2000年を基準時を表す時点0とし，2001年を比較時を表す時点1とし，ミカンを第1財，リンゴを第2財とすると，たとえば，2000年のミカンの価格は p_{10} と表記されることになります。

基準時から比較時にかけての価格変化を，何らかの**加重（ウェイト）**を付けた**加重平均**を作ると，以下のようになります。

$$w_1 \frac{p_{11}}{p_{10}} + w_2 \frac{p_{21}}{p_{20}} = w_1 \frac{40}{50} + w_2 \frac{110}{100} \tag{6.2}$$

ここで，w_1 と w_2 が加重です。

もし対象とする財が n 種ある場合は，加重 w_i は非負で，以下の要件を満たすように作られなければなりません。

$$\sum_{i=1}^{n} w_i = 1 \tag{6.3}$$

価格指数を作るにあたってのポイントは，どのような加重を用いるかであり，以下では代表的な2種の加重の設定の仕方（すなわち価格指数の作り方）を説明します。

▶ 6.1.2　ラスパイレス型物価指数

ラスパイレス（É. Laspeyres）型物価指数の代表的なものとしては，**消費者物価指数**（Consumer Price Index；CPIと略す，総務省），**企業物価指数**[2]（Corpo-

---

2　従来は卸売物価指数と呼ばれていました。現在は卸売物価指数が廃止され企業物価指数に移行しました。

rate Goods Price Index, 日本銀行），**生産者物価指数**（Producer Price Index, 米国労働省）などがあります。この指数の特徴は，基準時の支出額の割合を加重とすることです。

■ 簡単な例

以下では，購入された財の数量を次のように表記することにします。

$$q_{it} \quad i = 第\,i\,財, \quad t = 時点\,t\,（年）$$

| 数値例 | **2000 年の支出額の割合を加重とする価格指数** |

表 6-1 より計算すると，2000 年の支出額は表 6-2 のように与えられます。したがって，2000 年の支出の割合は以下で与えられます。

$$ミカンの支出額 ： リンゴの支出額 = 1 : 6 = \frac{1}{7} : \frac{6}{7} \qquad (6.4)$$

■表 6-2　2000 年の支出額

	数量（q_{i0}）	支 出 額
ミカン：1 財	10 kg	50 円/kg × 10 kg ＝　500 円
リンゴ：2 財	30 kg	100 円/kg × 30 kg ＝ 3,000 円
		合計 3,500 円

以上より，基準時を時点 0（2000 年）として，比較時を時点 1（2001 年）とするラスパイレス型物価指数 $P_{L,0,1}$ は，以下で与えられます。

$$P_{L,0,1} = \frac{1}{7} \times 0.8 + \frac{6}{7} \times 1.1 = 1.0571 \qquad (6.5)$$

ここで，P の添え字の $(L, 0, 1)$ は，それぞれこの指数がラスパイレス型であること，基準時が時点 0，比較時が時点 1 であることを示します。今回は 1 を超えています。先ほどの単純平均と異なり，加重を考慮に入れると全体として価格は上昇していることを示しています。支出額の割合を考慮に入れているので，単純平均よりこのほうが消費者の実感に近いと考えられます。

同様に，比較時を時点 2（2002 年）とするラスパイレス型物価指数は以下で与えられます。

$$P_{L,0,2} = \frac{1}{7} \times \frac{48}{50} + \frac{6}{7} \times \frac{105}{100} = 1.0371 \tag{6.6}$$

このように，ラスパイレス型物価指数においては，加重には常に基準時のものが使われます。

表 6-3 に示されているように，基準時と比較時が同一の場合は（すなわち基準時の指数は），定義的に 1 となります。すなわち，$P_{L,0,0}=1$ です。また同表の 2 行目に示されているように，公表されている統計データでは価格指数は通常 100 倍されて，基準時の値は 100 として与えられているので注意が必要です。

■表 6-3　ラスパイレス型物価指数の例

t	0	1	2
$P_{L,0,t}$	1	1.057	1.037
（公表データの表記）	100	105.7	103.7

■　一般の場合（n 財の場合）のラスパイレス型物価指数

以上の拡張として，財の数がたくさんあるときの，ラスパイレス型物価指数（一般型）も簡単に求めることができます。n 種の財の価格と数量が**表 6-4** で与えられたとします。ここで，基準時（時点 0）の加重 $\{w_{i0}, i = 1, 2, \cdots, n\}$ は，基準時における第 i 財の支出総額に対する割合として以下で与えられます。

$$
\begin{aligned}
w_{i0} &= \frac{\text{基準時の第 } i \text{ 財への支出額}}{\text{基準時の支出総額}} \\
&= \frac{p_{i0}q_{i0}}{\sum_{i=1}^{n} p_{i0}q_{i0}}
\end{aligned} \tag{6.7}
$$

したがって，比較時（時点 t）のラスパイレス型物価指数は，

■表6-4　n 財ある場合の価格と数量の変動

	時点 0		時点 t	
	価格	数量	価格	数量
1 財	p_{10}	q_{10}	p_{1t}	q_{1t}
2 財	p_{20}	q_{20}	p_{2t}	q_{2t}
$\vdots$	$\vdots$	$\vdots$	$\vdots$	$\vdots$
n 財	p_{n0}	q_{n0}	p_{nt}	q_{nt}

$$P_{L,0,t} = \sum_{i=1}^{n} w_{i0} \frac{p_{it}}{p_{i0}} \tag{6.8}$$

として与えられます。これが，ラスパイレス型物価指数の第 1 の定義です。さらに，基準時の支出の割合 (6.7) を上式に代入すると

$$
\begin{aligned}
P_{L,0,t} &= \sum_{i=1}^{n} \frac{p_{i0}q_{i0}}{\sum_{i=1}^{n} p_{i0}q_{i0}} \times \frac{p_{it}}{p_{i0}} \\
&\quad \text{(分子，分母にある } p_{i0} \text{ がキャンセルするので)} \\
&= \frac{1}{\sum_{i=1}^{n} p_{i0}q_{i0}} \sum_{i=1}^{n} p_{it}q_{i0} \\
&= \frac{\sum_{i=1}^{n} p_{it}q_{i0}}{\sum_{i=1}^{n} p_{i0}q_{i0}} \\
&= \frac{\text{基準時の数量を比較時の価格で購入したときの支出額}}{\text{基準時の支出額}}
\end{aligned} \tag{6.9}
$$

これは，ラスパイレス型物価指数の第 2 の定義となります。基準時の数量を比較時にも購入すると想定した場合の，比較時と基準時の支出総額の比を表しています。

ミカンとリンゴの場合

上の第2の定義によって，表6–1のミカンとリンゴの例の場合の2001年のラスパイレス型物価指数を計算してみましょう。当然のことながら，先の第1の定義にもとづく計算と同じ結果が得られます。

$$P_{L,0,1} = \frac{40 \times 10 + 110 \times 30}{50 \times 10 + 100 \times 30} = 1.057$$

さらに，2002年のラスパイレス型物価指数は，以下で与えられます。

$$P_{L,0,2} = \frac{48 \times 10 + 105 \times 30}{50 \times 10 + 100 \times 30} = 1.037$$

2010年基準の消費者物価指数（CPI）の推移

図6–1に，消費者物価指数の推移が示されています。これは，2010年の値を100としたときのCPIです。これから，CPIは1970年代から1998年までは一貫して上昇を続けましたが，それ以降は緩やかな下降を示しています。昨今話題となっているデフレ現象が現れていることがわかります。

グラフから，2010年には100だった指数は，1981年には約80である

■図6–1 CPI の推移（2010年基準）

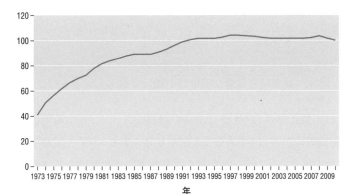

年

ことがわかります。たとえば，2010 年に 100 円で販売されているものが，1981 年には約 80 円で購入できたという意味です。このとき，2010 年の 100 円と 1981 年の 100 円は，金額は同じですが，購入できるものの量が異なるので，1 円の価値が異なります。すなわち，物価指数や次節で紹介するデフレーターは貨幣の価値の変化を記述していることになります。物価の上昇は，逆にいえば貨幣の価値の下落を意味しているのです。

▶ 6.1.3 パーシェ型物価指数

パーシェ（H. Paasche）型物価指数の代表的なものとして，GDP デフレーターや消費デフレーターがあります。これらは『国民経済計算』に，主要なマクロ経済変数の時系列データとともに与えられています。またパーシェ型物価指数は，マクロの名目変数を実質化するときに用いられる重要な価格指数です。ここでは，パーシェ型物価指数がどのように作られているかを説明します。なお，名目変数の実質化については次節で説明します。

■ 定義と数値例

まず，パーシェ型物価指数の定義を示すと以下のように書けます。これは，ラスパイレス型物価指数の第 2 の定義 (6.9) に対応する表現です。この式の導出の元となる考え方は，後に示します。

$$
\begin{aligned}
P_{P,0,t} &= \frac{\sum p_{it} q_{it}}{\sum p_{i0} q_{it}} \\
&= \frac{\text{比較時の支出額}}{\text{比較時の数量を基準時の価格で購入したときの支出額}}
\end{aligned}
\tag{6.10}
$$

ここで，P の添え字の $(P, 0, t)$ は，この指数がパーシェ型であること，基準時が時点 0，比較時が時点 t であることを示しています。この指数はラスパイレス型物価指数の場合と異なり，比較時の数量を用いて比較時と基準時の支出総額の比を評価していることになります。

| 数値例 | ミカンとリンゴの場合 |

表 6–1 のミカンとリンゴの例では，以下のように計算されます。

$$P_{P,0,1} = \frac{40 \times 15 + 110 \times 25}{50 \times 15 + 100 \times 25} = 1.0207 < 1.057 = P_{L,0,1}$$

$$(6.11)$$

このように，先ほど計算したラスパイレス型物価指数より小さくなっています。一般的にパーシェ型のほうが変動が小さくなります。これは，通常私たちは価格の上昇したものの消費を減らし，下落したものを増やす傾向にあるので，全体的な支出額の変動は，基準時の数量を購入し続けると想定されているラスパイレス型物価指数より，小さくなるためです。さらに，2002 年のパーシェ型物価指数は，以下で与えられます。

$$P_{P,0,2} = \frac{46 \times 12 + 105 \times 28}{50 \times 12 + 100 \times 28} = 1.034 \qquad (6.12)$$

このように，計算の基準となる数量がラスパイレス型の場合は各比較時点で共通でしたが，パーシェ型の場合は比較時 t とともに順次変化していくという大きな違いがあります。

■ パーシェ型物価指数の考え方

ここでは，パーシェ型物価指数がどのような考え方で導かれたかを考えます。面白いことに，これは基準時と比較時を入れ替えたラスパイレス型物価指数の「逆数」と考えることができます。

$$P_{P,0,t} = \frac{\sum p_{it} q_{it}}{\sum p_{i0} q_{it}}$$

$$= \cfrac{1}{\cfrac{\sum p_{i0} q_{it}}{\sum p_{it} q_{it}}} \quad (\text{全体の逆数をとる})$$

$$= \cfrac{1}{\sum \left(\cfrac{p_{it} q_{it}}{\sum_i p_{it} q_{it}} \times \cfrac{p_{i0}}{p_{it}} \right)} \quad (\text{分母を分解する})$$

$$\left(\text{時点 } t \text{ の支出額の割合 } w_{it} = \frac{p_{it} q_{it}}{\sum_i p_{it} q_{it}} \text{を加重とする} \right)$$

$$= \frac{1}{\sum w_{it} \dfrac{p_{i0}}{p_{it}}} = \frac{1}{P_{L,t,0}} \tag{6.13}$$

すなわち，最後の式の分母は基準時を時点 t とし，時点 t の支出額の割合 w_{it} $(i = 1, 2, \cdots, n)$ を加重とし，比較時を時点 0 とするラスパイレス型物価指数 $P_{L,t,0}$ になっています。パーシェ型物価指数はその逆数をとることにより，比較時，基準時を入れ替えることになり，基準時を時点 0 とし，比較時を時点 t とする価格指数となります。これが，パーシェ型物価指数の考え方です。

6.2 デフレーター

■ 名目と実質

　経済データ，とくに『国民経済計算』で与えられるマクロ経済データについては，名目（nominal）データと実質（real）データ，そしてデフレーターが与えられています。デフレーターとは，「名目額」から「実質額」を算出するために必要な価格指数のことです。名目額，実質額，デフレーターの三者には，以下の定義的関係があります。

名目額＝基準時で評価された実質額 × 基準時を 1 とするデフレーター

たとえばマクロの消費データについて考えると，名目額は通常観測される支出額であり，その変化は実質額（これまでの議論における，数量に対応）の変化

およびデフレーター（これまでの議論における，価格指数に対応）の変化といっう2つの要因から成り立ってます。経済分析は通常，名目額を直接的に分析対象とすることは少なく，分解された実質額とデフレーターのそれぞれを分析の対象とします。

どのように名目データを実質データとデフレーターに分解しているかを知ることは重要であり，以下ではマクロの名目消費を例にして，どのようにして実質消費と消費デフレーターが作られるかを説明します。

■ 消費デフレーター

ここでは例として，基準年を2000年（時点0）とし，比較年は，2001年（時点1）として，2001年のマクロの消費 C_{2001} に関しての消費デフレーターの作り方を説明します。マクロの消費は多くの消費財から成り立っており，ここでは n 種の財，すなわち $C_{i,2001}$ $(i = 1, 2, \cdots, n)$ から成り立っているとします。当然，マクロの消費額は，個々の財の消費額の和であり，$C_{2001} = \sum_i^n C_{i,2001}$ が成立しています。

消費デフレーターは，以下の3段階で作られています。

(1) このとき，各消費財 $C_{i,2001}$ について，2000年を基準とした価格比（指数），$PC_{i,2000,2001} = \dfrac{PC_{i,2001}}{PC_{i,2000}}$ が与えられていたとします。ここで $PC_{i,200t}$ は，第 i 財の $200t$ 年の価格です。ここでは，価格あるいは価格指数を表すために変数 C の前に P を付けることにします。価格比の添え字 $(i, 2000, 2001)$ は，それぞれ財の番号，基準時，比較時（対象とする時点）を示しています。ここでの場合は2000年を基準としているので，基準年の価格比は定義的に1となります。すなわち，すべての i について，$PC_{i,2000,2000} = 1$ です。

それぞれの消費財について，価格上昇の影響を除いた（2000年の価格で評価した）価格を求めることができます。これを2000年の価格で評価した**実質額**と呼び，$RC_{i,2000,2001}$ と表すことにします。実質額を変数 C の前に R を付けて表すことにします。この「実質額」は，6.1節で学んだ財の「数量」に対応すると考えることができます。

$$RC_{i,2000,2001} = \frac{C_{i,2001}}{PC_{i,2000,2001}} \quad (i = 1, 2, \cdots, n) \qquad (6.14)$$

(2) これをすべての財について合計すると，2000 年価格で評価したマクロ消費の実質額 $RC_{2000,2001}$ を求めることができます。

$$RC_{2000,2001} = \sum_{i=1}^{n} RC_{i,2000,2001} \qquad (6.15)$$

(3) これより，2000 年基準のマクロの消費の消費デフレーター（$PC_{2000,2001}$ とします）を求めることができます。それは名目額の C_{2001} を対応する実質額 $RC_{2000,2001}$ で割ることにより得られます。

$$PC_{2000,2001} = \frac{C_{2001}}{RC_{2000,2001}} \qquad (6.16)$$

なおここでは，基準時点を明確にするために，価格・価格指数の添え字に基準時点（2000 年）を明示してきましたが，基準時点がいつであるかが明白なときは，その基準時点を省略し，単に

$$PC_{i,2001}, \quad RC_{i,2001}$$
$$\text{さらに} \quad PC_{2001}, \quad RC_{2001} \qquad (6.17)$$

のように書くことが一般的です。

■ デフレーターの解釈：パーシェ型物価指数

この消費デフレーター (6.16) は，実はパーシェ型物価指数となっています。以下ではそれを示します。まず $C_{2001} = \sum_{i=1}^{n} C_{i,2001}$ と (6.15) に注意すると

$$PC_{2000,2001} = \frac{\sum_{i=1}^{n} C_{i,2001}}{\sum_{i=1}^{n} RC_{i,2000,2001}}$$

$$= \frac{\sum_{i=1}^{n} PC_{i,2000,2001} RC_{i,2000,2001}}{\sum_{i=1}^{n} PC_{i,2000,2000} RC_{i,2000,2001}} \tag{6.18}$$

ここで, 最後の等式は, 分子に (6.14) の関係をほどいて $C_{i,2001} = PC_{i,2000,2001}$ $\times RC_{i,2000,2001}$ と書き直し, 分母については基準が 2000 年なので, すべての i について $1 = PC_{i,2000,2000}$ であることを明示的に代入したものです。なお $RC_{i,2000,2001}$ は, 第 i 財の 2000 年基準で評価した 2001 年の実質額であり, 先にも述べたように, これは前節での 2001 年の数量の概念に対応するものです。したがって上記の (6.18) は, パーシェ型物価指数の定義 (6.10) に対応しています。

■ GDP デフレーター

次に, マクロ経済全体の価格変動を表すものとしてよく用いられる GDP デフレーターがどのように作られているかを説明します。ここでは, 基準時を 2000 年とした 2001 年の GDP デフレーターを考えることにします。

2001 年 (時点 1) の名目 GDP を GDP_{2001} と表すこととします。それは, 各支出項目より以下のように与えられます。

$$GDP_{2001} = C_{2001} + I_{2001} + G_{2001} + E_{2001} - M_{2001} \tag{6.19}$$
$$\text{"消費"} \quad \text{"投資"} \quad \text{"政府支出"} \quad \text{"輸出"} \quad \text{"輸入"}$$

ここで, GDP の各構成要素について, 先ほどの消費の場合ように, 基準年を 2000 年とするデフレーターが求められているとします。すなわち, $Pj_{2000,2001}$ ($j = C, I, G, E, M$) が与えられているとします。これより, 2000 年基準の各コンポーネントの 2001 年の実質額は, 以下で求められます。

$$RC_{2000,2001} = \frac{C_{2001}}{PC_{2000,2001}}, \quad RI_{2000,2001} = \frac{I_{2001}}{PI_{2000,2001}}$$

$$RG_{2000,2001} = \frac{G_{2001}}{PG_{2000,2001}}, \quad RE_{2000,2001} = \frac{E_{2001}}{PE_{2000,2001}}$$

$$RM_{2000,2001} = \frac{M_{2001}}{PM_{2000,2001}}$$

これより，2000年基準の実質GDP（$RGDP$）が求められます。

$$RGDP_{2000,2001} = \sum_{j=C,I,G,E} Rj_{2000,2001} - RM_{2000,2001} \qquad (6.20)$$

以上より，2000年基準の2001年のGDPデフレーターは，以下のように求められます。

$$PGDP_{2000,2001} = \frac{GDP_{2001}}{RGDP_{2000,2001}} \qquad (6.21)$$

GDPデフレーターも消費デフレーターと同じ考え方で作られているので，パーシェ型物価指数です。

2000年基準の200t年のGDPデフレーターは，まったく同様の手続きで

$$PGDP_{2000,200t} = \frac{GDP_{200t}}{RGDP_{2000,200t}} \qquad (6.22)$$

として作ることができます。

■ 連鎖方式のデフレーター

2004年以降は，デフレーターについては，上記で示した方法に代わって，**連鎖方式**という計算方式が用いられるようになってきました（現在の『国民経済計算』では，従来方式のものと連鎖方式のもの両方が併記されています）。

たとえば，従来の方法では，2000年基準の2003年のGDPデフレーターは，(6.22) にしたがって

$$PGDP_{2000,2003} = \frac{GDP_{2003}}{RGDP_{2000,2003}} \qquad (6.23)$$

として求められますが，連鎖方式では以下のように求めます。

$$PGDP_{2000,2003}(連鎖)$$
$$= PGDP_{2000,2001} PGDP_{2001,2002} PGDP_{2002,2003} \qquad (6.24)$$

ここで右辺の第 2 項 $PGDP_{2001,2002}$ は，2001 年を基準時とした 2002 年についてのデフレーター，第 3 項 $PGDP_{2002,2003}$ は，2002 年を基準年とした 2003 年についてのデフレーターです。このように，連鎖型のデフレーターは基準年を 1 年ごとに更新（update）して，1 年ごとのデフレーターの値を掛け合わせたものとして求められます。

数値例 ミカンとリンゴの場合

表 6–1 のミカンとリンゴの例で，2002 年の連鎖方式のパーシェ型物価指数を計算してみましょう。なお，$P_{P,0,1} = 1.021$ はすでに求められています。

$$P_{P,1,2} = \frac{48 \times 12 + 105 \times 28}{40 \times 12 + 110 \times 28} = 0.988$$

したがって，基準時を 0 とし，比較時を 2 とする連鎖方式のパーシェ型物価指数は以下で与えられます。

$$P_{P,0,2}(連鎖) = P_{P,0,1} P_{P,1,2} = 1.021 \cdot 0.988 = 1.008$$

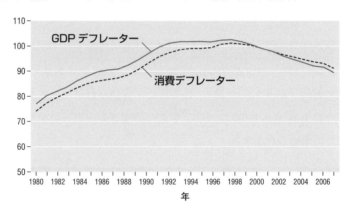

実例 2000年基準の消費デフレーターとGDPデフレーターの推移

　図6-2に，消費デフレーターとGDPデフレーターの推移が示されています。この図から，長期的には消費デフレーターのほうが，GDPデフレーターより動きが遅いことがわかります。

■図6-2　消費デフレーターとGDPデフレーターの推移（2000年基準）

6.3　名目変数の実質化

　先に述べたように，『国民経済計算』に示されているGDPやその要素のデータは，それぞれ名目額，実質額，デフレーターが与えられていますが，このように3種のデータが与えられているのは例外的です。一般に公表されている多くのデータは，名目額が与えられているのみです。経済分析においては，実質額にもとづいて分析することが基本なので，それらの名目変数は実質変数に変換する必要があります。

　そこで多くの場合，GDPデフレーターあるいはCPI（消費者物価指数）を用いて実質変数に変換します。

$$\text{実質変数} = \frac{\text{名目変数}}{\text{デフレーターもしくは物価指数}} \times 100 \qquad (6.25)$$

とくに GDP デフレーターは，国全体の物価変動を反映していると考えられるので，一般的に種々の名目変数を実質化するために使われます。たとえば，GDP デフレーター（$PGDP$）を使用して，名目金融資産残高（MA）から，実質金融資産残高（RMA）を求めるには以下のような変換をします[3]。

$$\text{実質金融資産残高} = \frac{\text{名目金融資産残高}}{\text{GDP デフレーター}} \times 100 \qquad (6.26)$$

ただし，先にも述べたように公表されているデフレーターや CPI は，基準年のデータを 100 として作られているので，上記のように変換後に 100 を掛けないと，実質額は名目額より 2 桁小さくなってしまいますので，注意が必要です。

なお，GDP デフレーターは四半期が最小単位なので，月次の名目変数の実質化には使うことができません。そのような場合には，CPI あるいは企業物価指数が用いられます。

■図6-3　名目金融資産と実質金融資産の推移（2000 年基準）

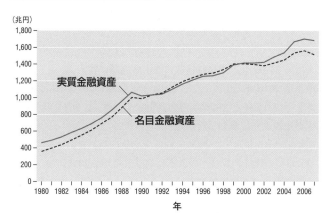

3　名目変数の実質化についての Excel 例は，WEB 解説 6.1 および WEB 演習 6.1 の「名目変数の実質化」を参照。

■ 名目データと実質データ

図 6–3 に，名目金融資産と実質金融資産の推移が示されています。通常のように，インフレが続く状況であった場合，基準年（この場合は 2000 年）を経ると名目額が実質額を上回るのが普通です。しかしこの図では，この時期（1998年頃）からデフレとなったので，基準年以降も名目額が実質額より下回るという珍しい現象がみられます。

―――――― 練 習 問 題 ――――――

1. 以下の表を用いてラスパイレス型物価指数に関する問題に答えよ。

	パン		ペットボトル		チョコレート	
	価格	数量	価格	数量	価格	数量
2010	50	100	100	250	100	110
2015	60	90	150	180	140	70
2020	70	110	150	120	120	100

(1) 基準年を 2010 年としたとき，2015 年と 2020 年の物価指数を計算せよ。また，計算した 2015 年と 2020 年の物価指数を比較し，2015 年から 2020 年にかけて物価がどのように変動したか述べよ。

(2) 基準年を 2015 年としたとき，2020 年の物価指数を計算せよ。また，基準年である 2015 年の物価指数はどのように表されるか。2015 年から 2020 年にかけて物価はどのように変動したか述べよ。

2. 上の表を用いてパーシェ型物価指数に関する問題に答えよ。

(1) 基準年を 2010 年としたとき，2015 年と 2020 年の物価指数を計算せよ。また，計算した 2015 年と 2020 年の物価指数を比較し，2015 年から 2020 年にかけて物価がどのように変動したか述べよ。

(2) 基準年を 2015 年としたとき，2020 年の物価指数を計算せよ。また，基準年である 2015 年の物価指数はどのように表されるか。2015 年から 2020 年にかけて物価はどのように変動したか述べよ。

第7章

多重回帰分析の拡張

　第 5 章では，多重回帰分析の基本的な特徴を学びましたが，本章では実際の応用において必要ないくつかの有用な手段を紹介します。具体的には，回帰分析に用いる説明変数のより進んだ取扱いについて紹介します。すなわち，説明変数の事前的な変換，特殊なしかし重要な説明変数であるダミー変数，変数間の遅れを伴った影響関係を取り入れることのできる遅れのある変数（ラグ変数）などです。最後に，多重共線性という多重回帰分析にとっては厄介な問題とその解決策についてふれることにします。

7.1　モデルの関数型

■ 線型モデル

　第 5 章で扱ったモデルは，以下のような多重回帰モデルです。

$$Y_i = \beta_1 + \beta_2 X_{2i} + \beta_3 X_{3i} + u_i \tag{7.1}$$

このモデルは，一般に線型モデルと呼ばれていますが，「線型」という表現には 2 つの意味があります。まず第 1 の概念として，変数に関して線型という概念があります。それは，パラメーター β_1，β_2，β_3 が既知のとき，Y_i，X_{2i}，X_{3i}，u_i が 1 次結合（線型）で表現できる，という性質です。もちろん，(7.1) は，この性質を満たしています。このような意味で線型でない例は，以下のようなものです。

$$Y_i = \beta_1 + \beta_2 \frac{1}{X_{2i}} + \beta_3 \ln X_{3i} + u_i \qquad (7.2)$$

しかし,「線型」には第2の概念として,パラメーター(母数)に関して線型というものもあります。これは,Y_i,X_{2i},X_{3i} が既知のとき,β_1,β_2,β_3,u_i が1次結合(線型)で表現できる,という性質です。その意味では,(7.2) のモデルはパラメーターに関して線型です。それは,モデルを β_1 について,以下のように書き直せることから明らかです。

$$\beta_1 = Y_i - \beta_2 \underbrace{\frac{1}{X_{2i}}}_{X'_{2i}} - \beta_3 \underbrace{\ln X_{3i}}_{X'_{3i}} - u_i$$

$$= Y_i - \beta_2 X'_{2i} - \beta_3 X'_{3i} - u_i$$

X'_{2i},X'_{3i} と,あらかじめ説明変数を変換しておけば,パラメーターに関して線型であることがはっきりわかります。このようなモデル (7.2) は OLS で推定することができます。これは,説明変数に関して簡単な事前の変換が可能であるということを意味しています。これらによく用いられる変換(関数型)について,本節では考えていきます。

一方,パラメーターに関して線型でないものは OLS では推定できません。たとえば,次のようなモデルです。

$$Y_i = \alpha + \beta X_i^{\gamma} + u_i$$

上式のパラメーター α,β そして γ を1次結合で表すことはできません。このようなモデルは**非線型モデル**と呼ばれ,その扱いは大学院レベルの内容となってしまいます。

■ モデルの関数型Ⅰ:逆数,双曲線

ここでは,フィリップス曲線を実例として説明します[1]。失業率と名目賃金

1　WEB 解説 7.1 および WEB 演習 7.1 の「モデルの関数型(逆数と双曲線)」を参照。

■図7-1　失業率と名目賃金変化率（1974 年から 2010 年）

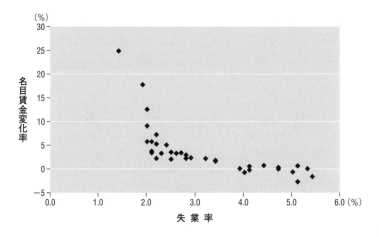

変化率を図示したものが**図 7-1** です。このような，失業率と名目賃金変化率との負の関係を**フィリップス曲線**といいます。この経験的な関係は，フィリップス（A. W. H. Phillips）が 1958 年に発見したものであり，マクロ経済学の重要な構成要素となっています。たとえば，失業率が上昇するという状況は労働力が供給過剰であるので，企業は賃金を下げても労働者を雇用することができます。したがって，失業率が上昇すると賃金が減少します。

　この関係は以下の式で表すことができます。

$$\dot{W}_i = \alpha + \beta \, UN_i + u_i \tag{7.3}$$

ここで，$\dot{W}_i = \dfrac{W_i - W_{i-1}}{W_{i-1}} \times 100$ であり，W_i は名目賃金率，UN_i は完全失業率です。$\dot{W}_i$ は W_i の $i-1$ 期から i 期にかけての変化率（パーセント表示）を表しています。上のモデルにおいて，$\beta < 0$ のとき，失業率の上昇が賃金の下落を引き起こす状態を表しています。しかし，**図 7-1** を見ると，失業率が低いところでは，名目賃金変化率が非常に高い値を示しています。そこで，(7.3) が示す線型の関係よりも，以下のようなモデルのほうが適切ではないか，と考え

られます。

$$\dot{W}_i = \alpha + \beta \frac{1}{UN_i} + u_i \tag{7.4}$$

ここで，1974年から2010年までのデータを使用して，上記の2式を推定してみます。

$$\dot{W}_i = 13.530 - 3.118\,UN_i + u_i$$
$$\phantom{\dot{W}_i = }(7.17)\quad (-5.64)$$
$$R^2 = 0.476,\quad \bar{R}^2 = 0.461,\quad s = 3.925$$
$$\dot{W}_i = -9.125 + 35.681\frac{1}{UN_i} + u_i$$
$$\phantom{\dot{W}_i = }(-6.31)\quad (9.26)$$
$$R^2 = 0.710,\quad \bar{R}^2 = 0.702,\quad s = 2.919$$

いずれの推定結果においても，β は有意水準5%で有意に推定されていることがわかります。しかし，決定係数ならびに残差の標準誤差を比較すると，失業率の逆数を使ったモデル (7.4) のほうが，失業率をそのまま使用したモデル (7.3) よりかなりあてはまりがよいことが明らかです。以上は，データの散布図を眺めることにより関数型を選ぶ典型的な例です。

次に，フィリップス曲線についてより詳細に考えてみましょう。フィリップス曲線は失業率と名目賃金の関係を示していますが，その後の研究でインフレが進行している経済では，労働の需給の影響は名目賃金ではなく，実質賃金に現れるはずであるということが定説となってきました。そこで，上記のフィリップス曲線にインフレ率を説明変数として加えたモデルが用いられるようになってきました。

$$\dot{W}_i = \alpha + \beta\,UN_i + \gamma\dot{CPI}_i + u_i \tag{7.5}$$

ここで，$\dot{CPI}_i = \dfrac{CPI_i - CPI_{i-1}}{CPI_{i-1}} \times 100$ はインフレ率を表し，CPI_i は消費者物価指数です。単回帰モデルの場合と同様に，データの散布図に合わせ，失業率の逆数 $\dfrac{1}{UN_i}$ を説明変数とするモデルのほうがあてはまりがよいと考えられ

ます。

$$\dot{W}_i = \alpha + \beta \frac{1}{UN_i} + \gamma \dot{CPI}_i + u_i \qquad (7.6)$$

このフィリップス曲線を 1974 年から 2010 年のデータを用いて推定すると，以下のような結果が得られます。

$$\dot{W}_i = -1.060 + 5.815 \frac{1}{UN_i} + 0.986 \dot{CPI}_i + u_i$$
$$(-1.03) \quad (1.73) \quad\quad (10.7)$$
$$R^2 = 0.934, \quad \bar{R}^2 = 0.930, \quad s = 1.417$$

この結果では，β は有意に推定されていません。これは，1990 年代以降の日本のフィリップス曲線はほぼ水平であり，また失業率と名目賃金変化率との関係の一部が，$\dot{CPI}_i$ に吸収されたためだと思われます。基本的には，$\frac{1}{UN_i}$ の項が有効なのは，図 7-1 の左側のデータが示すように，低い失業率に対してきわめて高い名目賃金率の上昇が見られるような時期の存在のためですが，近年はそのような状況にはなく，フィリップス曲線の定式化にも再考が迫られています。

　もっともアベノミックスの影響でインフレが戻ってくれば，再び上記のようなフィリップス曲線が有効になってくる可能性があります。

■ モデルの関数型 II：2 次関数

　ここでは，賃金プロファイル（年齢，あるいは勤続年数による賃金の変動）を例として説明します[2]。一般的に，賃金は年齢とともに上昇しますが，やがてはピークを迎えその後は下落し始めます。これは経験とともに技術が向上して生産性が上がりますが，やがて技術も陳腐化してきて生産性が下がり始めることに対応していると考えられています。具体的には，それらのデータの散布図は，図 7-2 で与えられています。

　図 7-2 から明らかなように，賃金プロファイルには上に凸の 2 次関数があてはまると考えられています。

2　WEB 解説 7.2 および WEB 演習 7.2 の「モデルの関数型（2 次関数）」を参照。

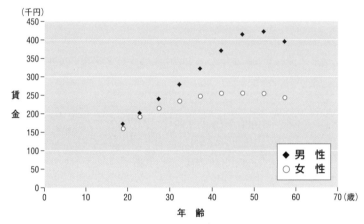

■図7-2　男女別平均賃金データ

（出所）　厚生労働省「平成23年 賃金構造基本調査」，企業規模計（10人以上）

$$W_i = \beta_1 + \beta_2 age_i + \beta_3 age_i^2 + u_i \qquad (7.7)$$

ここで，age_i は10人以上の事業所における5歳ごとに区切った各世代の平均年齢，W_i は対応するグループの1月あたりの平均賃金率です。

　上に凸の2次関数が適当と考えられるので，パラメーターの符号条件は $\beta_2 > 0$，$\beta_3 < 0$ と考えられます。一方，β_1 の符号は不明です。ここで，定数項 β_1 の符号が不明なのは，この関数がおおむね15歳以上から60歳までの局所的（local）なあてはまりを問題としており，すべての領域での大域的（global）なあてはまりを考えていないからです。大域的なあてはめを考える場合には，定数項の符号条件も重要になります。現在の場合は，推定された関数を用いて，0歳児の賃金や，100歳の人の賃金を予測することは考えておらず，基本的に15歳から60歳までの人々の局所的な賃金プロファイルのあてはめに興味がありますので，0歳児の賃金を示す β_1 には，興味の対象ではありません。

　同図には，男女のデータが与えられていますが，ここでは男性だけのデータを用いて，(7.7) をOLSで推定すると，以下のような結果になります。

$$\hat{W}_i = -122.0 + 17.3 age_i - 0.138 age_i^2 \qquad (7.8)$$
$$(-1.94) \quad (4.86) \qquad (-2.99)$$
$$R^2 = 0.970, \quad \bar{R}^2 = 0.960, \quad s = 18.7$$

パラメーター β_2, β_3 の符号条件は満たされており，それぞれ 5%の有意水準で有意に推定されています。

ちなみに，2 次の項を入れずに，1 次関数を推定すると以下のような結果を得ます。

$$\hat{W}_i = 56.8 + 6.727 age_i \qquad (7.9)$$
$$(1.97) \quad (9.28)$$
$$R^2 = 0.925, \quad \bar{R}^2 = 0.914, \quad s = 27.3$$

決定係数 R^2，撹乱項の標準誤差 s から考えて，明らかに age_i^2 を説明変数に加えた 2 次関数のほうがあてはまりがよいと考えられます。

■ モデルの関数型 III：対数

経済学でよく取り上げられる**生産関数**を考えましょう。資本（Capital，独：Kapital）を K_i，労働投入量（Labor）を L_i としたとき，生産量 Y_i は，一般的に $Y_i = f(L_i, K_i)$ という関数で表記されます。もっとも簡単な生産関数の例として，ここでは**コブ=ダグラス型生産関数**を考えます。

$$Y_i = A L_i^{\beta_2} K_i^{\beta_3} \qquad (7.10)$$

ここで，A，β_2，β_3 はパラメーターです。

コブ = ダグラス型生産関数を OLS で推定する方法を考えます。モデル (7.10) の形では直接の推定はできないので，両辺に対数をとってみます。

$$\log Y_i = \underbrace{\log A}_{\beta_1 \text{ とする}} + \log L_i^{\beta_2} + \log K_i^{\beta_3}$$
$$= \beta_1 + \beta_2 \log L_i + \beta_3 \log K_i \qquad (7.11)$$

このモデルに撹乱項を付け加えると

$$\log Y_i = \beta_1 + \beta_2 \log L_i + \beta_3 \log K_i + u_i \qquad (7.12)$$

（元の関数型 (7.10) にもどすと $Y_i = AL_i^{\beta_2} K_i^{\beta_3} e^{u_i}$ です。）

として，表すことができます。ゆえに，この場合には，理論モデルから推定する際に用いるべきモデルの関数型がもたらされます。

コブ=ダグラス型生産関数は

- $\beta_2 + \beta_3 = 1$ のとき，規模に対して収穫一定
- $\beta_2 + \beta_3 < 1$ のとき，規模に対して収穫逓減
- $\beta_2 + \beta_3 > 1$ のとき，規模に対して収穫逓増

という性質があることが知られています。なお，$\beta_2 + \beta_3 = 1$ が満たされるかどうかは，次章で扱う F 検定により，検定可能です。

7.2　ダ　ミ　ー　変　数

■ ダミー変数とは

ダミー（dummy）とは，本物の代わりをする物という意味です。替え玉とも解釈できます。計量分析においては，数量化できない質的属性を表す変数に対して，ダミー変数という呼称が用いられます。具体的には，ある年に天災が起きたか否か，データが男性のものか女性のものか，構造変化が起こったか否かなどを表す変数として用いられます。このような質的な事柄については，ダミー変数は 0 または 1 の値をとる変数として扱います[3]。

たとえば，ダミー変数 D_i は，以下のようなデータとなります。

$$D_i = \begin{cases} 1 & \text{リーマン・ショック時} \\ 0 & \text{それ以外のとき} \end{cases}, \quad D_i = \begin{cases} 1 & \text{男性} \\ 0 & \text{女性} \end{cases},$$

3　0 あるいは 1 以外の数値を割り当てることもありますが，稀なことです。

$$D_i = \begin{cases} 0 & \text{コロナ前} \\ 1 & \text{コロナ後} \end{cases} \tag{7.13}$$

また，ダミー変数は，その用途により次の3種に分類されます。

(1) 一時的ダミー変数：異常値の処理

(2) 定数項ダミー変数：データのグループ分け

(3) 係数ダミー変数：構造変化

以下では，これらを順に説明していきます。

■ 一時的ダミー変数

1つ目の**一時的ダミー変数**（または**突発的ダミー変数**）は，種々の一時的ショックや異常値の処理に有用です。ショックや異常値の発見は，①データを眺めること，②OLSの残差を眺めることによってなされます。ショックや異常値は，異常事態であって，それをそのまま用いて回帰分析を行うと，結果に大きな影響を及ぼしてしまいます。回帰分析は，安定した状態下での変数間の関係の把握を目的としているので，ショックや異常値の影響は取り除かなくてはなりません。

異常値の影響を取り除くには2つの方法があります。

(1) 異常なデータを分析から除いて，回帰分析を行う。

(2) 一時的ダミー変数を用いて，回帰分析を行う。

ここでは，一時的ダミー変数を用いる方法を紹介しますが，この方法を用いると，推定の際に異常なデータを残したままその影響を排除することができます。データの連続性から考えると，どのようなデータでも残したまま分析したほうが望ましいので，この方法が勧められます。以下では，簡単な数値例を用いて，一時的ダミー変数の使い方とその効果を説明します。

数値例 一時的ダミー変数の使い方とその効果

　ここでは，表 7–1 のデータを使って考えていきます。X_i，Y_i について
の最初の 4 組のデータは，表 2–1 や図 3–1 で扱った簡単な数値例と同じ
です。5 番目のデータ (X_5, Y_5) は，明らかに異常値であると考えることが
できます（図 7–3 参照）。最初の 4 組のデータによる回帰分析の結果は，
以下で与えられてきました。

$$\hat{Y}_i = 0.3 + 0.65X_i \quad R^2 = 0.786, \quad s = 1.072 \tag{7.14}$$

次に，5 番目のデータが異常値であることを無視して，すべてのデータを
使って回帰分析をすると，以下のような結果になります。

$$\hat{Y}_i = 8.54 + 0.19X_i \quad R^2 = 0.0069, \quad s = 6.089 \tag{7.15}$$

係数推定値は，大きく変動し，決定係数は著しく悪くなることがわかりま
す。これらの推定結果は，図 7–3 に与えられています。

　そこで，ダミー変数 D_i を導入します。これは表 7–1 の第 3 列目に与え
られているように，5 番目のデータを 1 とし，他を 0 とするものです。こ
のダミー変数 D_i を説明変数に加えた多重回帰分析を行うと，以下のよう
な結果になります。

$$\hat{Y}_i = 0.3 + 0.65X_i + 11.9D_i \tag{7.16}$$
$$R^2 = 0.979, \quad s = 1.072$$

■表7–1　データ例

i	X_i	Y_i	D_i	$\hat{Y}_i$	$\hat{u}_i$
1	10	6	0	6.8	-0.8
2	12	9	0	8.1	0.9
3	14	10	0	9.4	0.6
4	16	10	0	10.7	-0.7
5	12	20	1	20.0	0.0

■図7-3　異常値のある場合の回帰直線

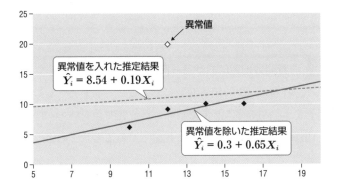

この推定結果からもたらされる理論値は，以下で与えられます。

$$\hat{Y}_i = 0.3 + 0.65X_i \quad (i = 1, 2, 3, 4) \tag{7.17}$$

$$\hat{Y}_5 = 0.3 + 0.65X_5 + 11.9D_5$$

$$= 0.3 + 0.65 \times 12 + 11.9 = 20 \tag{7.18}$$

4番目までの理論値は，第3章で導いたものと同じであり，4番目までの
データによる分析は，今まで通りです。一方，5番目のデータの理論値は
20であり，これは実績値とまったく同一になっています。すなわち，5番
目のデータの残差は0であり，異常値の影響は完全に取り除かれています
（**表7-1**の第4列，第5列を参照）。

　このように一時的ダミー変数を取り入れた多重回帰により，分析から5
番目のデータを除くことなく，その異常な影響を排除することができるの
です。なお R^2 は，5番目のデータを除いた場合より向上しますが，撹乱
項の標準誤差 s は同一です。

　一時的ダミー変数は，ショックあるいは異常事態 1 回につき 1 個
必要です。たとえば，2回そのような状況があれば，一時的ダミー変数
は2個用いなければなりません。しかし注意すべきことは，単に回帰直線
のあてはまりが悪いからといって，やたらに一時的ダミー変数を導入する

ことは避けるべきであるということです。ショックあるいは異常事態の根拠が明白であるときにのみに用いるべきものです。

Excel 例　消費関数推定における一時的ダミー変数 [4]

ここでは，日本のマクロ消費関数における一時的ダミー変数の利用について説明します。第5章5.2節で紹介した消費関数をデータ期間を2年延長して，1980年から2009年として推定してみると以下のような結果を得ます。

$$\hat{RC_i} = 70873.2 + 0.259RYD_i + 0.0612RMA_i \qquad (7.19)$$
$$(5.27) \qquad (4.54) \qquad (5.21)$$
$$R^2 = 0.984, \quad \bar{R}^2 = 0.983, \quad s = 5788.7$$

第5章5.2節では，同じ消費関数を推定していますが，データ期間は2007年までであり，その結果を再述すると以下のようなものでした。

$$\hat{RC_i} = 44381.4 + 0.395RYD_i + 0.0286RMA_i \qquad (7.20)$$
$$(7.08) \qquad (14.42) \qquad (4.92)$$
$$R^2 = 0.997, \quad \bar{R}^2 = 0.997, \quad s = 2441.1$$

係数推定値も大分変わり，とくに撹乱項の標準誤差 s に注目すると，大幅に増えていることがわかります。これはあてはまりがかなり悪くなっていることを示しています。新しい推定結果の理論値と実績値の比較と残差は図7–4に与えられています。

この図から明らかなように，2008年，2009年がそれまでに比べて，残差がきわめて大きくなっています。すなわち理論値が実績値を大幅に下回っています。これは，2008年9月のリーマン・ショックの影響であると考えられます。そこで，実質民間最終消費支出 RC_i と実質国民総可処分所得 RYD_i の実績値を見てみると図7–5のようになっています。

4　WEB 解説 7.3 および WEB 演習 7.3 の「ダミー変数（一時的ダミー変数）」を参照。

■図7-4 消費関数（1980年から2009年）

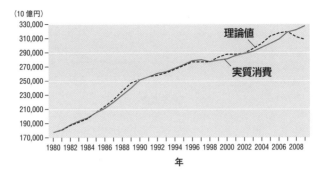

■図7-5 RC_i と RYD_i の実績値（1980年から2009年）

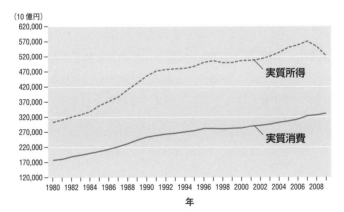

　この図によると、リーマン・ショックにより RYD_i は急激に下がったことがわかります。それによって消費の理論値は大幅に減少しました。しか

■図7-6　ダミー変数を用いた消費関数（1980 年から 2009 年）

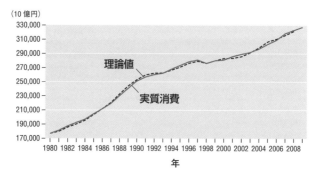

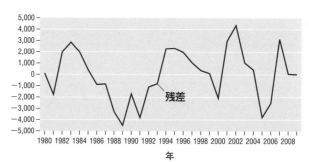

し，RC_i は相変わらず伸びています。これは，消費には慣性があり，所得の短期的な減少に対してすぐには十分な反応を見せないという現象の結果（くさび効果ともいわれます）が顕著に表れたものといえます。

　よく見ると，2008 年と 2009 年の残差の大きさは必ずしも同じ水準ではないので，それぞれに一時的ダミー変数（$D2008_i$ と $D2009_i$ とします）を入れたモデルを推定すると，以下のような結果を得ます。

$$\hat{RC_i} = 44381.4 + 0.395RYD_i + 0.0286RMA_i$$
$$\quad\quad (7.08)\quad\quad (14.42)\quad\quad\quad (4.92)$$

$$+\ 14993.6D2008_i + 30284.2D2009_i \quad\quad (7.21)$$
$$\quad (5.83)\quad\quad\quad\quad (10.3)$$

$$R^2 = 0.997,\quad \bar{R}^2 = 0.997,\quad s = 2441.1$$

２つのダミー変数は，いずれも統計的に有意に推定されています。定数項

ならびに RYD_i, RMA_i の係数推定値は，2007 年までのデータによる分析結果と同一になります。また撹乱項の標準誤差 s も同一になります。理論値と実績値のグラフは図 **7–6** で与えられ，2008 年と 2009 年について，理論値と実績値が一致し，これらのデータが異常値として実質的に除去されたことがわかります。

　なお日本のマクロ消費関数については，2010 年以降のデータが利用可能になるにしたがって，その後のデータの動きを観察して，リーマン・ショック後の構造変化などを考える必要があると思われます。

■ 定数項ダミー変数

　2 つ目の**定数項ダミー変数**は，データのグループ分けに用いられるものです。ここでは，仮想的な例を用いてこのダミー変数を説明します。独身男性と独身女性の所得と酒類の消費量の関係を考えることにします。女性に関しては n_1 人のデータが得られ，男性については n_2 人のデータが得られたとします。全体のデータ数は $n = n_1 + n_2$ です。それらをプロットすると図 **7–7** のように表されたとします（ここでのデータは，仮想的データです）。

　この図において，上方にある点の集まりは男性のデータを示し，下方の点の

■図 7–7　**男女別の回帰直線**

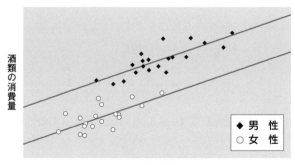

集まりは女性のデータを示しています。それぞれのグループについて回帰モデルを考えると以下のようになります。

$$\begin{cases} Y_i = \alpha + \beta X_i + u_i & \text{女性のモデル} \\ Y_i = \alpha' + \beta' X_i + u_i & \text{男性のモデル} \end{cases}$$

ここで，それぞれのモデルを推定すると，一般には，$\hat{\alpha} \neq \hat{\alpha}'$ かつ $\hat{\beta} \neq \hat{\beta}'$ という結果が得られます。

もし先験的に $\beta = \beta'$ がわかっていたとすると，男女のモデルをそれぞれ推定することは好ましくないことになります。この場合は定数項のみが異なっているので，定数項に関するダミー変数 D_i を導入します。それは以下のように与えられます（どちらを 1 にし，どちらを 0 にするかは，基本的に自由です。0 を割り当てられたほうが，基準となります）。

$$D_i = \begin{cases} 1 & \text{男性} \\ 0 & \text{女性} \end{cases} \tag{7.22}$$

ダミー変数 D_i を含んだ回帰モデルは，多重回帰モデルとして以下のようになります。

$$Y_i = \alpha + \beta X_i + \beta_2 D_i + u_i \tag{7.23}$$

ここで，$\beta_2 = \alpha' - \alpha$ を表すことになります。すなわち β_2 が，男女の定数項の差をとらえています。推定された回帰直線は，

$$\hat{Y}_i = \hat{\alpha} + \hat{\beta} X_i + \hat{\beta}_2 D_i \tag{7.24}$$

となります。女性の回帰直線は $D_i = 0$ なので，ダミー変数は現れず基準のモデルとなり，以下のようになります。

女性：$$\hat{Y}_i = \hat{\alpha} + \hat{\beta} X_i \tag{7.25}$$

Y_i	X_i	D_i	(性別)
Y_1	X_1	1	(男性)
Y_2	X_2	0	(女性)
$\vdots$	$\vdots$	$\vdots$	
Y_{n-1}	X_{n-1}	1	(男性)
Y_n	X_n	0	(女性)

一方，男性の回帰直線は $D_i = 1$ よりダミー変数が現れ，以下のようになります。

$$
\hat{Y}_i = \hat{\alpha} + \hat{\beta}X_i + \hat{\beta}_2
$$

男性：
$$
= \hat{\alpha} + \hat{\beta}X_i + (\hat{\alpha}' - \hat{\alpha})
$$

$$
= \hat{\alpha}' + \hat{\beta}X_i \tag{7.26}
$$

このようにすると，係数パラメーター β は共通で，定数項のみ異なる2つのグループのデータを統一的に推定することができます。結局，このようなダミー変数は，定数項を通じて男女をグループ分けしたことになります。

Excel 例　定数項ダミー変数 [5]

実例としては，7.1節で取り上げた賃金プロファイルについて考えます。データの散布図は図 **7-2** に示されています。今回は，男女のデータを一緒に推定します。すると以下の結果を得ます。

$$
\hat{W}_i = -73.4 + 14.8age_i - 0.137age_i^2 \tag{7.27}
$$
$$
\quad(-0.54)\quad(1.92)\qquad(-1.36)
$$
$$
R^2 = 0.552, \quad \bar{R}^2 = 0.493, \quad s = 57.2
$$

5　WEB 解説 7.4 および WEB 演習 7.4 の「ダミー変数（定数項ダミー変数，係数ダミー変数）」を参照。

男女を一緒に推定すると，β_2 と β_3 の符号条件は満たされていますが，ともに有意には推定されていません。図7-2からも明らかなように，男女を一つの関数であてはめるのは，かなり無理があります。そこで，定数項ダミー変数を導入することにします。この場合，定数項ダミー変数は以下のように定義します。

$$D_i = \begin{cases} 1 & \text{女性} \\ 0 & \text{男性} \end{cases} \tag{7.28}$$

このダミー変数を入れた賃金関数は以下のように推定されます。

$$\hat{W}_i = \underset{(-0.37)}{-30.5} + \underset{(3.07)}{14.7 age_i} - \underset{(-2.18)}{0.136 age_i^2} - \underset{(-4.98)}{83.5 D_i} \tag{7.29}$$

$$R^2 = 0.839, \quad \bar{R}^2 = 0.804, \quad s = 35.6$$

このとき，自由度14の t 分布の臨界値は，巻末の t 分布表より $t_{14,0.025} = 2.145$ です。したがって，β_1，β_2，β_3 はいずれも有意に推定されています（符号条件ももちろん満たされています）。したがって，定数項ダミー変数を入れて，男性と女性のデータをグループ分けすることにより，意味のある結果が得られました。ダミー変数の係数が，-83.5 ということは，平均的に女性の賃金が 83,500円低いということを意味しています。

定数項ダミー変数によって推定結果は向上しましたが，図7-2を見ると，男女の賃金プロファイルの違いは定数項だけではなく，傾きにも違いがあると思われます。その問題の処理は，以下の係数ダミー変数によって扱われます。

■ 係数ダミー変数

最後に，**係数ダミー変数**を紹介します。簡単化のために，単回帰モデルを例として説明します（ここでの係数ダミー変数の使用法は，多重回帰モデルでも同様に使えます）。たとえば，時系列モデルの構造変化が，前半と後半で係数のパラメーターの変化として現れるという状況を考えます（定数項が同時に変化することも十分ありえますが，ここでは定数項は変化しないと想定します）。

$$
\begin{cases}
前半 : Y_i = \beta_1 + \beta_2 X_{2i} + u_i \quad (i = 1, \cdots, n_1) \\
後半 : Y_i = \beta_1 + \beta_2' X_{2i} + u_i \quad (i = n_1 + 1, \cdots, n)
\end{cases}
\tag{7.30}
$$

この場合，定数項は変化していないので，前半と後半を別々に推定することは適切でなく，やはりダミー変数を用いて，前半と後半を1つの式にまとめることが必要になります。

表7–3のように，ダミー変数を作成します。すなわち，n_1 期まで 0 で，$n_1 + 1$ 期以降が 1 であるような定数項ダミー変数 D_i を用いて，$D_i X_{2i}$ という形で新しい変数を作ります。表7–3 に最右列に作られている変数 $D_i X_{2i}$ が係数ダミー変数です。このようにして作ったダミー変数を用いて推定するモデルは，以下のようになります。

■表7–3 データ例：係数ダミー変数の作成

Y_i	c	X_{2i}	D_i	$D_i X_{2i}$
Y_1	1	$X_{2,1}$	0	0
$\vdots$	$\vdots$	$\vdots$	$\vdots$	$\vdots$
Y_{n_1}	1	X_{2,n_1}	0	0
Y_{n_1+1}	1	X_{2,n_1+1}	1	X_{2,n_1+1}
$\vdots$	$\vdots$	$\vdots$	$\vdots$	$\vdots$
Y_n	1	$X_{2,n}$	1	$X_{2,n}$

$$Y_i = \beta_1 + \beta_2 X_{2i} + \underbrace{\beta_2''}_{\beta_2'' = \beta_2' - \beta_2} D_i X_{2i} + u_i \qquad (7.31)$$

上式で，β_2'' は，前半と後半の係数パラメーターの差をとらえることになります。モデルを分解すると，前半は $D_i X_{2i} = 0$ より右辺の第3項は消えて，以下のようになります。

前半： $\qquad\qquad Y_i = \beta_1 + \beta_2 X_{2i} + u_i \qquad\qquad\qquad (7.32)$

一方，後半のモデルは，$D_i X_{2i} = X_{2i}$ より，以下のようになります。

$$
\begin{aligned}
後半：\qquad Y_i &= \beta_1 + \beta_2 X_{2i} + \beta_2'' D_i X_{2i} + u_i \\
&= \beta_1 + \beta_2 X_{2i} + (\beta_2' - \beta_2) X_{2i} + u_i \\
&= \beta_1 + \beta_2' X_{2i} \qquad\qquad\qquad\qquad (7.33)
\end{aligned}
$$

このように，係数パラメーターが変化した場合には，定数項ダミー変数を掛け合わせた新しいダミー変数を作って対応します。

Excel 例 **係数ダミー変数** [6]

　実例としては，時系列データではなく，定数項ダミー変数の Excel 例でも用いた男女の賃金プロファイルについて考えます。定数項ダミー変数を用いて男女をグループ分けすることは効果がありました。しかし，そこでも述べたように，図7-2 から判断すると，男女の賃金プロファイルの違いは，定数項だけではありません。age_i に伴う回帰曲線の傾きも男女では明らかに異なっているように見えます。そこで，(7.29) に係数ダミー変数 $D_i age_i$ を追加した賃金関数の推定結果は以下となります。

6　WEB 解説 7.4 および WEB 演習 7.4 の「ダミー変数（定数項ダミー変数，係数ダミー変数）」を参照。

$$\hat{W}_i = -119.4 + 17.1 age_i - 0.136 age_i^2$$
$$\quad\ (-3.72)\quad (9.79)\qquad (-6.06)$$
$$+\, 93.3 D_i - 4.69 D_i age_i \qquad\qquad (7.34)$$
$$\quad\ (4.87)\qquad (-9.72)$$
$$R^2 = 0.980,\quad \bar{R}^2 = 0.974,\quad s = 12.8$$

このとき，自由度 13 の t 分布の臨界値は，巻末の t 分布表より $t_{13,0.025} = 2.160$ です。この場合は，すべてのパラメーターが有意に推定されていることがわかります。係数ダミー変数 $D_i age_i$ の係数も明らかに有意に推定されています。決定係数 R^2 や撹乱項の標準誤差 s からも，係数ダミー変数を加えたことは，きわめて効果的であったことがわかります。

この係数ダミー変数の推定結果と定数項ダミー変数の係数推定値 93.3 と組み合わせると，20 歳のときの男女の賃金差は，ほとんど 0 となります。そして年齢が進むにしたがって，女性の賃金が 1 歳あたり平均 4,690 円少なくなっていく，という賃金格差が読みとれます。

なお，さらに age_i^2 についても係数ダミー変数 $D_i age_i^2$ を加えることも可能であり，試みてみましたが，D_i，$D_i age_i$，$D_i age_i^2$ のいずれの係数も有意に推定できず，$D_i age_i^2$ を説明変数に加えることは効果がありませんでした。これは，7.4 節で説明する多重共線性が生じている可能性があります。

7.3 遅れのある変数（ラグ変数）

▶ 7.3.1 遅れのある変数とは

本節では，マクロ変数のような時系列データの回帰分析において用いられる，遅れのある変数を紹介します。まず以下のようなモデルを考えます。

$$Y_i = \beta_1 + \beta_2 X_{2i} + \beta_3 X_{3i} + u_i \quad (i = 1, 2, \cdots, n) \qquad (7.35)$$

これまでは，上記のように常に i 年の説明変数が，i 年に被説明変数を説明する
モデルを考えてきました。しかし経済変数の影響関係では，影響がすぐにすべ
て現れず，遅れて出てくることがあります。よく知られているのは，投資関数や
輸入関数です。たとえば，マクロの輸入の主たる説明要因は所得ですが，石油
などの資源の長期契約が大きな部分を占めており，必ずしも当期の所得だけで
はなく，長期にわたる所得が説明要因となります。したがって，過去の所得も影
響するということになります。ここでは，簡単化のために X_{2i} の 1 期前 $X_{2,i-1}$
の影響もあったとすると，モデルは次のように書くことができます。

$$Y_i = \beta_1 + \beta_2 X_{2i} + \beta_3 X_{3i} + \beta_4 X_{2,i-1} + u_i \quad (i = 2, 3, \cdots, n)$$

$$(7.36)$$

このような，$X_{2,i-1}$ を遅れのある変数といいます。遅れという意味の英語 lag
を用いて，**ラグ変数**ともいいます。なおモデル推定の際に注意すべきことは，も
し 0 期のデータ X_{20} がない場合は，推定のデータ期間は 1 期短くなり，第 2 期
から始まることになるということです。

　このように，ラグ変数をモデルに加えると，短期効果と長期効果を区別して
分析をすることができます。短期効果とは，当期の X_2 がもたらす効果であり，
長期効果とは，過去から現在までの X_2 がもたらす効果の総和です。上のモデ
ルの場合

$$短期効果：\beta_2 \qquad (7.37)$$

$$長期効果：\beta_2 + \beta_4 \qquad (7.38)$$

となります。

Excel 例 ラグ変数[7]

　これまで例に用いてきた消費関数を例として取り上げて説明します。第

7　WEB 解説 7.5 および WEB 演習 7.5 の「ラグ変数」を参照。

5 章 5.2 節では以下のような消費関数を推定しました。推定結果は以下のようになりました（データ期間は 1980 年から 2007 年でした）。

$$\hat{RC_i} = 44381.4 + 0.395 RYD_i + 0.0286 RMA_i \qquad (7.39)$$
$$\phantom{\hat{RC_i} = 4} (7.08) \qquad (14.42) \qquad (4.92)$$
$$R^2 = 0.997, \quad \bar{R}^2 = 0.997, \quad s = 2443.1$$

ここで，RC_i は i 年の実質民間最終消費支出，RYD_i は実質国民総可処分所得，RMA_i は実質金融資産残高です。上のモデルに RYD_{i-1} を加えて，1981 年から 2007 年というデータ期間で推定すると以下の結果が得られます（ここでは，1980 年からのデータしかないので，ラグ変数をモデルに入れると，推定期間は 1981 年からになります）。

$$\hat{RC_i} = 49143.1 + 0.217 RYD_i + 0.0299 RMA_i$$
$$\phantom{\hat{RC_i} = 4} (8.19) \qquad (3.24) \qquad (5.73)$$
$$+ 0.168 RYD_{i-1} \qquad\qquad\qquad (7.40)$$
$$ (2.88)$$
$$R^2 = 0.997, \quad \bar{R}^2 = 0.997, \quad s = 2181.3$$

この結果は，R^2 と $\bar{R}^2$ は変わりませんが，標準誤差 s は 10%ほど減少しており，ラグ変数を加えたことは，有効であることがわかります。RYD_i の短期と長期の効果は，以下のようになります。

$$短期効果：0.217 \qquad\qquad\qquad (7.41)$$
$$長期効果：0.217 + 0.168 = 0.385 \qquad (7.42)$$

長期効果は，先の遅れのないモデルの RYD_i の係数 0.395 ときわめて近く，先のモデルの結果は実は長期効果（2 期分をまとめた効果）を表していたことがわかります。

▶ 7.3.2　ラグ付き内生変数

ラグ変数をモデルに加えると，時間を追った影響関係をより細かく分析でき

るようになります。しかしながら，多くのラグ変数を同時に加えることはできません。すなわち，モデルに $X_{2,i-2}$，$X_{2,i-3}$ と足していくことは，理論的には理想的ですが，実際には次節で説明する多重共線性という問題があり，多くのラグ変数を加えるとパラメーターが有意に推定されなくなってしまいます。

そこで，説明変数のラグ変数をたくさん加える代わりに，以下のように，被説明変数の1期遅れのラグ変数を説明変数として加えることで，かなりの部分を代替することができます。

$$Y_i = \beta_1 + \beta_2 X_{2i} + \beta_3 X_{3i} + \beta_4 Y_{i-1} + u_i \quad (i = 2, 3, \cdots, n) \quad (7.43)$$

被説明変数のことは**内生変数**とも呼ばれるので，このような変数はとくに**ラグ付き内生変数**と呼ばれます。

この場合は，モデルに含まれるすべての説明変数について短期効果と長期効果を分けてとらえることができます[8]。

$$
\begin{array}{ccc}
 & X_{2i} \text{ に関して} & X_{3i} \text{ に関して} \\
\text{短期効果：} & \beta_2 & \beta_3 \quad (7.44) \\
\text{長期効果：} & \dfrac{\beta_2}{1-\beta_4} & \dfrac{\beta_3}{1-\beta_4} \quad (7.45)
\end{array}
$$

Excel 例 ラグ付き内生変数を含むモデル[9]

先のデータ例について，ラグ付き内生変数を含むモデルで推定すると以下のようになります。

$$
\begin{aligned}
\hat{RC}_i = {} & 32064.1 + 0.229 RYD_i + 0.0189 RMA_i \\
& (5.91) \quad\; (5.60) \qquad\quad (3.94) \\
& + 0.394 RC_{i-1} \qquad\qquad\qquad\qquad (7.46) \\
& \;\;(4.73) \\
& R^2 = 0.998, \quad \bar{R}^2 = 0.998, \quad s = 1881.9
\end{aligned}
$$

8　ラグ付き内生変数をもつモデルの長期効果の評価法については，山本（2022）172ページを参照。

9　WEB 解説 7.5 および WEB 演習 7.5 の「ラグ変数」を参照。

先の推定結果 (7.40) と比べると，R^2 と $\bar{R}^2$ はたいして変わりませんが，標準誤差 s はさらに 15%ほど減少しており，ラグ付き内生変数を加えたことは，効果があることがわかります。

短期と長期の効果は，以下のように推定されます。

	RYD に関して	RMA に関して	
短期効果：	0.229	0.0189	(7.47)
長期効果：	$\dfrac{0.229}{1-0.394} = 0.378$	$\dfrac{0.0189}{1-0.394} = 0.0312$	
			(7.48)

7.4 多 重 共 線 性

▶ 7.4.1 多重共線性とは

多重共線性とは，回帰モデルにおける説明変数の間に線型関係がある状況を意味します。英語では multi（多重）-collinearity（共線性）といわれるところから，日本語では簡単に「マルチコ」ともいわれます。

● 多重共線性の問題

説明変数間に線型関係（マルチコ）があると OLS がうまくいかない，すなわち奇妙な推定結果が生じることがあります。

これは説明変数を増やして，より精密な分析を試みようとしても，必ずしもうまくいくとは限らないという，回帰分析にとっての悩ましい問題を意味しています。

■ 多重共線性の典型的な症状

多重共線性の典型的な症状をまとめると以下のようになります。このような症状に出会ったときは，多重共線性の可能性を疑う必要があります。

(1) 係数推定値の符号が常識的な予想と異なる。

(2) 重要な変数の係数が有意に推定できない（t 値が小さい）。

(3) R^2 は大きいが，t 値には小さいものがある。

(4) データ数（n）を少し増減すると，係数推定値が大きく変化し不安定な結果となる。

■ 多重共線性の実例

表 7–4 には，これまで用いてきた消費関数のデータを用いて，簡単化のために単回帰を例として多重共線性の様子が示されています（データ期間は，いずれも 1982 年から 2007 年です）。同表において，モデル (1) から (3) は，それぞれ RYD_i，RYD_{i-1}，RYD_{i-2} を説明変数とする単回帰モデルの推定結果です。説明変数が過去になるにしたがって説明力は少しずつ衰えますが，いずれも高い説明力をもっています。

そこで，モデル (4) では，RYD_i と RYD_{i-1} を説明変数とする多重回帰モデルが推定されています。決定係数はモデル (1) の場合より上昇していますが，RYD_{i-1} の t 値は小さく有意に推定されていません。これは，上で述べた典型的な症状

■表7–4 多重共線性の実例：消費関数の例

	説明変数 被説明変数	定数項	RYD_i	RYD_{i-1}	RYD_{i-2}	R^2_s	$\bar{R}^2$
(1)	RC_i	16799.1 (3.69)	0.527 (54.2)			0.992 3478.1	0.992
(2)	RC_i	30229.0 (5.64)		0.508 (43.5)		0.987 4328.1	0.987
(3)	RC_i	43831.3 (6.34)			0.489 (31.8)	0.977 5884.9	0.976
(4)	RC_i	20087.5 (4.11)	0.380 (4.06)	0.147 (1.57)		0.993 3375.7	0.992
(5)	RC_i	21907.1 (5.22)	0.577 (5.68)	−365 (−2.03)	0.310 (3.13)	0.995 2872.3	0.994
(A)	RYD_i	26846.7 (2.95)		0.962 (48.4)		0.990 7353.2	0.989
(B)	RYD_i	12999.1 (1.59)		1.584 (9.60)	−0.604 (−3.79)	0.994 5895.7	0.993

の 2 番目と 3 番目に該当しています。

さらに，モデル (5) では，RYD_i，RYD_{i-1}，RYD_{i-2} を説明変数とする多重回帰モデルが推定されています。決定係数はさらに上昇していますが，RYD_{i-1} の係数は符号がマイナスであり，符号条件が満たされなくなっています。これは，典型的な症状の 1 番目に該当した現象です。

実際に，説明変数間にどのような強い線型関係があるかを調べたのが表 7-4 のモデル (A) と (B) です。それらの決定係数は 0.99 を超えており，説明変数間に強い線型関係があることが確認できます。

この例が示すように，強い線型関係がある説明変数を同時にモデルに入れると，OLS はうまくいかない可能性があります。

▶ 7.4.2 多重共線性のいくつかの解決法

■ よく用いられる簡便な解決法

一般的によく用いられる方法は「共線関係にある，どちらかの変数をモデルから除く」という方法です。もちろんこの方法を用いれば，多重共線性は回避できますが，問題点もあります。以下では，その状況を説明します。

正しいモデルを，

$$Y_i = \beta_1 + \beta_2 X_{2i} + \beta_3 X_{3i} + u_i \tag{7.49}$$

とし，共線関係 $X_{2i} = c + dX_{3i}$ があったとします。ここで，c と d は定数です。厳密にこの線型関係があるときは，このモデルは推定できません。そこで，X_2 をモデルから除くことを考えます。これは，理論的には以下の操作を行っていると解釈できます。$X_{2i} = c + dX_{3i}$ をモデルに代入すると，

$$
\begin{aligned}
Y_i &= \beta_1 + \beta_2(c + dX_{3i}) + \beta_3 X_{3i} + u_i \\
&= \underbrace{\beta_1 + c\beta_2}_{\alpha \text{ とする}} + \underbrace{(\beta_2 d + \beta_3)}_{\beta \text{ とする}} X_{3i} + u_i \\
&= \alpha + \beta X_{3i} + u_i \tag{7.50}
\end{aligned}
$$

となり，モデルから X_2 が消えます。OLS により，$\hat{\alpha}$ と $\hat{\beta}$ を求めることができます。

しかしこの方法の問題点は，$\hat{\alpha}$ と $\hat{\beta}$ から本来推定したい β_1，β_2，β_3 の推定値を逆算することはできないということです。多重共線性から逃れるために回帰モデルから変数を除くことは，本来推定しようとしているモデルから離れることになってしまいます。これはかなり不本意な簡便法ですが，他に有効な方法がないので，実際にはこの方法がしばしば用いられます。

■ 特別な場合の解決法

パラメーター間に関係のあることが先験的に知られているとき（あるいは，もっともらしい関係が想定できるとき）は，有効な解決法があります。たとえば，パラメーター間に $\beta_2 = c\beta_3$（c は既知とします）という関係があることが先験的にわかっている（あるいは想定できる）とします。するとその関係を代入することにより，モデルから β_2 を消して以下のように書き換えることができます。

$$
\begin{aligned}
Y_i &= \beta_1 + c\beta_3 X_{2i} + \beta_3 X_{3i} + u_i \\
&= \beta_1 + \beta_3(cX_{2i} + X_{3i}) + u_i
\end{aligned}
\tag{7.51}
$$

ここで，新しい変数 Z_i を $Z_i = cX_{2i} + X_{3i}$ として作成すると，この Z_i を使って

$$
\begin{aligned}
Y_i &= \beta_1 + \beta_3\underbrace{(cX_{2i} + X_{3i})}_{Z_i\text{ とする}} + u_i \\
&= \beta_1 + \beta_3 Z_i + u_i
\end{aligned}
\tag{7.52}
$$

というモデルとなります。このモデルに対して OLS を行えば，$\hat{\beta}_1$，$\hat{\beta}_3$ を求めることができます。さらに β_2 の推定値は，$\hat{\beta}_2 = c\hat{\beta}_3$ として求めることができます。

なお，この $\beta_2 = c\beta_3$ という想定自体は

$$\begin{cases} H_0 : \beta_2 = c\beta_3 \\ H_1 : \beta_2 \neq c\beta_3 \end{cases} \qquad (7.53)$$

という仮説として，検定が可能です（この検定方法については，第8章で説明します）。

例 **特別な場合の解決法**

i 期の消費 C_i がその期の所得 Y_i ばかりでなく，1期前および2期前の所得，Y_{i-1} と Y_{i-2} の影響を受けていると考えると，以下のようなモデルを考えることができます。

$$C_i = \beta_1 + \beta_2 Y_i + \beta_3 Y_{i-1} + \beta_4 Y_{i-2} + u_i \qquad (7.54)$$

しかし，この説明変数間には多重共線性が強く，望ましい推定結果が得られる可能性は低くなります。このとき，過去の所得の影響のほうがより低いであろうと考えられるので，以下のようなパラメーター間の関係を想定することができます。たとえば，

$$\begin{cases} \beta_3 = 0.8\beta_2 & (7.55) \\ \beta_4 = 0.6\beta_2 & (7.56) \end{cases}$$

という想定ができるとすると，モデルは以下のように表すことができます。

$$\begin{aligned} C_i &= \beta_1 + \beta_2 Y_i + \beta_3 Y_{i-1} + \beta_4 Y_{i-2} + u_i \\ &= \beta_1 + \beta_2 \underbrace{(Y_i + 0.8Y_{i-1} + 0.6Y_{i-2})}_{Z_i \text{ とする}} + u_i \qquad (7.57) \\ &= \beta_1 + \beta_2 Z_i + u_i \qquad (7.58) \end{aligned}$$

この最後のモデルには多重共線性は存在しません。このモデルを OLS によって推定すると $\hat{\beta}_1$，$\hat{\beta}_2$ が得られます。β_3 と β_4 は，$\hat{\beta}_3 = 0.8\hat{\beta}_2$，$\hat{\beta}_4 = 0.6\hat{\beta}_2$ として求められます。

▶ 7.4.3　多重共線性の解明 I：正規方程式

　ここでは，多重共線性がどのようなメカニズムで推定結果に影響を与えるかを，多少理論的に説明します（数学的に細かく，かつ実用的ではない話題なので，興味のない読者はとばしてかまいません）。

■ $k = 3$ の場合

　ここでは説明を簡単にするために，以下のような $k = 3$ の多重回帰モデルを考えます。

$$Y_i = \beta_1 + \beta_2 X_{2i} + \beta_3 X_{3i} + u_i \tag{7.59}$$

このとき，X_{2i} と X_{3i} には以下のような線型関係があったとします。

$$X_{2i} = c + d X_{3i} \tag{7.60}$$

ここで，c と d は定数です。このようなとき，OLS は適用不能となり，係数推定値は計算できなくなります。

　以下では，より簡単なモデルでこの状況を説明します。すなわち，定数項のないモデルを考えます。

$$Y_i = \beta_2 X_{2i} + \beta_3 X_{3i} + u_i \tag{7.61}$$

さらに，変数間の線型関係もより簡単にして，X_{2i} と X_{3i} には単なる比例関係があるという状況を考えます。

$$X_{2i} = d X_{3i} \tag{7.62}$$

この場合，正規方程式は以下で与えられます。

$$\begin{cases} \left(\sum X_{2i}^2\right)\hat{\beta}_2 + \left(\sum X_{2i}X_{3i}\right)\hat{\beta}_3 = \left(\sum X_{2i}Y_i\right) \\ \left(\sum X_{2i}X_{3i}\right)\hat{\beta}_2 + \left(\sum X_{3i}^2\right)\hat{\beta}_3 = \left(\sum X_{3i}Y_i\right) \end{cases} \tag{7.63}$$

上記 (7.62) の関係より，この正規方程式における，X_{2i} を dX_{3i} で置き換える
と以下のようになります。

$$\begin{cases} \left(\sum d^2 X_{3i}^2\right) \hat{\beta}_2 + \left(\sum dX_{3i}^2\right) \hat{\beta}_3 = \left(\sum dX_{3i}Y_i\right) \\ \left(\sum dX_{3i}^2\right) \hat{\beta}_2 + \left(\sum X_{3i}^2\right) \hat{\beta}_3 = \left(\sum X_{3i}Y_i\right) \end{cases} \tag{7.64}$$

この第 1 式を d で割ると，第 2 式とまったく等しくなります。すなわち，この
2 式は完全に比例しており，この連立方程式からは，$\hat{\beta}_2$ と $\hat{\beta}_3$ は解くことがで
きません。これは，多重共線性が厳密に成立している状況を示しています。

■ 方程式の解の存在と不安定性

上記のような状況を数値例で考えてみましょう。たとえば

$$\begin{cases} -x + 2y = 10 \\ -2x + 4y = 20 \end{cases} \tag{7.65}$$

のような連立方程式では，2 つの式は完全に比例しています。それぞれの式を y
について書き直すと，

$$\begin{cases} y = \dfrac{x}{2} + 5 \\ y = \dfrac{x}{2} + 5 \end{cases} \tag{7.66}$$

となり，2 本の直線は同一であり，解は求まりません。これは，図 7-8 におけ
る，直線 $y = \dfrac{x}{2} + 5$ （黒の実線）を意味しています。

もっとも，上のような厳密な多重共線性が成立するという状況は稀なことで
あり，実際にはそれに近い状況が起こります。以下では，それがどのような状
況であるかを考えてみます。(7.65) の第 2 式を変更し，x の係数が少しだけ変
化した場合（-2 が -1.9 に変化した場合）を考えます。

$$\begin{cases} -x + 2y = 10 \\ -1.9x + 4y = 20 \end{cases} \tag{7.67}$$

■図7–8 例：連立方程式の解

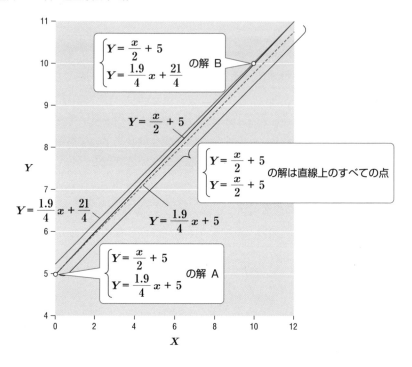

とすると，2つの直線はほとんど平行ですが，

$$\begin{cases} y = \dfrac{x}{2} + 5 \\[2mm] y = \dfrac{1.9}{4}x + 5 \end{cases} \tag{7.68}$$

となり，第2式は図7–8では青の点線で示されています。この方程式の解は $x = 0$，$y = 5$ として求めることができます。これは同図における A 点です。

しかしながら，この状況でもし (7.67) の第2式の右辺の定数が少しだけ変動して，20 から 21 になったとします。

$$\begin{cases} -x + 2y = 10 \\ -1.9x + 4y = 21 \end{cases} \tag{7.69}$$

第 2 式は直線 $y = \dfrac{1.9}{4}x + \dfrac{21}{4}$ と表すことができ，図 7–8 では青の実線で示されています。この方程式の解は $x = 10$, $y = 10$ であり，先ほどの解から大きく変化します。これは同図における B 点です。

このように，厳密な多重共線性からわずかにずれた状況であると，正規方程式の係数のわずかな変化によって，解が大きく動くことになります。これは，回帰分析のデータが少し変化すると，係数推定値が大きく変化することに対応しています。すなわち多重共線性に近い状況では，OLS の推定結果はとても不安定に，したがってバラツキ（分散）が大きくなるのです。

▶ 7.4.4 多重共線性の解明 II：推定値の分散の構造
■ $\hat{\beta}_2$ の分散による多重共線性の評価

多重共線性の別の見方として，係数推定値の分散の構造を考えてみることにします。ここでは，再び $k = 3$ のモデルを考えてみます。

$$Y_i = \beta_1 + \beta_2 X_{2i} + \beta_3 X_{3i} + u_i \tag{7.70}$$

このとき，β_2 の OLS 推定値 $\hat{\beta}_2$ の分散の推定値は，(5.25) で紹介したように以下で与えられることが知られています。

$$s_{\hat{\beta}_2}^2 = \frac{s^2}{\sum \hat{v}_i^2} \tag{7.71}$$

ここで，$\hat{v}_i$ は以下のモデルを回帰したときの残差です。

$$X_{2i} = \gamma_1 + \gamma_2 X_{3i} + v_i \tag{7.72}$$

このモデルの回帰の決定係数を $R_{2,3}^2$ と表すと，それは以下で与えられます。

$$R_{2,3}^2 = 1 - \frac{\sum \hat{v}_i^2}{\sum (X_{2i} - \bar{X}_2)^2} \qquad (7.73)$$

この式より，$\sum \hat{v}_i^2$ について解くと

$$\sum \hat{v}_i^2 = \sum (X_{2i} - \bar{X}_2)^2 (1 - R_{2,3}^2) \qquad (7.74)$$

となります。この結果を (7.71) の分母に代入すると，$\hat{\beta}$ の分散の推定値は以下のように書き直すことができます。

$$s_{\hat{\beta}_2}^2 = \frac{s^2}{\sum (X_{2i} - \bar{X}_2)^2 (1 - R_{2,3}^2)} \qquad (7.75)$$

この表現が多重共線性の解釈には有用です。もし $R_{2,3}^2$ が 1 であると，厳密な多重共線性が成立していることを意味します。このときは上式の分母は 0 となるので，$\hat{\beta}_2$ の分散は発散します（これは，β_2 が推定不能であることと同義です）。

$R_{2,3}^2$ が 1 に近いことは，厳密な多重共線性は成立していませんが，多重共線性が強いことを意味します。現実にはこのような状況が問題となります。このとき，上式の分母は小さくなるので，$\hat{\beta}_2$ の分散の推定値は大きくなります。すなわち，推定値は不安定になるのです。

ちなみに単回帰の場合は，

$$Y_i = \alpha + \beta X_{2i} + u_i \qquad (7.76)$$

$$s_{\hat{\beta}}^2 \text{の分散} = \frac{s^2}{\sum (X_{2i} - \bar{X}_2)^2} \qquad (7.77)$$

であり，$s_{\hat{\beta}}^2$ の分母には $(1 - R_{2,3}^2)$ のような項はなく，このような問題は生じません。

■ $\hat{\beta}_2$ の分散が大きいことの 2 つの結果

$\hat{\beta}_2$ の分散が大きい場合，以下の 2 つの結果が起こります。

（1）　さまざまな推定結果が起こりうることになります（分散が大きいというこ

とは，推定結果が不安定であるということで，符号条件を満たさない結果が生じる可能性があることを意味します）。

(2) β_2 が有意に推定できない可能性が増します。仮説

$$\begin{cases} H_0 : \beta_2 = 0 \\ H_1 : \beta_2 \neq 0 \end{cases} \tag{7.78}$$

の有意性の検定において，t 値は (7.72) より以下のように与えられます。

$$t\text{値} = \frac{\hat{\beta_2}}{\sqrt{\dfrac{s^2}{\sum (X_{2i} - \bar{X_2})^2 (1 - R_{2.3}^2)}}} \tag{7.79}$$

ここで，$R_{2.3}^2 \to 1$ のときは，分母が大きくなり，その結果，t 値は小さくなります。したがって，有意に推定できない可能性が増すことになります。

──────────── 練 習 問 題 ────────────

1. 多重共線性の原因，影響，またその解決法について述べよ。

2. モデルの関数型について，その重要性を，例を挙げて説明せよ。

3. 定数項を含む，説明変数が 1 つの対数線型モデルを推定する場合を考えよ。もし説明変数に用いられるすべてのデータが X_i から $3X_i$ になったら，推定結果はどう変化するか論じよ。

4. 異常値ダミー変数とは何か。例を用いてその用法を説明せよ。

5. 以下のモデルから，短期の効果と長期の効果を評価せよ。
   (1) $Y_i = 2.3 + 0.6X_i + 0.9X_{i-1} + 0.4X_{i-2} + 0.1X_{i-3} + u_i$
   (2) $Y_i = 4.2 + 0.75Y_{i-1} + 1.24X_i + u_i$
   (3) $Y_i = 4.2 + 0.60Y_{i-1} + 0.15Y_{i-2} + 1.24X_i + u_i$

6. 第 3 章練習問題 4 (2) の分析を，タイと日本のそれぞれに対応するダミー変数を用いて，Excel を用いて分析せよ。

7. 図 7–9 に示すように，男女別だけでなく学歴別に集計されたデータの分析を行う [10]。作成するダミー変数は女性のとき 1，男性のときにゼロとなる D_i^F と，大卒以上のとき 1，それ以外のときゼロとなる D_i^U とする。推定するモデルは，下記とする。

$$W_i = \beta_1 + \left(\beta_2 + \beta_3 D_i^F + \beta_4 D_i^U\right) Age_i + \beta_5 Age_i^2 + u_i$$

(1) 2 つのダミー変数が 0 と 1 をとる場合，4 種類のモデルはどのように表すことができるか.

(2) OLS での推定結果を示せ.

(3) ダミー変数の係数について有意性の検定をせよ.

■図 7–9　**学歴別男女別賃金データ**

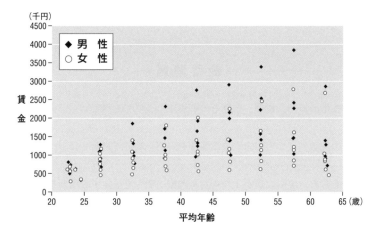

10　データの出所は令和 3 年賃金構造基本統計調査より「第 1 表年齢階級別きまって支給する現金給与額，所定内給与額及び年間賞与その他特別給与額」。

第8章

F 検定

　本章では，より進んだ統計的分析の手法として F 検定を紹介します。これまで取り上げてきた t 検定は，回帰モデルの個々の係数パラメーターに関するものでしたが，F 検定は同時に複数個のパラメーターに関わるものであり，かなり応用範囲が広がります。F 検定がこなせるようになれば，計量分析のスキルが一段上がります。

　たとえば，複数個のパラメーターの同時検定の例としては，構造変化の検定があります。経済に構造変化があったか否かは，経済分析にとって常に重要なトピックです。

　さらに，複数個のパラメーターの間の関係について，たとえば，$\beta_2 + \beta_3 = 1$ が成立しているか否か，というような関係についての検定が可能になります。このような関係は経済理論から導かれることが多く，理論の検証のための有用な手段となります。

8.1　F 検定の考え方

■ 複数のゼロ制約

　ここでは，まず出発点として F 検定の基本的な考え方を学びます。以下のような多重回帰モデルを考えます。

$$Y_i = \underbrace{\beta_1 + \beta_2 X_{2i} + \cdots + \beta_{k-G} X_{k-G,i}}_{k-G \text{ 個}}$$
$$+ \underbrace{\beta_{k-G+1} X_{k-G+1,i} + \cdots + \beta_k X_{ki}}_{G \text{ 個}} + u_i \qquad (8.1)$$

このモデルには，定数項を含めて全体で k 個の係数パラメーターがありますが，そのうち後半の G 個がすべて 0 か否かという検定を考えます。ここで，$G \geq 2$ です（$G = 1$ の場合は，第 4 章および第 5 章で学んだ t 検定で対処すればよいことになります）。

仮説体系は以下のように書けます。

$$\begin{cases} H_0 : \beta_{k-G+1} = \beta_{k-G+2} = \cdots = \beta_k = 0 \quad (G \text{ 個の制約}) \\ H_1 : H_0 \text{ ではない} \qquad \text{を有意水準 5\% で検定する} \end{cases} \tag{8.2}$$

なお H_0 のもとに，後半の G 個のパラメーターが 0 ということは，それらのパラメーターが制約されて 0 になっていると考えられるので，G 個のゼロ制約と呼ばれます。H_0 が真であれば，後半の G 個の変数は不要であることを意味します。

▶ 8.1.1 F 分布の導出

■ F 統計量

考え方の基本は，H_0 のもとでのモデルと H_1 のもとでのモデルをそれぞれ推定し，それらの残差 2 乗和（Sum of Squared Errors；SSE）を比較することです。

まず H_1 モデル（対立仮説のもとでのモデルをそのように呼ぶことにします）は，制約のない k 個のパラメーターからなるモデルです。それは (8.1) そのものであり，それを OLS で推定します。

$$Y_i = \beta_1 + \beta_2 X_{2i} + \cdots + \beta_k X_{ki} + u_i \tag{8.3}$$

得られた残差 $\hat{u}_i$ から，残差 2 乗和

$$SSE_1 = \sum_{i=1}^{n} \hat{u}_i^2 \tag{8.4}$$

を計算します。H_1 のもとでの残差 2 乗和なので SSE_1 と表記することにします。

次に，H_0 モデル（帰無仮説のもとでのモデルをそのように呼ぶことにします）は，制約を満たした形で，後半の G 個の変数を除いて，以下のモデルを考えます。

$$Y_i = \beta_1 + \beta_2 X_{2i} + \cdots + \beta_{k-G} X_{k-G,i} + v_i \tag{8.5}$$

このモデルを OLS で推定します。得られた残差 $\hat{v}_i$ から，残差 2 乗和を求めます。H_0 のもとでの残差 2 乗和なので SSE_0 と表記することにします。

$$SSE_0 = \sum_{i=1}^{n} \hat{v}_i^2 \tag{8.6}$$

最後に，SSE_1 と SSE_0 の比較を行います。これは $\sum_{i=1}^{n} \hat{v}_i^2 - \sum_{i=1}^{n} \hat{u}_i^2$ の大きさを調べることによって行います。なお，制約を満たした H_0 モデルは説明変数の数が相対的に少ないので，常に $\sum_{i=1}^{n} \hat{v}_i^2 - \sum_{i=1}^{n} \hat{u}_i^2 \geq 0$ が成立します。

実際には，以下のように基準化された F **統計量**（基準化された指標）を考えます。

$$F = \frac{\left(\sum_{i=1}^{n} \hat{v}_i^2 - \sum_{i=1}^{n} \hat{u}_i^2 \right) / G}{\sum_{i=1}^{n} \hat{u}_i^2 / (n-k)} \tag{8.7}$$

上式の分子と分母の意味は，以下の通りです。

- 分子は制約の数 G で割ることによって，制約 1 つあたりの残差 2 乗和の差 $\left(\sum_{i=1}^{n} \hat{v}_i^2 - \sum_{i=1}^{n} \hat{u}_i^2 \right)$ を表します。G は**分子の自由度**と呼ばれます。
- 分母は，H_1 モデルの撹乱項の分散の推定量となっています。$n-k$ は**分母の自由度**と呼ばれます。撹乱項の分散の推定量で分子を割ることで，被説明変数の単位の大きさの影響を除くことができます。

このように作られた F は**自由度 G，$n-k$ の F 分布**をすることが知られています。そのことを数学的には以下のように書きます。

$$F \sim F_{G,n-k} \tag{8.8}$$

■図8-1　**F 分 布 の 例**

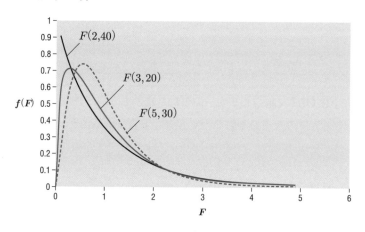

F 分布の厳密な導出は難しいので，ここでは省略します。F 分布は，その 2 つ
の自由度によって形を変え，たとえば図 8-1 のように与えられます。

■ *F* 分布の直観的解釈

F 分布がどのように得られるかについては，直観的には以下のように考える
ことができます。帰無仮説 H_0 が正しいときに，(8.2) のような仮説検定を考え，
第 4 章 4.2 節で考えたのと同じような繰返し実験を考えてみましょう。実験を
m 回繰り返すと，F 値についての列ができます。

$$F^{(i)} \quad i = 1, 2, \cdots, m \tag{8.9}$$

ここで，$F^{(i)}$ は i 回目の検定の際に計算された F の値です。もちろん $F^{(i)}$ は，
各回ごとにさまざまな値をとり，相対頻度のヒストグラムを描くことができま
す。そして，この繰返し行う検定の回数 m を無数に増やしていくと，その極限
における相対頻度の分布は，分子と分母の自由度のみに依存して図 8-1 のよう
に与えられるのです。

▶ 8.1.2　F 検定の方法

　実際は，無数の繰返し実験を行うわけではなく，1 組のデータしか入手可能ではないので，H_1 モデルと H_0 モデルから，1 つの F の値を計算します。この具体的な値を F^* と表すことにします。F^* を F 値と呼ぶこともあります。なお，一般のテキストにおいては，具体的計算値 F^* についてもとくに一般的表現の F と区別せずに，上添え字 * を付けないことが多いので，注意してください。本書では具体的計算値と一般的表現と区別するため，このような表記を用います。

　もし H_0 が正しければ，後半の G 個の変数はもともと不要であったので，$\sum_{i=1}^{n} \hat{v}_i^2 - \sum_{i=1}^{n} \hat{u}_i^2$ はあまり大きくならないはずであり，したがって F^* もあまり大きくならないはずです。

　一方，もし H_0 が誤っているのであれば，必要な変数を除いてしまったことになるので，$\sum_{i=1}^{n} \hat{v}_i^2 - \sum_{i=1}^{n} \hat{u}_i^2$ は大きくなるはずであり，したがって F^* は大きい値になります。

　そこで，検定の判断は以下のルールにしたがいます。

- F^* が大きいとき，H_0 が誤りの可能性が高い。したがって H_0 を棄却する。
- F^* が小さいとき，H_0 が正しい可能性が高い。したがって H_0 を採択する。

自由度 n_1, n_2 の F 分布の上位 5% の臨界値は巻末の F 分布表より得ることができ，ここでは自由度 n_1, n_2 の F 分布の上位 5% の臨界値を $F_{n_1, n_2, 0.05}$ と表記することにします。たとえば $F_{3,25,0.05} = 2.99$ として求められます [1]。臨界値の分布上の位置については，図 8-2 を参照してください。

- $F^* \geq F_{G, n-k, 0.05}$ のとき，有意水準 5% で H_0 を棄却。
- $F^* < F_{G, n-k, 0.05}$ のとき，有意水準 5% で H_0 を採択。

図 8-2 のように，F 検定の棄却域は上側（右側）のみに設けられます。

1　F 分布の臨界値は，Excel では「FINV（有意水準，分子の自由度 G，分母の自由度 $n-k$）」という関数で求めることができます。ここでの例の場合は，「=FINV(0.05,3,25)」と入力することにより求められます。

■図8-2　$F_{3,25}$ の分布と 5%臨界値 $F_{3,25,0.05} = 2.99$

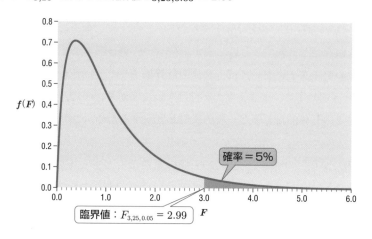

Excel 例　F 検定 $(H_0 : \beta_3 = \beta_4 = 0)^2$

H_1 モデルとして，第 7 章 7.3 節で用いられたラグ変数を含む以下のモデルを考えます。

$$RC_i = \beta_1 + \beta_2 \ RYD_i \ + \beta_3 \ RYD_{i-1} \ + \beta_4 \ RMA_i \ + u_i$$
"消費"　　　　"今期の所得"　　"1 期前の所得"　　"金融資産"
$$(8.10)$$

データはすべて 2000 年基準の実質額です。推定期間は 1981 年から 2007 年であり，推定するパラメーターの数は $k = 4$ です。この推定結果は，(7.40) に与えられています。残差 2 乗和は，以下の通りです。

$$SSE_1 = \sum_{i=1}^{n} \hat{u}_i^2 = 109,437,024 \qquad (8.11)$$

ここでは，例として以下のような仮説の検定を考えます。

2　WEB 解説 8.1 および WEB 演習 8.1 の「F 検定（ゼロ制約）」を参照。

$$\begin{cases} H_0 : \beta_3 = \beta_4 = 0 \quad (2 \text{ 個の制約}) \\ H_1 : H_0 \text{ ではない} \quad \text{を有意水準 5\%で検定する} \end{cases} \tag{8.12}$$

H_0 モデルは以下で与えられます。

$$RC_i = \beta_1 + \beta_2 RYD_i + v_i \tag{8.13}$$

OLS で推定すると，残差 2 乗和は以下のように求まります。

$$SSE_0 = \sum_{i=1}^{n} \hat{v}_i^2 = 292,075,684 \tag{8.14}$$

以上より，F 値は，

$$\begin{aligned} F^* &= \frac{\left(\sum_{i=1}^{n} \hat{v}_i^2 - \sum_{i=1}^{n} \hat{u}_i^2\right)/G}{\sum_{i=1}^{n} \hat{u}_i^2/(n-k)} \\ &= \frac{(292,075,684 - 109,437,024)/2}{109,437,024/(27-4)} = 19.19 \end{aligned} \tag{8.15}$$

となります。巻末の自由度 2, 23 の F 分布表から，有意水準 5%の臨界値
は $F_{2,23,0.05} = 3.42$ です。したがって

$$F^* = 19.19 > 3.42 = F_{2,23,0.05} = 3.42$$

より，H_0 を有意水準 5%で棄却します。すなわち，RYD_{i-1} と RMA_i が
不要であるという帰無仮説は棄却されます。

　ここでは，複数のゼロ制約の例として $\beta_3 = \beta_4 = 0$ という仮説を取り
上げましたが，この検定結果はいわば自明です。すなわち，H_1 モデルの
推定結果 (7.40) に示されているように，RYD_{i-1} と RMA_i の係数はそれ
ぞれ有意に推定されています。このような場合は，β_3 と β_4 がともに 0 と
いう仮説は，棄却されて当然です。

8.2 線型制約のテスト

▶ 8.2.1 線型制約Ⅰ：簡単な場合

■ 簡単なパラメーター制約

ここでは，ゼロ制約よりやや進んだ制約を考えます。まず H_1 モデルとして以下を考えます。

$$Y_i = \beta_1 + \beta_2 X_{2i} + \beta_3 X_{3i} + \beta_4 X_{4i} + u_i \tag{8.16}$$

OLS で推定し，残差 2 乗和

$$SSE_1 = \sum_{i=1}^{n} \hat{u}_i^2 \tag{8.17}$$

を得ます。ここでの仮説は，線型制約のもっとも簡単な場合として，以下のようなものを考えます。

$$\begin{cases} H_0 : \beta_1 = \beta_1^*, \quad \beta_2 = \beta_2^* \quad (2 \text{ 個の制約}) \\ H_1 : H_0 \text{ ではない} \quad \text{を有意水準 5\% で検定する} \end{cases} \tag{8.18}$$

ここで，β_1^* と β_2^* は，たとえば $\beta_1^* = 45000$，$\beta_2^* = 0.2$ などの具体的な値を考えます。制約の数は $G = 2$ です。

■ F 値 の 導 出

帰無仮説のもとでのモデル（H_0 モデル）は，帰無仮説の制約を取り入れると，

$$Y_i = \beta_1^* + \beta_2^* X_{2i} + \beta_3 X_{3i} + \beta_4 X_{4i} + v_i \tag{8.19}$$

となります。β_1^* と $\beta_2^* X_{2i}$ は事前にわかっているので，それらを左辺に移し

$$\underbrace{Y_i - \beta_1^* - \beta_2^* X_{2i}}_{Y_i' \text{ とする}} = \beta_3 X_{3i} + \beta_4 X_{4i} + v_i \tag{8.20}$$

とします。左辺の $Y_i - \beta_1^* + \beta_2^* X_{2i}$ は事前に計算可能なので，それを $Y_i' = Y_i - \beta_1^* + \beta_2^* X_{2i}$ として求め，以下の H_0 モデルを導きます。

$$Y_i' = \beta_3 X_{3i} + \beta_4 X_{4i} + v_i \tag{8.21}$$

このモデルは，定数項がなく未知のパラメーターが 2 つのモデルとなります。このモデルを OLS で推定し，得られた残差から残差 2 乗和を求めます。

$$SSE_0 = \sum_{i=1}^{n} \hat{v}_i^2 \tag{8.22}$$

F 値は，

$$F^* = \frac{\left(\sum_{i=1}^{n} \hat{v}_i^2 - \sum_{i=1}^{n} \hat{u}_i^2\right)/2}{\sum_{i=1}^{n} \hat{u}_i^2/(n-4)} \tag{8.23}$$

として求め，臨界値 $F_{2,n-4,0.05}$ と比較します。

このように，F 検定においては，一般的に H_0 を満たしたモデルをどのように導いて，$SSE_0 = \sum_{i=1}^{n} \hat{v}_i^2$ を計算するかがポイントです。

Excel 例　**F 検定**（$H_0 : \beta_1 = 45000,\ \beta_2 = 0.2$）[3]

ここでは，先の Excel 例で考えたモデルと同じモデルを H_1 モデルとします。

$$RC_i = \beta_1 + \beta_2 RYD_i + \beta_3 RYD_{i-1} + \beta_4 RMA_i + u_i \tag{8.24}$$

3　WEB 解説 8.2 および WEB 演習 8.2 の「F 検定（具体的な数値の制約）」を参照。

仮説としては，以下のような仮説を考えます。

$$\begin{cases} H_0 : \beta_1 = 45000, \quad \beta_2 = 0.2 \quad （2個の制約） \\ H_1 : H_0 ではない \quad を有意水準5\%で検定する \end{cases} \tag{8.25}$$

H_1 モデルについては，OLS の推定結果から，先ほど (8.11) で求めたように $SSE_1 = 109,437,024$ となります。

一方，H_0 モデルは制約を取り入れると，以下のように書けます。

$$RC_i = 45000 + 0.2 RYD_i + \beta_3 RYD_{i-1} + \beta_4 RMA_i + v_i \tag{8.26}$$

これを整理すると，以下のように書けます。

$$RCmod_i = \beta_3 RYD_{i-1} + \beta_4 RMA_i + v_i \tag{8.27}$$

ここで，$RCmod_i$ は $RCmod_i = RC_i - 45000 - 0.2 RYD_i$ として事前に計算しておくデータです。このモデルについての OLS の結果より，$SSE_0 = \sum_{i=1}^{n} \hat{v}^2 = 115,105,430$ が求まります。ただし推定の際，このモデルには定数項がないことを注意してください。F 値は，

$$F^* = \frac{(115,105,430 - 109,437,024)/2}{109,437,024/(27 - 4)} = 0.596 \tag{8.28}$$

となります。以上の結果より

$$F^* = 0.596 < F_{2,23,0.05} = 3.42$$

となり，帰無仮説 H_0 は有意水準5\%で採択されます。

▶ 8.2.2　線型制約 II：一般的な線型制約

■ 一般的な線型制約

ここでは，さらに一般的な線型制約を紹介します。まず H_1 モデルとしては以下を考えます。

$$Y_i = \beta_1 + \beta_2 X_{2i} + \beta_3 X_{3i} + \beta_4 X_{4i} + \beta_5 X_{5i} + u_i \qquad (8.29)$$

このとき，たとえば以下のような一般的な線型関係の帰無仮説を考えます。

$$\begin{cases} H_0 : \beta_2 + 2\beta_3 - 3\beta_4 = 4, \quad \beta_3 + \beta_5 = 1 \ (2 \text{ 個の制約}) \\ H_1 : H_0 \text{ ではない} \quad \text{を有意水準 } 5\% \text{で検定する} \end{cases} \qquad (8.30)$$

この場合，制約の数は $G = 2$ です。

■ F 値 の 導 出

まず上の H_1 モデル (8.29) を OLS で推定し，残差 2 乗和 $SSE_1 = \sum_{i=1}^{n} \hat{u}_i^2$ を求めます。

ここでも，H_0 モデルをどう作るかが問題です。帰無仮説の制約は，$\beta_2 = 4 - 2\beta_3 + 3\beta_4$，$\beta_5 = 1 - \beta_3$ のように書き直せます。それを H_1 モデル (8.29) に代入すると，H_0 モデルは以下のように書き直せます。

$$Y_i = \beta_1 + (4 - 2\beta_3 + 3\beta_4)X_{2i} + \beta_3 X_{3i} + \beta_4 X_{4i}$$
$$+ (1 - \beta_3)X_{5i} + v_i$$

既知のものを左辺に移し整理すると，

$$\underbrace{Y_i - 4X_{2i} - X_{5i}}_{Y_i' \text{ とする}} = \beta_1 + \beta_3 \underbrace{(X_{3i} - 2X_{2i} - X_{5i})}_{Z_{2i} \text{ とする}}$$
$$+ \beta_4 \underbrace{(X_{4i} + 3X_{2i})}_{Z_{3i} \text{ とする}} + v_i$$
$$\text{すなわち} \quad Y_i' = \beta_1 + \beta_3 Z_{2i} + \beta_4 Z_{3i} + v_i \qquad (8.31)$$

のように書くことができます。これが制約を満たした H_0 モデルです。これを OLS で推定し，残差 2 乗和 $SSE_0 = \sum_{i=1}^{n} \hat{v}_i^2$ を得ます。

この場合は，$G = 2$，$k = 5$ なので，F 値は公式にしたがって，以下で求められます。

$$F^* = \frac{\left(\sum_{i=1}^{n} \hat{v}_i^2 - \sum_{i=1}^{n} \hat{u}_i^2\right)/2}{\sum_{i=1}^{n} \hat{u}_i^2/(n-5)} \tag{8.32}$$

この結果を，臨界値 $F_{2,n-5,0.05}$ と比較すればよいことになります。

8.3 構造変化の検定

▶ 8.3.1 すべてのパラメーターの変化

■ 構造変化の仮説

ここでは，F 検定の応用例として，もっとも頻繁に用いられる重要な例を紹介します。それは経済構造の変化の可能性を検証するものです。ある時期（たとえば，石油ショック，バブル崩壊など）を境に経済構造の変化が起こった可能性があったとします。そこで，実際にその可能性を検定しようとするのが，構造変化の検定です。経済は時代とともに変化していくことが多いので，それを検証する構造変化の検定は，計量分析においてきわめて重要な位置を占めています。

構造変化が疑われるときは，それが生じたと思われる期を中心にすべてのデータを前半と後半に分けます。前半のデータ数を n_1，後半のデータ数を n_2 とします（ただし，$n_1 + n_2 = n$ です）。前半のモデルと後半のモデルが以下のように書かれるとします。

$$\begin{cases} \text{前半}: Y_i = \beta_1^* + \beta_2^* X_{2i} + \beta_3^* X_{3i} + u_i & (i = 1, \cdots, n_1) \\ \text{後半}: Y_i = \beta_1' + \beta_2' X_{2i} + \beta_3' X_{3i} + u_i & (i = n_1 + 1, \cdots, n) \end{cases}$$

$$\tag{8.33}$$

このように，計量分析では，構造変化の可能性をパラメーターの変化としてとらえます。

このような検定の仮説は，以下で与えられます。

$$\begin{cases} H_0 : \beta_1^* = \beta_1', \quad \beta_2^* = \beta_2', \quad \beta_3^* = \beta_3' \quad \text{（3 個の制約）} \\ H_1 : H_0 \text{ ではない} \quad \text{を有意水準 5\% で検定する} \end{cases} \tag{8.34}$$

帰無仮説 H_0 は構造変化がない，すなわち前半と後半のパラメーターがまったく変化しない，というものです。

■ **F 値 の 導 出**

この検定の場合はこれまでの検定と異なり，H_0 モデルのほうが簡単で，H_1 モデルのほうが難しいという状況になっています。H_0 の残差 2 乗和については，以下のモデルを全期間で推定すれば得られます。

$$Y_i = \beta_1 + \beta_2 X_{2i} + \beta_3 X_{3i} + v_i \quad (i = 1, 2, \cdots, n) \tag{8.35}$$

このモデルを OLS で推定し，残差 2 乗和 $SSE_0 = \sum_{i=1}^{n} \hat{v}_i^2$ を計算します。

H_1 モデルは，前半と後半を同時に記述するモデルを作る必要があります。それは以下のモデルとして与えられます。

$$Y_i = \underbrace{\beta_1^* C^* + \beta_2^* X_{2i}^* + \beta_3^* X_{3i}^*}_{\text{前半}}$$
$$+ \underbrace{\beta_1' C' + \beta_2' X_{2i}' + \beta_3' X_{3i}'}_{\text{後半}} + u_i \quad (i = 1, 2, \cdots, n) \tag{8.36}$$

ここで各変数のデータは，表 8–1 のように与えられます。

OLS でこのモデルを推定し，残差 2 乗和

$$SSE_1 = \sum_{i=1}^{n} \hat{u}_i^2 \tag{8.37}$$

■表8–1　データ例：すべてのパラメーターが変化する構造変化の場合

Y_i	C^*	X_{2i}^*	X_{3i}^*	C'	X_{2i}'	X_{3i}'
Y_1	1	$X_{2,1}$	$X_{3,1}$	0	0	0
$\vdots$	$\vdots$	$\vdots$	$\vdots$	$\vdots$	$\vdots$	$\vdots$
Y_{n_1}	1	X_{2,n_1}	X_{3,n_1}	0	0	0
Y_{n_1+1}	0	0	0	1	X_{2,n_1+1}	X_{3,n_1+1}
$\vdots$	$\vdots$	$\vdots$	$\vdots$	$\vdots$	$\vdots$	$\vdots$
Y_n	0	0	0	1	$X_{2,n}$	$X_{3,n}$

を得ます。F 値は，

$$
\begin{aligned}
F^* &= \frac{\left(\sum_{i=1}^{n}\hat{v}_i^2 - \sum_{i=1}^{n}\hat{u}_i^2\right)/G}{\sum_{i=1}^{n}\hat{u}_i^2/(n-k)} \\
&= \frac{\left(\sum_{i=1}^{n}\hat{v}_i^2 - \sum_{i=1}^{n}\hat{u}_i^2\right)/3}{\sum_{i=1}^{n}\hat{u}_i^2/(n-6)}
\end{aligned}
\tag{8.38}
$$

として求められます。この結果を，臨界値 $F_{3,n-6,0.05}$ と比較すればよいことに
なります。

■ H_1 モデルの残差 2 乗和の簡便な求め方

上記のように，すべてのパラメーターがある時点から変化した場合の H_1 モ
デルの残差 2 乗和を求めるには，新しい変数を作り直すなどの多少の工夫が必
要でした。しかし，幸いにしてより簡単な方法が存在します。以下ではその方
法を説明します。それは，元のモデル表現ならびにデータをそのまま用いる方
法です。

$$\begin{cases} \text{前半}: Y_i = \beta_1^* + \beta_2^* X_{2i} + \beta_3^* X_{3i} + u_i \quad (i = 1, \ldots, n_1) \\ \text{後半}: Y_i = \beta_1' + \beta_2' X_{2i} + \beta_3' X_{3i} + u_i \quad (i = n_1 + 1, \ldots, n) \end{cases}$$

(8.39)

まず前半のモデルを OLS で推定し，残差 2 乗和を求めます。それを SSE_{11} と表すことにします。

$$SSE_{11} = \sum_{i=1}^{n_1} \hat{u}_i^2 \tag{8.40}$$

次に後半のモデルを OLS で推定し，残差 2 乗和を求めます。それを SSE_{12} と表すことにします。

$$SSE_{12} = \sum_{i=n_1+1}^{n} \hat{u}_i^2 \tag{8.41}$$

この 2 つの残差の和が，先ほど (8.37) で求めた残差 2 乗和と一致することが知られています。

$$SSE_1 = SSE_{11} + SSE_{12} = \sum_{i=1}^{n} \hat{u}_i^2 \tag{8.42}$$

したがって，前半，後半および全体の 3 種のモデルを推定することにより，F 値を算出することができるので，(8.36) のような新しいモデルを作り，対応して表 8–1 のようなデータを用意する必要は実際にはありません。

Excel 例 すべてのパラメーターが変化する場合の F 検定 [4]

ここでは，簡単化のために説明変数が実質国民総可処分所得 RYD のみの場合の消費関数の構造変化について考えます [5]。データ期間は，1980 年から 2007 年です。1991 年からすべてのパラメーターが変化する可能性の

あるモデルは，以下で与えられます。

$$\begin{cases} \text{前半：} RC_i = \beta_1^* + \beta_2^* RYD_i + u_i & (i = 1980, \cdots, 1990) \\ \text{後半：} RC_i = \beta_1' + \beta_2' RYD_i + u_i & (i = 1991, \cdots, 2007) \end{cases}$$
$$(8.43)$$

構造変化がないという仮説は，以下で与えられます。

$$\begin{cases} H_0 : \beta_1^* = \beta_1', \quad \beta_2^* = \beta_2' & \text{（構造変化なし）} \\ H_1 : H_0 \text{ ではない } \text{ を有意水準 5\%で検定する} \end{cases}$$
$$(8.44)$$

したがって，H_0 モデルは以下で与えられます。

$$RC_i = \beta_1 + \beta_2 RYD_i + v_i \quad (i = 1980, \cdots, 2007) \qquad (8.45)$$

このモデルを OLS で推定すると，$SSE_0 = \sum_{i=1}^n \hat{v}_i^2 = 293{,}111{,}588$ を得ます。

次は，H_1 モデルの残差 2 乗和を求めますが，まず最初に紹介した (8.36) にもとづく算出を行います。

$$RC_i = \beta_1^* C^* + \beta_2^* RYD_i^*$$
$$+ \beta_1' C' + \beta_2' RYD_i' + u_i \quad (i = 1980, \cdots, 2007) \qquad (8.46)$$

ここで，説明変数は以下のように定義されます。

$$C^* = \begin{cases} 1 & (i = 1980, \cdots, 1990) \\ 0 & (i = 1991, \cdots, 2007) \end{cases}$$

4　WEB 解説 8.3 および WEB 演習 8.3 の「F 検定（構造変化の検定）」を参照。

5　付録 A 末尾のレポート例では，実質金融資産残高 RMA_i を含めた多重回帰モデルについての構造変化も取り上げていますので参考にしてください。なかなか興味のある結果が示されています。そこでの 1991 年を境にした構造変化の仮説検定では，ここでの例と異なり構造変化は確認されていません。ここでの RMA_i を含まないモデルは説明変数が不足しており，そのために構造変化があるという結論になったと解釈することができます。

$$RYD_i^* = \begin{cases} RYD_i & (i = 1980, \cdots, 1990) \\ 0 & (i = 1991, \cdots, 2007) \end{cases}$$

$$C' = \begin{cases} 0 & (i = 1980, \cdots, 1990) \\ 1 & (i = 1991, \cdots, 2007) \end{cases}$$

$$RYD_i' = \begin{cases} 0 & (i = 1980, \cdots, 1990) \\ RYD_i & (i = 1991, \cdots, 2007) \end{cases}$$

このモデルを推定することにより，$SSE_1 = \sum_{i=1}^{n} \hat{u}_i^2 = 172,372,227$ が求まります。これより F 値は，

$$F^* = \frac{(293,111,588 - 172,372,227)/2}{172,372,227/(28 - 4)} = 8.41 \qquad (8.47)$$

となります。$F_{2,24,0.05} = 3.40$ より，帰無仮説は 5% で棄却されます。したがって，1991 年で構造変化があったことになります。

次に，182〜183 ページで述べた簡便な方法で，H_1 モデルの残差 2 乗和を求めてみます。前半のモデル

$$RC_i = \beta_1^* + \beta_2^* RYD_i + u_i \quad (i = 1980, \cdots, 1990) \qquad (8.48)$$

を OLS で推定すると，残差 2 乗和 $SSE_{11} = \sum_{i=1980}^{1990} \hat{u}_i^2 = 27,001,188$ を得ます。次に後半のモデル

$$RC_i = \beta_1' + \beta_2' RYD_i + u_i \quad (i = 1991, \cdots, 2007) \qquad (8.49)$$

を OLS で推定すると，残差 2 乗和 $SSE_{12} = \sum_{i=1991}^{2007} \hat{u}_i^2 = 145,371,039$ を得ます。

したがって，H_1 モデルの残差は

$$\begin{aligned} SSE_1 &= SSE_{11} + SSE_{12} \\ &= 27,001,188 + 145,371,039 = 172,372,227 \end{aligned} \qquad (8.50)$$

となり，先ほど求めた SSE_1 と一致します。

▶8.3.2 複数のパラメーターの変化

前項では，すべてのパラメーターが変化する可能性のある構造変化を扱いました。より進んだ分析では，すべてではないが複数のパラメーターが変化する可能性を考えることもできます。このような変化の可能性を検定するためには，ダミー変数を利用することが有効です。なお変化の可能性があるパラメーターが1つの場合は，t 検定で処理することができるので，F 検定を用いる必要はありません。したがってここでは，すべてではないが複数のパラメーターが変化する場合について考えます。

なお構造変化と同様な状況は，クロスセクション・データにおいても生じます。第7章7.2節では男女の賃金プロファイルの違いをダミー変数を用いて考えましたが，そのようなダミー変数が有効か否かの検定は複数のパラメーターの変化と考えることができ，F 検定で扱うことができます。もっとも，クロスセクション・データの場合は，構造変化ではなく構造相違の検定と呼ぶほうが適当だと思われます。

以下では，第7章7.2節の Excel 例「係数ダミー変数」の結果を用いて，複数のパラメーターの変化についての検定方法を考えていきます。

同 Excel 例では，以下のモデルを考えました。

$$W_i = \beta_1 + \beta_2 age_i + \beta_3 age_i^2 + \beta_4 D_i + \beta_5 D_i age_i + u_i \qquad (8.51)$$

このモデルは，H_1 モデルにあたります。ここで，D_i は以下のダミー変数です。他の変数の説明は，第7章7.2節を参照してください。

$$D_i = \begin{cases} 1 & \text{女性} \\ 0 & \text{男性} \end{cases} \qquad (8.52)$$

H_1 モデルでは，定数項と age_i の係数に男女差がある可能性を考えています。一方，age_i^2 の係数は男女共通であると想定されています。したがって，すべてではないが複数のパラメーターが変化する可能性のあるモデルとなっています。検定のための仮説は，以下で与えられます。

$$\begin{cases} H_0 : \beta_4 = \beta_5 = 0 \\ H_1 : H_0\ \text{ではない} \quad \text{を有意水準}\ 5\%\text{で検定する} \end{cases} \qquad (8.53)$$

H_0 モデルは，以下のように定数項も age_i の係数も男女間で差がなく，すべてのパラメーターが男女で共通である，ということを表しています。

$$W_i = \beta_1 + \beta_2 age_i + \beta_3 age_i^2 + v_i \qquad (8.54)$$

H_0 モデルはすでに推定されており，その推定結果 (7.27) を再述すると以下の通りです。

$$\hat{W}_i = -73.4 + 14.8 age_i - 0.137 age_i^2$$
$$\quad (-0.54) \quad (1.92) \qquad (-1.36)$$
$$R^2 = 0.552, \quad \bar{R}^2 = 0.493, \quad s = 57.2, \quad SSE_0 = 49107.4$$

一方，H_1 モデルの推定結果 (7.34) を再述すると以下の通りです。

$$\hat{W}_i = -119.3 + 17.1 age_i - 0.136 age_i^2 + 93.3 D_i - 4.69 D_i age_i$$
$$\quad (-3.72) \quad (9.79) \qquad (-6.06) \qquad (4.87) \qquad (-9.72)$$
$$R^2 = 0.980, \quad \bar{R}^2 = 0.974, \quad s = 12.8, \quad SSE_1 = 2143.3$$

以上より，F 値は

$$F^* = \frac{(49107.4 - 2143.3)/2}{2143.3/(18-5)} = 142.4 \qquad (8.55)$$

となります。巻末の F 分布表より $F_{2,13,0.05} = 3.81$ なので，帰無仮説は 5% で棄却されます。したがって，定数項と age_i の係数について男女間の賃金プロファイルに相違があることが検証されました。

─────────────── 練 習 問 題 ───────────────

1. 多重回帰モデル $Y_i = \beta_1 + \beta_2 X_{2i} + \beta_3 X_{3i}$ に関して，$n = 25$ の標本より，以下の結果を得た。

$$\hat{Y}_i = \begin{array}{cc} 0.45 \\ (12.9) \end{array} + \begin{array}{cc} 1.24 X_{2i} \\ (2.66) \end{array} + \begin{array}{cc} 2.74 X_{3i} \\ (4.65) \end{array}$$

$$R^2 = 0.904, \quad s = 1.094, \quad \sum (Y_i - \bar{Y})^2 = 275$$

次に，$\beta_2 = \beta_3$ なる仮説のもとに以下の結果を得た。

$$\hat{Y}_i = \begin{array}{cc} 2.14 \\ (3.14) \end{array} + \begin{array}{cc} 3.29 \\ (4.89) \end{array} (X_{2i} + X_{3i})$$

$$R^2 = 0.854, \quad s = 1.320, \quad \sum (Y_i - \bar{Y})^2 = 275$$

ただし，（ ）内の数値は t 値である。以下の問いに答えよ。

(1) $H_0 : \beta_2 = \beta_3 = 0, H_1 : H_0$ ではない，を有意水準 5% で検定せよ。

(2) $H_0 : \beta_2 = \beta_3, H_1 : \beta_2 \neq \beta_3$ を有意水準 5% で検定せよ。

2. 多重回帰モデル $Y_i = \beta_1 + \beta_2 X_{2i} + \beta_3 X_{3i} + \beta_4 X_{4i} + \beta_5 X_{5i} + u_i$ に関して，$n = 25$ の標本を得た。

(1) $H_0 : \beta_2 + \beta_3 + \beta_4 = 1, H_1 : H_0$ ではない，を有意水準 5% で検定するには，どのような手続きを取ればよいか説明せよ。

(2) $H_0 : \beta_2 + \beta_3 + \beta_4 = 1, \beta_3 + \beta_4 + 2\beta_5 = 1, H_1 : H_0$ ではない，を有意水準 5% で検定するには，H_0 の下でのモデルとしてどのようなモデルを最小 2 乗法により推定すればよいか示せ。

3. WEB 演習 7.5 で扱った一期前の所得を説明変数として含む消費関数

$$RC_i = \beta_1 + \beta_2 RYD_i + \beta_3 RYD_{i-1} + \beta_4 RMA_i + u_i$$

を考えます。このとき，1991 年を境に構造変化が起きているか否かを検討しなさい。

第9章

撹乱項の系列相関

　これまでは，第 4 章 4.5 節で示された回帰モデルにおける標準的仮定がすべて満たされた場合を扱ってきました[1]。第 9 章と第 10 章の 2 章は，これらの仮定を緩めていきます。具体的には，本章では仮定 5 が満たされず，異時点間の撹乱項の間に相関のある場合について考えていきます。この問題は，マクロデータのような時系列データについて生じるので，一般に撹乱項の系列相関の問題と呼ばれます。本章では，系列相関が存在するときの問題点，検出法，ならびに解決策を説明します[2]。

9.1 系 列 相 関

■ 系列相関とは

　本章では，回帰モデルの標準的仮定（第 4 章 4.5 節参照）の仮定 5 が満たされず，撹乱項間に相関がある場合を考えます。撹乱項の相関は主に時系列データの場合に生じるので，この現象を一般に**系列相関**といいます。これを無視して回帰分析を行うと，OLS 推定値の t 値が過大になったり，R^2 が過大になったりすることが知られています。つまり，本来あまりうまく推定されていないモデルを，問題がなく推定できたモデルとして誤って採用してしまう危険があります。このような誤りは是非とも避けるべきなので，系列相関は慎重に扱う必要があります。ここでは，簡単な単回帰モデルを例としてこの問題を説明し

1　例外は第 7 章 7.3 節であり，そこでは仮定 1 が満たされなくなっていました。

2　撹乱項の系列相関についてのより詳しい説明は，山本（2022）第 9 章を参照。

ます。

$$Y_i = \alpha + \beta X_i + u_i \quad (i = 1, 2, \cdots, n) \tag{9.1}$$

これまで，このモデルにおける撹乱項 u_i は相関のないものでしたが，ここでは u_i が以下のモデルにしたがうと考えます。

$$u_i = \rho u_{i-1} + \epsilon_i \quad |\rho| < 1 \tag{9.2}$$

このようなモデルは，1 次の**自己回帰モデル**と呼ばれるものです。自己回帰モデルとは，回帰モデルにおける説明変数が，自分自身の過去のみのモデルをいいます。1 次というのは，1 期前の過去の変数 u_{i-1} のみが入っていることを意味しています。たとえば，2 期前の過去の自分自身の変数 u_{i-2} も含んだモデルは 2 次のモデルとなります。しかし，計量経済分析においては，多くの場合，高次のモデルは必要ないことが知られていますので，ここでは撹乱項についての 1 次のモデルについてのみ考えていきます。自己回帰モデルの撹乱項 ϵ_i（イプシロン）は，撹乱項のもつべき標準的仮定（第 4 章 4.5 節参照）を満たしているものとします。

　上のような撹乱項のモデルにおいては，ρ（ロー）の値によって，撹乱項の自己相関の具合が決まります。**自己相関**とは，自分自身の過去のデータとの相関のことです。

$$\left\{ \begin{array}{ll} 0 < \rho < 1 & \text{正の自己相関} \\ -1 < \rho < 0 & \text{負の自己相関} \end{array} \right. \tag{9.3}$$

正の自己相関と負の自己相関のデータの典型的パターンは，**図 9–1** に与えられています（この図は，あくまで直観的にわかりやすくした仮想的なもので，実際のデータの動きはこれほど明白ではありません）。この図からいえることは，ρ が 1 に近い正の相関をもつときは，u_i は大きな波をもちます。逆に ρ が -1 に近い負の相関をもつときは，u_i はジグザグになります。ρ が 0 のとき（これは，相関がない場合です）は，u_i の動きに一定の規則性はありません。

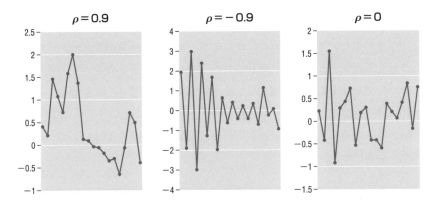

■図9-1　正の自己相関と負の自己相関

■　系列相関の原因

　経済データにおける撹乱項の自己相関で問題になるのは，ほとんどの場合，正
の相関であり，負の相関が問題になることは稀です。以下ではどのような理由
で撹乱項が正の相関をもつのか，簡単に説明します。

　まず第1には，経済行動の持続性があります。撹乱項は，モデルの説明変数
で説明しきれない色々な要因の集積であると考えられますが，ある期にショック
があり，たまたま消費が増えたりすると，それは持続する傾向があります。そ
れは撹乱項の正の相関となって現れます。これは経済活動は調整に時間がかか
るということを意味しています。したがって，このような現象は，モデルの時
間単位が短いモデル，すなわち，月次モデルや四半期モデルの場合に現れやす
く，年モデルでは現れる可能性が減ります。

　第2には，モデルが本来含むべき説明変数を無視していることから生じる可
能性です。経済変数は通常，正の自己相関をもっているので，無視することに
よってそれが撹乱項に含まれることになり，撹乱項が正の自己相関をもつこと
になります。とくに，真のモデルがラグ付き内生変数 X_{i-1}（第7章7.3節参
照）を含んでいるのに，それを無視してしまうと，撹乱項に強い正の自己相関
が現れることになります。

191

■ 系列相関の回帰分析への影響

　系列相関，とくに正の自己相関があると，回帰分析には大きな悪影響をもたらします。すなわち，系列相関に気づかずに，通常の OLS を行い t 検定をすると，本来の正しい t 値より高めになります。すると，係数パラメーターが 0 という帰無仮説が，必要以上に棄却されやすくなります。したがって，本来有意でない推定結果を有意と判断してしまう可能性が増します。すなわち，回帰分析の統計的推論において誤った結果を招く危険性が高いということになります。経済の時系列データは，撹乱項が正の自己相関をもつ場合が多いので，十分な注意が必要です [3]。

9.2　ダービン=ワトソン統計量

■ 系列相関についての検定

　本節では，どのようにして系列相関を検出するかについて説明します。ここでの検定対象とする仮説は，以下で与えられます。

$$\begin{cases} H_0 : \rho = 0 \\ H_1 : \rho > 0 \end{cases} \tag{9.4}$$

多くの場合，正の自己相関の可能性が問題となるので，ここでは対立仮説 H_1 として正のものを考えます。もし帰無仮説 H_0 が棄却された場合は，OLS は不適当となり次節で説明するコクラン=オーカット法を用いることになります。

　検定においては，ダービン=ワトソン統計量というものを用います。これは，統計学者のダービン（J. Durbin）とワトソン（G. Watson）によって，1950年に開発された検定方法です。これは，計量経済分析のために用いられる検定方法としてもっとも有名なものの一つです。直観的には，上記の検定には，ρ を以下のように推定すればよいと考えられます。

　まず，元のモデル (9.1) を OLS で推定し，残差 $\hat{u}_i$ $(i = 1, 2, \cdots, n)$ を求め

3　この問題についてのより丁寧な説明は，山本（2022）199〜202 ページを参照。

ます。次に，それを用いて ρ を以下のように推定します。

$$\hat{\rho} = \frac{\sum_{i=2}^{n} \hat{u}_{i-1}\hat{u}_i}{\sum_{i=1}^{n} \hat{u}_i^2} \tag{9.5}$$

もし，$\hat{\rho}$ が 1 に近ければ正の相関，-1 に近ければ負の相関，0 に近ければ相関がないと考えられます。しかしながら，実際には $\hat{\rho}$ は直接検定に用いられることはなく，ダービン=ワトソン（DW と書きます）統計量は，以下のように定義されます。

$$DW = \frac{(\hat{u}_2 - \hat{u}_1)^2 + \cdots + (\hat{u}_n - \hat{u}_{n-1})^2}{\hat{u}_1^2 + \cdots + \hat{u}_n^2} = \frac{\sum_{i=2}^{n} (\hat{u}_i - \hat{u}_{i-1})^2}{\sum_{i=1}^{n} \hat{u}_i^2} \tag{9.6}$$

この DW 統計量は，先に述べた $\hat{\rho}$ を用いると近似的に以下のように表せることが知られています。

$$DW \approx 2(1 - \hat{\rho}) \tag{9.7}$$

ここで，$\approx$ は近似的な成立を意味します。したがって，$\hat{\rho}$ が 1 に近いとき（すなわち，正の相関が疑われるとき），DW は 0 に近づきます。逆に $\hat{\rho}$ が -1 に近いとき（すなわち，負の相関が疑われるとき），DW は 4 に近づきます。$\hat{\rho}$ が 0 に近いとき（すなわち，系列相関がないと思われるとき），DW は 2 の近傍となります。このように，DW 統計量は 0 から 4 までの値をとる，やや変則的な統計量です。

　さらに変則的なのは，検定の棄却域が 2 種類あることです。すなわち，これは残差を求めるときには，説明変数の影響があるのでそれを考慮する必要があるからです。どのような説明変数であってもそれ以上は小さくならない下限の分布 $d_{n,m}^{L}$ と，逆にどのような説明変数であってもそれ以上は大きくならない上限の分布 $d_{n,m}^{U}$ を考える必要があります。ここで，n はデータ数，m は定数項を含まない説明変数の数です。これら，下限の分布と上限の分布の関係は，図

■図9–2　ダービン=ワトソン統計量の分布

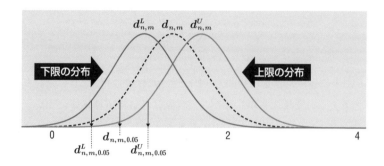

9–2 を参照してください。同図において，2 つの分布の間の $d_{n,m}$ の分布は，（未知）の真の DW 統計量の分布です。

　これより，以下のような検定の手順を考えます。下限の分布の下側 5%の棄却域の臨界値を $d^L_{n,m,0.05}$ とします。一方，上限の分布の下側 5%の棄却域の臨界値を $d^U_{n,m,0.05}$ とします。

$$
\begin{aligned}
DW \leq d^L_{n,m,0.05} &\qquad \text{のとき，} H_0 \text{ を棄却。} \\
d^L_{n,m,0.05} < DW \leq d^U_{n,m,0.05} &\qquad \text{のとき，不決定。} \\
d^U_{n,m,0.05} < DW &\qquad \text{のとき，} H_0 \text{ を採択。}
\end{aligned}
\tag{9.8}
$$

特徴的なのは，手順の中段にあるように，データから計算した DW が $d^L_{n,m,0.05}$ と $d^U_{n,m,0.05}$ の間に落ちたときは，決定できない領域が存在することです。では実際にこの不決定の領域に DW 統計量が入ったときは，どうすべきか問題になりますが，慎重に考えるとすれば，系列相関があると考えて次節で解説するコクラン=オーカット法に進むことを勧めます。

> **Excel 例**　ダービン=ワトソン統計量（消費関数）[4]
>
> 　1980 年から 2007 年の消費関数のデータを用いて，

4　WEB 解説 9.1 および WEB 演習 9.1 の「撹乱項の系列相関（DW 統計量）」を参照。

$$RC_i = \beta_1 + \beta_2 RYD_i + \beta_3 RMA_i + u_i \tag{9.9}$$

を推定します。このモデルは，第5章5.2節で取り上げられ，以下のような結果を得ました。

$$\hat{RC_i} = 44381.4 + 0.395 RYD_i + 0.0286 RMA_i$$
$$(7.08) \qquad (14.42) \qquad (4.92)$$
$$R^2 = 0.997, \quad \bar{R}^2 = 0.997, \quad s = 2443.1$$

図 9–3 には，残差の系列が示されています。残差は長い周期の波を示しており，撹乱項には，

$$u_i = \rho u_{i-1} + \epsilon_i \tag{9.10}$$

■図9–3　消費関数の残差

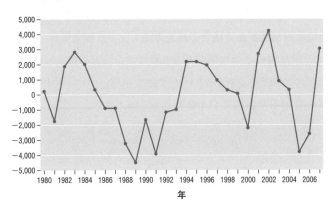

という関係がある可能性が感じられます。そこで，次の仮説を検定します。

$$\begin{cases} H_0 : \rho = 0 \\ H_1 : \rho > 0 \end{cases} \tag{9.11}$$

DW 統計量は，以下で求められます。

$$DW = \frac{\sum_{i=2}^{n}(\hat{u}_i - \hat{u}_{i-1})^2}{\sum_{i=1}^{n}\hat{u}_i^2} = 1.059 \qquad (9.12)$$

DW 統計量の棄却域は，標本数 n と定数項以外の説明変数の数 m に依存して決まります。ここでは $n = 28$, $m = 2$ です。巻末の付表 5 から，$d_{28,2,0.05}^L = 1.26$, $d_{28,2,0.05}^U = 1.56$ という数値が求まります。今，$DW = 1.059 < d_{28,2,0.05}^L = 1.26$ であり，したがって，有意水準 5%で帰無仮説は棄却されます。すなわち，撹乱項には有意な正の自己相関があると判断されます。

9.3 コクラン゠オーカット法

■ 撹乱項に系列相関がある場合の推定方法：ρ が既知の場合

ここでは，撹乱項に系列相関があるとわかった場合の推定法の考え方を説明します。まず，ρ が既知であるという仮想的な場合について紹介しましょう。ここでは，$k = 3$ の多重回帰モデルを例として考えます。

$$Y_i = \beta_1 + \beta_2 X_{2i} + \beta_3 X_{3i} + u_i \qquad (9.13)$$
$$u_i = \rho u_{i-1} + \epsilon_i$$

ここで，ϵ_i は第 4 章 4.5 節の標準的仮定を満たす撹乱項です。このモデルは，1 期前にも成立しているのでそれを書き出すと

$$Y_{i-1} = \beta_1 + \beta_2 X_{2,i-1} + \beta_3 X_{3,i-1} + u_{i-1} \qquad (9.14)$$

となります。この式の両辺に ρ を掛けると，以下のようになります。

$$\rho Y_{i-1} = \rho\beta_1 + \rho\beta_2 X_{2,i-1} + \rho\beta_3 X_{3,i-1} + \rho u_{i-1} \qquad (9.15)$$

これを (9.13) から引くと，以下のような結果を得ます。

$$Y_i - \rho Y_{i-1} = (1 - \rho)\beta_1 + \beta_2(X_{2i} - \rho X_{2,i-1})$$
$$+ \beta_3(X_{3i} - \rho X_{3,i-1}) + \underbrace{u_i - \rho u_{i-1}}_{\epsilon_i} \qquad (9.16)$$

ここで，新しい変数および係数として，以下を定義します。

$$Y'_i = Y_i - \rho Y_{i-1}, \quad X'_{2i} = X_{2i} - \rho X_{2,i-1},$$
$$X'_{3i} = X_{3i} - \rho X_{3,i-1}, \quad \beta'_1 = (1 - \rho)\beta_1$$

これらを用いると，(9.16) は以下のように表すことができます。

$$Y'_i = \beta'_1 + \beta_2 X'_{2i} + \beta_3 X'_{3i} + \epsilon_i \qquad (9.17)$$

ここでは，ρ は既知としているので，あらかじめ Y'_i，X'_{2i}，X'_{3i} を求めておくことは可能です。またこのモデルの撹乱項 ϵ は，標準的仮定を満たしているので，このモデルのパラメーターは，OLS によって優れた性質をもって推定することが可能となります。

■ 撹乱項に系列相関がある場合の推定方法：ρ が未知の場合

もちろん，実際には ρ は未知なので，これを推定してその推定値で置き換えて変数変換を行い，OLS を行えばよいことになります。この方法は，コクラン＝オーカット法と呼ばれます。コクラン（D. Cochrane）とオーカット（G. Orcutt）によって 1949 年に提案された方法です。

コクラン＝オーカット法は，次の 3 つの手順にしたがいます。

- **手順1**：撹乱項の系列相関を無視して，OLS でモデル (9.13) を推定します。
- **手順2**：上の推定結果よりモデルの理論値 $\hat{Y}_i = \hat{\beta}_1 + \hat{\beta}_2 X_{2i} + \hat{\beta}_3 X_{3i}$ を作り，それより残差 $\hat{u}_i = Y_i - \hat{Y}_i$ $(i = 1, 2, \cdots, n)$ を求めます。この残差を用いて，ρ を推定します。すなわち，以下のように定数項なしの単回帰によって $\hat{\rho}$ を求めます。

$$\hat{\rho} = \frac{\sum_{i=2}^{n} \hat{u}_{i-1}\hat{u}_i}{\sum_{i=2}^{n} \hat{u}_{i-1}^2} \qquad (9.18)$$

● **手順3**：推定した $\hat{\rho}$ を用いて，以下のような変数変換により新しい変数を作ります。

$$Y_i'' = Y_i - \hat{\rho}Y_{i-1}, \quad X_{2i}'' = X_{2i} - \hat{\rho}X_{2,i-1},$$
$$X_{3i}'' = X_{3i} - \hat{\rho}X_{3,i-1}$$

この新しく作られたデータを用いて，以下のモデルに OLS を適用します。

$$Y_i'' = \beta_1'' + \beta_2 X_{2i}'' + \beta_3 X_{3i}'' + \epsilon_i'' \qquad (9.19)$$

最後に，β_1 の推定値は，$\hat{\beta}_1 = \dfrac{\hat{\beta}_1''}{1 - \hat{\rho}}$ として求めます。

現在では，手順3で推定された $\hat{\beta}_1$, $\hat{\beta}_2$, $\hat{\beta}_3$ は，もう一度手順2に戻し，新しい残差を計算して，手順2と手順3を繰り返して，推定値が収束するまでその繰返しが行われるのが一般的です。多くの計量経済分析用のパッケージ・プログラムは，そのような機能をもっていますが，ここでは Excel を前提としているので，繰返しはせずに手順3で終わりとします。データ数 n が十分大きい場合は，繰り返さず手順3で終わりにしても問題ありません（この方法が提案された時代は，パソコン等はもちろんなく，通常は手順3で終わりでした）。

Excel 例　**コクラン=オーカット法（消費関数）**[5]

　前節の Excel 例における DW 検定の結果から，消費関数の撹乱項には有意な系列相関が存在することがわかりました。そこでそのモデルに対して，コクラン=オーカット法を適用します。モデルを再述すると以下です。

5　WEB 解説 9.2 および WEB 演習 9.2 の「撹乱項の系列相関（コクラン=オーカット法）を参照。

$$RC_i = \beta_1 + \beta_2 RYD_i + \beta_3 RMA_i + u_i$$
$$u_i = \rho u_{i-1} + \epsilon_i$$

前節の Excel 例で，モデルはすでに推定されており，手順 1 は終わって
います。次は手順 2 ですが，推定結果の残差を用いて，$\hat{\rho}$ を以下のように
求めます。

$$\hat{\rho} = \frac{\sum_{i=2}^{n} \hat{u}_{i-1} \hat{u}_i}{\sum_{i=2}^{n} \hat{u}_{i-1}^2} = 0.468 \tag{9.20}$$

最後に手順 3 として，得られた $\hat{\rho}$ を使い，変数を変換します。

$$RC_i'' = RC_i - 0.468 RC_{i-1}$$
$$RYD_i'' = RYD_i - 0.468 RYD_{i-1} \tag{9.21}$$
$$RMA_i'' = RMA_i - 0.468 RMA_{i-1}$$

変換した変数を使い，以下のモデル

$$RC_i'' = \beta_1'' + \beta_2 RYD_i'' + \beta_3 RMA_i'' + \epsilon_i'' \tag{9.22}$$

を OLS（データ期間は 1981 年から 2007 年）で推定します。

$$\hat{RC}_i'' = 20436.7 + 0.422 RYD_i'' + 0.0230 RMA_i'' \tag{9.23}$$
$$(4.17) \quad\quad (11.2) \quad\quad\quad (2.95)$$
$$R^2 = 0.990, \quad \bar{R}^2 = 0.989, \quad s = 2197.5$$

ただし，定数項については，元の β_1 に戻す必要があり，

$$\hat{\beta}_1 = \frac{20436.7}{1 - 0.468} = 38446.2 \tag{9.24}$$

として求めることができます。

　このモデルの残差 $\hat{\epsilon}_i''$ を図 9–4 で見てみましょう。コクラン=オーカット

法を適用する前のプロット（図 9–3）に比べて，周期の長い大きな波が若干減ったように見てとれます。

■図9-4　消費関数の残差：調整後

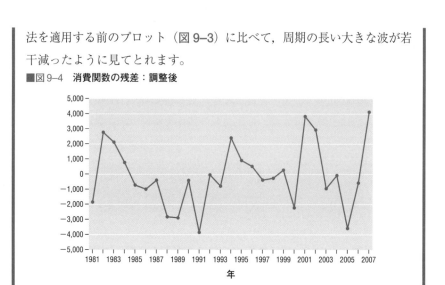

■ ま と め

撹乱項の系列相関は，コクラン＝オーカット法を適用すれば必ず除去されるとは限りません。適用した後のモデルの残差 $\hat{\epsilon}_i''$ にも系列相関が残っている可能性があります。この場合は，モデルの定式化が正しいか否か（正しい変数が含まれているか否か，関数型は正しいか否か等）を疑ってみる必要があります。

本章で学んだ撹乱項の系列相関の分析における一連の流れは，図 9–5 のようにまとめることができます。

■図9-5　系列相関の修正

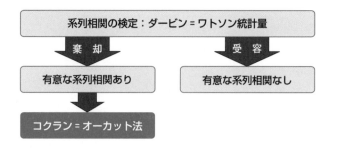

1. 第 2 章の練習問題 2 (1) のデータをコクラン・オーカット法で推定せよ。

2. 実質所得と実質金融資産残高を説明変数とする消費関数

$$RC_i = \beta_1 + \beta_2 RYD_i + \beta_3 RMA_i + u_i$$

を考える。1980 年から 1995 年のデータを用いて推定をし，DW 検定を行い，必要であれば，コクラン・オーカット法を行え。

第10章

撹乱項の不均一分散

　本章では，前章に続いて標準的仮定の一つを緩めます。それは，第4章4.5節で与えられた標準的仮定の仮定4を緩める，すなわち，撹乱項の分散が一定ではなく，データにより変動することを許すものです。この現象は，クロスセクション・データの場合によく起こります。ここでは，撹乱項の不均一分散の問題点，検定法，簡単な場合の解決法を説明します[1]。

10.1　不均一分散と簡単な解決法

■ 不均一分散とは

　撹乱項の**不均一分散**とは，モデルの撹乱項の分散（バラツキ）がデータに依存してしまい，均一でないことを意味します。すなわち，以下のような回帰モデルにおいて

$$Y_i = \alpha + \beta X_i + u_i \tag{10.1}$$

第4章4.5節で示した回帰モデルの標準的仮定の仮定4では，以下のようにすべてのiについて均一の分散を想定していました。

$$\mathrm{Var}(u_i) = \mathrm{E}(u_i^2) = \sigma^2 \quad (\text{すべての}\,i\,\text{について}) \tag{10.2}$$

1　撹乱項の不均一分散に関するより詳しい説明は，山本（2022）第8章8.2〜8.5節を参照。

これに対し，ここでは，

$$\mathrm{Var}\,(u_i) = \mathrm{E}\,(u_i^2) = \sigma_i^2 \tag{10.3}$$

とします。すなわち各 i ごとに分散が変化する可能性を認めます。ただし，ここでは前章で緩めた仮定 5 は満たされているとします。

クロスセクション・データについて回帰分析を行う場合には，多くの場合に不均一分散が生じます。たとえば，章末の Excel 例のように，県別データについての分析を行おうとすると，他県に比べて東京都，大阪府，神奈川県などの一部の都府県では人口ならびに生産その他の経済活動が傑出しており，バラツキも大きくなっているため，すべての都道府県について撹乱項の分散が均一と想定することが難しくなります。

■ OLS の問題と対処法：加重最小 2 乗法

回帰モデルの撹乱項の分散が i とともに変動する場合，それを無視して従来のように OLS でモデルを推定すると，必ずしも優れた結果を得ることができません（OLS が優れているのは，標準的仮定がすべて満たされている状況下においてです）。OLS では，

$$\sum (Y_i - \alpha - \beta X_i)^2 \quad \text{を最小にする } \alpha \text{ と } \beta \text{ を探す} \tag{10.4}$$

ことを行っています。しかし，仮定 4 が満たされていないときには，OLS による推定は精度が悪くなります。また，OLS にもとづいた検定を行うと誤った推論を行うことになります（この問題点は，前章での撹乱項に系列相関が存在する場合と同様です）。

この場合の正しい対処法は**加重最小 2 乗法**（Weighted Least Squares；**WLS**）という方法を用いることです[2]。WLS は

---

2 不均一分散の場合に，WLS による推定のほうが OLS より精度が高いことの説明は，たとえば，山本（2022）187～188 ページを参照。

$$\sum \frac{1}{\sigma_i^2}(Y_i - \alpha - \beta X_i)^2 \quad \text{を最小にする } \alpha \text{ と } \beta \text{ を探す} \tag{10.5}$$

ことを行います。以下では，WLS により求めた推定値を $\tilde{\alpha}$, $\tilde{\beta}$ と書くことにします。この方法の特徴は，撹乱項の分散 σ_i^2 が大きいときは，i 番目のデータのあてはまりは悪いということが事前にわかっているわけなので，その分散 σ_i^2 の逆数で割って，その i 番目の $(Y_i - \alpha - \beta X_i)^2$ の比重を意図的に下げるという点にあります。

■ 簡単な場合の推定法

しかし，上記の方法は σ_i^2 が既知でないと使うことはできません。そこで多くの場合，現実的な解決法として σ_i^2 が説明変数 X_i の関数であることを想定します。ここでは，一般的に用いられることの多い以下の関係を想定します。

$$\sigma_i^2 = c^2 X_i^2 \tag{10.6}$$

ここで，c は定数です。つまり，撹乱項の分散が説明変数 X_i の2乗に比例すると想定するわけです[3]。この関係を上の WLS (10.5) に代入すると

$$\sum \frac{1}{c^2 X_i^2}(Y_i - \alpha - \beta X_i)^2 = \sum \frac{1}{c^2}\left(\frac{Y_i}{X_i} - \alpha\frac{1}{X_i} - \beta\right)^2$$
$$\text{を最小にする } \alpha \text{ と } \beta \text{ を探す} \tag{10.7}$$

ことになります。上式における右辺の $\frac{1}{c^2}$ は定数なので，最小化の作業においては無視できます。カッコの中を取り出すと，それは元のモデル全体を X_i で割った形で以下のように書けます。

$$\underbrace{\frac{Y_i}{X_i}}_{Y_i'} = \beta + \alpha\underbrace{\frac{1}{X_i}}_{X_i'} + \underbrace{\frac{u_i}{X_i}}_{u_i'} \tag{10.8}$$

---

3 すべての i について，$X_i > 0$ であるときには，$\sigma_i^2 = c^2 X_i$ と想定することもあります。その場合，(10.8) のようにモデル全体を X_i で割るのではなく $\sqrt{X_i}$ で割ることになります。

$$\text{すなわち} \quad Y_i' = \beta + \alpha X_i' + u_i' \tag{10.9}$$

このとき，撹乱項 u_i' の分散は，

$$\text{Var}\,(u_i') = \text{Var}\left(\frac{u_i}{X_i}\right) = \frac{c^2 X_i^2}{X_i^2} = c^2 \quad (\text{すべての } i \text{ について}) \tag{10.10}$$

となり，均一になっており，モデル (10.9) は仮定 4 を満たすことになり，このモデルへの OLS の適用が正当化されます。

ただし，ここで注意すべきことは，元のモデル (10.1) とパラメーター α と β の位置が逆になっていることです。元のモデルの定数項 α がこのモデルの係数パラメーターとなり，元のモデルの係数パラメーター β がこのモデルの定数項になっていることです。したがってこの WLS の推定結果から，元のモデルに対応した理論値 $\hat{Y}_i$ を求めるときには注意が必要です（章末の Excel 例を参照してください）。

10.2　不均一分散モデルの検定

■ 不均一分散の検定

ここでは，不均一分散についてのホワイト（H. White）の検定を紹介します（ここでは手順のみを紹介し，検定の考え方は省略します）。モデルは，以下の多重回帰モデルを考えます。

$$Y_i = \beta_1 + \beta_2 X_{2i} + \cdots + \beta_k X_{ki} + u_i, \quad \text{Var}\,(u_i) = \sigma_i^2 \tag{10.11}$$

ここで，撹乱項の分散 σ_i^2 について，以下の関係の可能性がある場合を考えます。

$$\sigma_i^2 = \gamma_0 + \gamma_1 X_{2i} + \gamma_2 X_{2i}^2 \tag{10.12}$$

この場合の仮説検定の仮説体系は以下で与えられます。

$$\begin{cases} H_0 : \gamma_1 = \gamma_2 = 0 \quad (あるいは, \ \sigma_i^2 = \gamma_0) \\ H_1 : H_0 でない \quad を有意水準 5\% で検定する \end{cases} \tag{10.13}$$

すなわち，帰無仮説は撹乱項の分散が均一であることを意味します。

■ 検定の手順

検定は，以下のステップとなります。

(1) 上のモデル (10.11) を OLS で推定し，残差 $\hat{u}_i$ を求めます。$\hat{u}_i^2$ を σ_i^2 の推定値と考えると

$$\hat{u}_i^2 = \sigma_i^2 + w_i \tag{10.14}$$

となります。ここで，w_i は σ_i^2 推定における誤差です。これを σ_i^2 について書き換えると

$$\sigma_i^2 = \hat{u}_i^2 - w_i \tag{10.15}$$

となります。

(2) 上記の σ_i^2 の表現を (10.12) に代入すれば，以下の式が得られます。

$$\hat{u}_i^2 = \gamma_0 + \gamma_1 X_{2i} + \gamma_2 X_{2i}^2 + w_i \tag{10.16}$$

このモデルを OLS で推定し，その決定係数を R^2 とすると，H_0 のもとで検定統計量 nR^2 は，

$$nR^2 \sim \chi_2^2 \tag{10.17}$$

すなわち，nR^2 は自由度 2 の χ^2（カイ 2 乗）**分布**にしたがうことが知られています。このとき，以下のような検定手続きをとればよいことになります。

- $nR^2 \geq \chi_{2,0.05}^2$ のとき，有意水準 5% で H_0 を棄却。
- $nR^2 < \chi_{2,0.05}^2$ のとき，有意水準 5% で H_0 を採択。

ここで，$\chi^2_{2,0.05}$ は，自由度 2 の χ^2 分布の上方 5% の臨界値です。これは，巻末の χ^2 分布表から調べてください。

(3) もし帰無仮説 H_0 が棄却されたら，先に説明した WLS の推定を行います（帰無仮説が採択されたときは，ステップ (1) で行った (10.11) の OLS の結果がそのまま有効となります）。

Excel 例 県別人口とユニクロの県別店舗数 [4]

以下のようなモデルを考えます。

$$NoS_i = \alpha + \beta PoP_i + u_i \quad (i = 1, 2, \cdots, 47) \tag{10.18}$$

ここで，NoS_i は i 番目の県でのユニクロの店舗数 [5]，PoP_i は i 番目の県の人口 [6] です。人口は購買力の代理変数であり，ユニクロの出店計画としては，購買力の高い所への店舗数を増やすと考えられます [7]。これらのデータの散布図は図 10–1 に与えられています。この図から明らかなよう

■図 10–1　県別人口とユニクロの県別店舗数

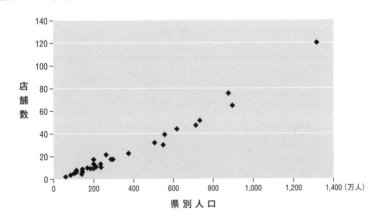

4　WEB 解説 10.1 および WEB 演習 10.1 の「不均一分散」を参照。

5　ユニクロのホームページの店舗検索より，県別店舗数のデータを作成しました（2013 年 1 月時点）。

6　総務省統計局の 2010 年のデータです（単位：万人）。Google で「県別人口」と入力しても簡単にデータを得ることができます。

に，人口の少ないところに比べ，人口の多い都府県のほうにバラツキが多くなっています。もちろん1番右上のデータは東京都であり，右から2番目，3番目のデータは神奈川県，大阪府のデータです。

このデータに対して，OLSを適用すると以下の結果を得ます。

■図10-2　不均一分散調整前の推定結果

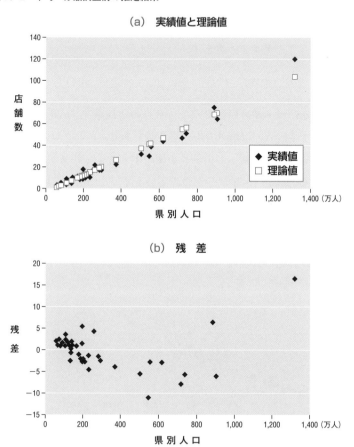

(a)　実績値と理論値

(b)　残　差

7　各県の購買力のデータとしては，人口よりも県内総生産のほうが直接的で適当かもしれません。県内総生産は内閣府のホームページより以下のようにたどれば到達できます。興味のある読者は挑戦してみてください。

　内閣府ホーム → 統計情報・調査結果 → 国民経済計算（GDP統計）→ 統計データ → 統計表（県民経済計算）→ 県民経済計算

$$\hat{NoS}_i = -3.814 + 0.0815 PoP_i \tag{10.19}$$
$$(-4.30) \quad (34.92)$$
$$R^2 = 0.964, \quad \bar{R}^2 = 0.964, \quad s = 4.244$$

この結果は,人口が 1 万人増えると平均的に 0.08 店舗増えることを意味しています。したがって,人口が 12,3 万人増えると平均的に 1 店舗増えることになります。この推定結果についての理論値と実績値ならびに残差のグラフは,図 10–2 に与えられています。これらの図より明らかなように,人口の多い県のほうがデータのバラツキが多い関係で,残差が(絶対値で)大きくなっています。この図から,撹乱項の不均一分散が視覚的にも疑われます。

そこで,この OLS の残差を用いて,ホワイトの検定用の OLS を行うと以下の結果を得ます。

$$\hat{u}_i^2 = 15.30 - 0.103 PoP_i + 0.000208 PoP_i^2 \tag{10.20}$$
$$(2.26) \quad (-2.69) \quad (6.21)$$
$$R^2 = 0.772, \quad \bar{R}^2 = 0.761, \quad s = 21.40$$

このように,PoP_i の係数も PoP_i^2 の係数も明らかに有意になっています。ここで,以下の仮説

$$\begin{cases} H_0 : \gamma_1 = \gamma_2 = 0 \\ H_1 : H_0 でない \end{cases} \tag{10.21}$$

について,有意水準 5% でホワイトの検定を行うと

$$nR^2 = 47 \times 0.772 = 36.3 > \chi^2_{2,0.05} = 5.991 \tag{10.22}$$

となり,帰無仮説は有意水準 5% で棄却されます。

そこで,(10.8) タイプの WLS モデルの推定を行います [8]。まずモデルを以下のように変換します。

■図 10–3　不均一分散調整後の推定結果

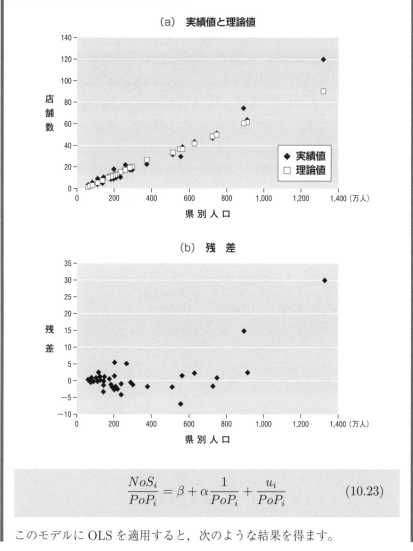

（a）実績値と理論値

（b）残差

$$\frac{NoS_i}{PoP_i} = \beta + \alpha \frac{1}{PoP_i} + \frac{u_i}{PoP_i} \tag{10.23}$$

このモデルに OLS を適用すると，次のような結果を得ます。

8　なおここで，(10.8) タイプの WLS モデルの推定を用いたのは，(10.20) の推定結果において，PoP_i^2 の係数推定の有意性が高かった，という直観的な理由です。不均一分散があるとわかった後で，それをどのように扱うかについては，より詳しくは，山本（2022）189～196 ページ，あるいは羽森（2009）74～75 ページを参照。

$$\frac{N\hat{o}S_i}{PoP_i} = 0.0694 - 1.190 \frac{1}{PoP_i} \qquad (10.24)$$
$$(22.99) \quad (-2.96)$$

$$R^2 = 0.163, \quad \bar{R}^2 = 0.144, \quad s = 0.0106$$

ここで重要なことは，先にも述べたように，元のモデルの係数パラメーター β はこのモデルでは定数項になっており，元のモデルの定数項がこのモデルでは係数パラメーターになっていることです。β の推定値は 0.814 から 0.694 に減少し，α の推定値は -3.814 から -1.190 へ上昇しています。

この推定結果から元のデータについての理論値と実績値，残差のグラフを求めたものが，**図 10–3** です。WLS はバラツキの大きいところの比重を下げるので，東京都などのもともとバラツキの大きいところの残差が，OLS の場合に比べてさらに大きくなっています（逆にいうと，最初の OLS は，東京都などの残差を小さくするために β に過大な係数推定値を与えたといえます）。

--- **練 習 問 題** ---

1. 第 2 章の練習問題 2 (1) のデータについて，それが実は不均一分散のモデルから作られたものだと考え，$\sigma_i = cX_i$ なる条件のもとに加重最小 2 乗推定を行え。

2. 前演習の場合について，$\sigma_i = c\sqrt{X_i}$ なる条件のもとに加重最小 2 乗推定を行え。

3. ユニクロの店舗数の分析

$$NoS_i = \alpha + \beta PoP_i + u_i$$

を行う。東京，神奈川，大阪のデータを除いたとき，誤差項に不均一分散が存在するか検定をせよ。

第11章

AR(1)モデルと予測

これまでは，回帰モデルとその変形を扱ってきましたが，ここでは時系列モデルという新しいタイプのモデルを紹介します。時系列モデルは，データの変動を自分自身の過去の値のみで説明しようとするモデルです。第7章7.3.2項でラグ付き内生変数を説明変数として含む回帰モデルを学びましたが，時系列モデルは，ラグ付き内生変数のみを説明変数とするモデルです。

　時系列モデルの最大の利点は，予測が簡単なことです。その予測精度はより複雑なモデルを用いた場合より優れた場合もあることが知られており，一般にその実用性は高いと考えられています。

11.1　時系列データと時系列モデル

■　時系列データとは何か

　時間に依存したデータのことを，時系列データといいます。前章まで扱ってきた，実質所得，実質消費，実質金融資産残高も，時系列データの一種です。図11-1に，時系列データの例をいくつか挙げています。

　時系列データの分析を広く用いている分野の1つがファイナンスです。(a)は，日々のニュースでも取り上げられている株価指数の1つのTOPIXというデータです。(b)は，経済分野での景気予測に用いられるGDPの名目データです。(c)は，第6章でも紹介された物価を表す代表的な指標の消費者物価指数です。最後に，(d)は，私たちの生活に身近に感じられる景気指標の1つである，有効

■図 11-1　時系列データの例

（a）　東証株価指数（TOPIX）

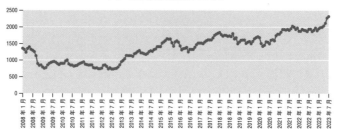

（b）　名目国内総生産（支出側）（季節調整値）2015 年基準【10 億円】

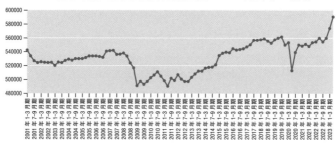

（c）　消費者物価指数（総合）2020 年基準

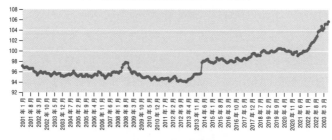

（d）　有効求人倍率（季節調整値）

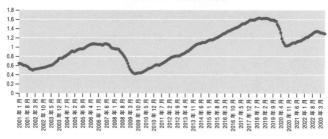

求人倍率です。時系列データはさまざまな分野に存在しています。これらデータは，統計ダッシュボード（https://dashboard.e-stat.go.jp/）というサイトより取得可能です。このサイトでは，国や民間企業等が提供している主要な統計データをグラフで見ることができます。

　時系列データでは，変数の添え字は時（time）を表します。そこで，この章では，これまでの添え字 i $(1, \cdots, n)$ ではなく，添え字 t $(1, \cdots, T)$ を使用することとします。

■ 時系列モデル

　時系列モデルとは，時系列データの発生メカニズムを明示的に表現しているモデルです。簡単な時系列モデルとしては，たとえば

$$AR(1) \text{ モデル} : Y_t = \alpha + \beta Y_{t-1} + u_t \tag{11.1}$$

$$AR(2) \text{ モデル} : Y_t = \alpha + \beta_1 Y_{t-1} + \beta_2 Y_{t-2} + u_t \tag{11.2}$$

があります。ここで，u_t は第4章4.5節で説明されている撹乱項です。その性質はそこで説明されている「標準的仮定」の仮定3から仮定5を満たすと想定します。時系列モデルの場合は，撹乱項が外部からの唯一の刺激・インプットなので，イノベーションと呼ばれることもあります。また新しいニュース，ショックなどと解釈される場合もあります。説明変数としては自分自身の過去のみを含むので**自己回帰**（Autoregressive：AR）**モデル**と呼ばれます。括弧の中の数値は，説明変数の遅れの最大次数を表します。

　これらのモデルを，第4章で紹介された回帰モデルと比較すると，説明変数に X_t のような Y_t 以外の変数は含まれておらず，自分自身の過去の値 Y_{t-1} や Y_{t-2} のみという重要な違いがあります。これが時系列モデルの最大の特徴です。回帰モデルでは，説明変数 X_t が Y_t の重要な説明要因で，撹乱項はマイナーな構成要因とみなされます。一方，時系列モデルでは X_t のような外部からの説明変数はなく，撹乱項 u_t のみが Y_t に外部からの影響を与える要因なので，重要な構成要因となります。

　以下では，簡単化のために AR(1) モデルのみを考えることにします。図11–2

■図11-2　α, β に種々の数値を与えたモデルのデータ例 $(Y_0 = 0)$

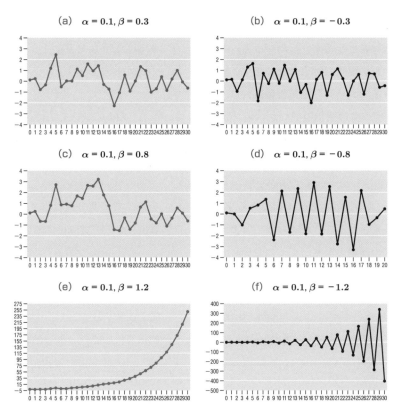

(a)　$\alpha = 0.1, \beta = 0.3$

(b)　$\alpha = 0.1, \beta = -0.3$

(c)　$\alpha = 0.1, \beta = 0.8$

(d)　$\alpha = 0.1, \beta = -0.8$

(e)　$\alpha = 0.1, \beta = 1.2$

(f)　$\alpha = 0.1, \beta = -1.2$

には，さまざまな値を β に与えた場合のデータ例が示されています（α は一定にしてあります）。左側の図は，β が正の場合です。(a) と (c) を比較すると，β が大きいほど振幅ならびに周期が大きい波が現れることがわかります。(e) のように $\beta > 1$ の場合は，時とともに加速度的に発散します。右側の図は β が負の場合です。この場合は，いずれもかなり明白なジグザグ変動を示します。ファイナンスや経済のデータにこのようなジグザグのデータはほとんど存在しないので，一般に β が正のモデルが主たる分析対象となります。

■ 定 常 性

図 11–2 の (e) と (f) からわかるように，$|\beta| \geq 1$ の場合は発散します。このようなデータの状況は非定常と呼ばれます。初等の時系列分析では，定常なデータを対象とします。したがって，AR(1) モデルの場合は，$0 < \beta < 1$ を満たすモデルが興味の対象となります。図 11–2 (a) と (c) が該当します。

時系列データの**定常性の条件**は，以下です。

a. データの変化の中心が一定（数学的には，すべての t について $E(Y_t) = \mu$）

b. データの中心周りのバラツキ方が一定（すべての t について $V(Y_t) = \gamma(0)$）

c. データの異時点間の関係が時点の差のみに依存し概ね一定（すべての t ならびb s について $Cov(Y_t, Y_{t-s}) = \gamma(s)$）

なお，AR(1) モデルにおける Y_t の期待値，分散，自己共分散は以下のように与えられることが知られています。これらの導出について興味のある読者は，章末の補論を参照してください。

$$期待値：E(Y_t) = \alpha/(1 - \beta) \tag{11.3}$$

$$分散：V(Y_t) = \gamma(0) = \sigma^2/(1 - \beta^2) \tag{11.4}$$

$$自己共分散：Cov(Y_t, Y_{t-s}) = \gamma(s) = \beta^s \sigma^2/(1 - \beta^2) = \beta^s \gamma(0)$$

$$(s = 1, 2, \cdots) \tag{11.5}$$

図 11–2 (c) で示された $\alpha = 0.1, \beta = 0.8$ のモデルの場合は，$E(Y_t) = 0.1/(1 - 0.8) = 0.5$，$\gamma(0) = \sigma^2/(1 - 0.8^2) = \sigma^2/0.36 = 2.778$，$\gamma(1) = \beta\gamma(0) = 0.8 \times 2.778 = 2.222$，$\gamma(2) = \beta^2\gamma(0) = 0.8^2 \times 2.778 = 1.667$ のように求められます。

図 11–3 には，$\alpha = 0.1, \beta = 0.8$ の場合のデータ例が示されています。これが典型的な定常な時系列データです。上下の線は，2 倍の標準偏差を表しています。このように定常なデータの場合は，およそ 95% がこの範囲内に収まると考えられています。

定常でないデータは，定常になるように加工を行います。たとえば，以下のような変換を行います。

(ⅰ) $\log(Y_t)$：（対数変換）

■図11–3 定常な $\mathrm{AR}(1)$ モデルの平均と2倍の標準偏差の幅 $(\alpha = 0.1, \beta = 0.8, Y_0 = 0)$

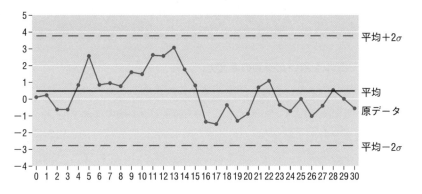

平均+2σ

平均

原データ

平均-2σ

(ii)　$\triangle Y_t = Y_t - Y_{t-1}$：（1階差分）

(iii)　$\log(Y_t/Y_{t-1}) = \log(Y_t) - \log(Y_{t-1}) \fallingdotseq \frac{Y_t - Y_{t-1}}{Y_{t-1}}$：（変化率，伸び率）

このような変換は，主にデータのレベルが時とともに増加してしまう場合に用いられる変換です。ファイナンスや経済のデータはそのようなデータが多いのです（先の図 11–1 (a)，(b)，(c)のデータは，いずれも上昇傾向を示しています）。

　最後になぜ定常性が必要かを考えましょう。たとえば，上の条件 a が欠落していると，データのレベルが時とともに変動している可能性があります。その場合は，そもそもデータに一定の平均は存在しないので，時系列データを長期間集めても，その平均を求めることはできません。すなわち定常性の条件は，データの構造にある程度の制約を課す役目を果たしています。その結果，平均や分散をデータから推定することができるようになり，さらにはモデルを想定することができるようになるのです（逆にいえば，制約のない自由奔放に動き回るデータや発散していくデータには，モデルを想定することは至難の技となります）。

11.2　時系列モデルを用いた予測と　インパルス応答関数

■ 時系列モデルを用いた予測の考え方

　時系列モデルのメリットは，予測が簡単に行えることです。たとえば，利用可能なデータが T 期まであったとして，将来の $T+1$ 期の Y_{T+1} についての予測を行う場合を考えましょう。

　回帰モデルの場合は，右辺に含まれる説明変数についての X_{T+1} が知られていないと予測はできません。しかし一般には X_{T+1} の値は未知です。もし X_{T+1} の値が得られたとしても，それは予測値である場合が多く，それ自体が誤差を含んでいる可能性があります。しかし時系列モデルの場合は，Y_t の T 期までの情報があれば予測ができます。このように時系列モデルを用いたモデルの予測は，将来の X_{T+1} の値に煩わされることはなく，簡単に行うことができます。

　ここでは簡単のために定数項がない，すなわち $\alpha = 0$ の AR(1) モデルを考えることにします。このモデルの $T+1$ 期は以下のように与えられます。

$$Y_{T+1} = \beta Y_T + u_{T+1} \tag{11.6}$$

このとき，u_{T+1} は将来の $T+1$ 期の撹乱項であり未知なので，予測の際には，その期待値である 0 と置くのが適当だと思われます。したがって，予測は

$$\hat{Y}_{T+1} = \beta Y_T \tag{11.7}$$

として与えられます。2 期先の Y_{T+2} の予測についても，まず Y_{T+2} を書き出してみると

$$Y_{T+2} = \beta Y_{T+1} + u_{T+2} \tag{11.8}$$

ですが，この右辺の Y_{T+1} は存在しないので，先に求めた予測値を代入すると

$$Y_{T+2} = \beta \hat{Y}_{T+1} + u_{T+2} \tag{11.9}$$

ここで，u_{T+2} はやはり将来の $T+2$ 期の撹乱項であり未知なので，以前と同様に 0 と置くと

$$\hat{Y}_{T+2} = \beta \hat{Y}_{T+1} = \beta^2 Y_T \tag{11.10}$$

という結果が得られます。一般に h 期先の予測値は，以下で与えられます。

$$\hat{Y}_{T+h} = \beta \hat{Y}_{T+(h-1)} = \beta^h Y_T \tag{11.11}$$

　AR モデルの予測で便利なことは，逐次的な予測が可能であることです。1 期先の予測値は 2 期先の予測の際に使うことができ，さらにそれは 3 期先の予測に逐次的に用いることができます。またその際，将来の撹乱項は常にその期待値である 0 と設定して進めます。たとえば，AR(2) モデルの予測については，

$$\hat{Y}_{T+1} = \beta_1 Y_T + \beta_2 Y_{T-1} \quad （1\,期先） \tag{11.12}$$

$$\hat{Y}_{T+2} = \beta_1 \hat{Y}_{T+1} + \beta_2 Y_T \quad （2\,期先） \tag{11.13}$$

$$\hat{Y}_{T+3} = \beta_1 \hat{Y}_{T+2} + \beta_2 \hat{Y}_{T+1} \quad （3\,期先） \tag{11.14}$$

となり，3 期先以上の予測値は，これまでに作られた予測値を説明変数とする逐次予測を繰り返していくことになります。

$$\hat{Y}_{T+h} = \beta_1 \hat{Y}_{T+(h-1)} + \beta_2 \hat{Y}_{T+(h-2)} \quad (h = 3, 4, \cdots) \tag{11.15}$$

　図 11-4 には，図 11-2 で示されたデータのうち定常な場合についての予測値の様子が示されています。いずれの予測も出発点は，$Y_T = 0.1$ と設定しています [1]。図より明らかなように，定常な時系列の予測は，出発点から順調に（厳密には，幾何級数的に）モデルの平均に向かって収束していきます。平均への収束の具合は，β が小さいほど早くなります（モデルの平均の求め方は，章末補

1　WEB 解説 11.1 および WEB 演習 11.1 の「AR(1) モデルの予測」参照。

■図11-4 α, β に種々の数値を与えたモデルの予測例 ($Y_T = 0.1$)

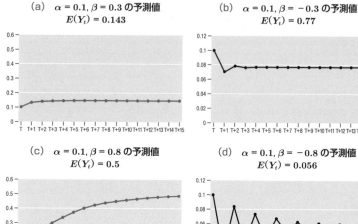

(a) $\alpha = 0.1, \beta = 0.3$ の予測値
$E(Y_t) = 0.143$

(b) $\alpha = 0.1, \beta = -0.3$ の予測値
$E(Y_t) = 0.77$

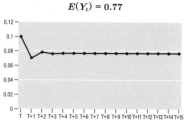

(c) $\alpha = 0.1, \beta = 0.8$ の予測値
$E(Y_t) = 0.5$

(d) $\alpha = 0.1, \beta = -0.8$ の予測値
$E(Y_t) = 0.056$

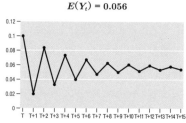

論を参照）。このような単調な収束の仕方は AR(1) モデルの特徴です。AR(2)
モデルの場合は，より複雑な収束径路（たとえば，一度上昇してから下降する
など）をもつ場合があります。

■ AR(1) モデルの実際の予測の手順

a. まず AR(1) モデルを推定します。

$$Y_t = \alpha + \beta Y_{t-1} + u_t \tag{11.16}$$

データが T 個，すなわち Y_t ($t = 1, 2, 3, \cdots, T$) が利用可能とします。パッケー
ジプログラムが利用可能であれば最尤法を用いるとよいでしょう。そうでなけ
れば最小2乗法（OLS）で構いません（本書は Excel の利用を想定しているの
で，OLS による推定を前提としています）。

b. 推定された $\hat{\alpha}$ と $\hat{\beta}$ を用いて予測値を求めます。

$$\hat{Y}_{T+1} = \hat{\alpha} + \hat{\beta}Y_T \tag{11.17}$$

$$\hat{Y}_{T+s} = \hat{\alpha} + \hat{\beta}\hat{Y}_{T+s-1} \quad (s = 2, 3, \cdots) \tag{11.18}$$

c. モデル選択の方法について：AR(1) モデルばかりでなく，AR(2) モデルや AR(3) モデルの可能性もあり，どのモデルにするか選択に迷うこともあります。その際は，情報量基準にもとづいた選択を行えばよいでしょう。たとえば p 次の AR(p) モデルを推定した場合，以下の情報量基準 $AIC(p)$ あるいは $BIC(p)$ を求めます。

$$AIC(p) = \log(\hat{\sigma}_p^2) + \frac{2p}{T} \tag{11.19}$$

$$BIC(p) = \log(\hat{\sigma}_p^2) + \frac{p \log(T)}{T} \tag{11.20}$$

ここで，$\hat{\sigma}_p^2$ は，AR(p) モデル推定の残差 $\hat{u}_t$ $(t = 1, 2, \cdots, T)$ から求めた以下のような撹乱項の分散の推定値です。

$$\hat{\sigma}_p^2 = \frac{1}{T} \sum_{t=p+1}^{T} \hat{u}_t^2 = \frac{1}{T}s^2(T - 2p - 1) \tag{11.21}$$

ここで，s はモデルの OLS 推定における残差の標準誤差です。さまざまな次数 p の AR(p) モデルを推定し，最小の $AIC(p)$ あるいは $BIC(p)$ を与える次数 p のモデルを選べばよいのです。

　情報量基準の解釈は以下のようなものです。いずれの基準も右辺の第 1 項 $\log(\hat{\sigma}_p^2)$ は残差から計算される分散の推定値の対数であり，モデルの次数 p が高いほど（説明変数の数が多いほど）あてはまりがよくなるので，小さくなることが知られています。しかし次数 p を必要以上に増やすと係数推定の精度が悪くなることが知られています。そのペナルティとして p とともに上昇するのが第 2 項です。両者のバランスがよいところで基準が最小となります。経験的には，AIC のほうが BIC よりやや高目の次数をもたらす場合があることが知られています。回帰モデルの場合は，各係数パラメーターについて t 検定で推定精度の有意性の検定を行いました。時系列モデルの場合は，一般的に個別パ

ラメーターの t 検定は行わず，情報量基準による次数の選択にもとづくモデル選択を行います。

蛇足ですが，AIC 基準は統計数理研究所の故赤池弘次博士が 1970 年代初頭に提案したものです。その有効性は広く知られるようになり，その後は時系列分析以外のさまざまなモデル選択にも拡張されています。BIC のような改良型も数多く登場しました。現在では統計パッケージのほとんどすべてに組み込まれており，日本人の統計学への貢献においてもっとも世界的に知られた業績の一つです。

■ インパルス応答関数と政策効果の評価

ある時点（便宜上，第 1 期とする）に 1 だけのショックが加わったときに，それがモデルを通じて変数 Y_t にどのような波及的影響を与えていくか時間を追ってとらえるのが，インパルス応答関数です。

ここでは AR(1) モデルを対象とし，便宜上定数項を $\alpha = 0$ とします。また初期時点の Y_0 は $Y_0 = 0$ とします。第 1 期の撹乱項（イノヴェーション）が 1 であったとします。

$$Y_1 = \beta Y_0 + u_1 = 0 + 1 = 1 \tag{11.22}$$

そして，2 期以降の撹乱項 u_t はすべて 0 と想定します。

$$Y_2 = \beta Y_1 + u_2 = \beta \times 1 + 0 = \beta \tag{11.23}$$

$$Y_3 = \beta Y_2 + u_3 = \beta \times \beta + 0 = \beta^2 \tag{11.24}$$

$$Y_4 = \beta Y_3 + u_4 = \beta \times \beta^2 + 0 = \beta^3 \tag{11.25}$$

このように得られた $1, \beta, \beta^2, \beta^3, \cdots$ が，インパルス応答関数です。AR(1) モデルの場合は，係数パラメーター β に依存して，きわめて簡単に以下のようにまとめられます。

$$\beta^{(s-1)} \quad (s = 1, 2, \cdots) \tag{11.26}$$

■図11–5　インパルス応答関数の例 ($H = 1$)

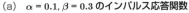
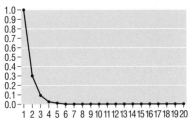

(a)　$\alpha = 0.1, \beta = 0.3$ のインパルス応答関数

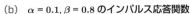
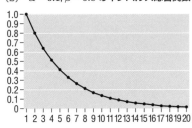

(b)　$\alpha = 0.1, \beta = 0.8$ のインパルス応答関数

時系列モデルにおいては，外生的な説明変数は含まれていないので，政策変数の変更は，攪乱項を通じて現れると考えられます。したがって，H 単位の政策変化の効果は，インパルス応答関数に比例して以下で求められます。

$$H\beta^{(s-1)} \quad (s = 1, 2, \cdots) \tag{11.27}$$

図 11–5 には，初期のショックを 1 とした場合のインパルス応答関数が示されています[2]。予測の場合と同様に，幾何級数的に 0 に向かって収束していきます。予測の場合と同様に，このような単調な収束の具合は AR(1) モデルの特徴です。β が小さいほうが 0 に素早く収束します。AR(2) モデルの場合は，より複雑な収束径路をもつ場合があります。

なお，インパルス応答関数は，本章末の補論で導かれている Y_t の MA（移動平均）表現において，u_{t-s} $(s = 0, 1, 2, \cdots)$ の係数に対応しています。そちらからも直接的に求めることができます。

11.3　実証例：アメリカのインフレ率

1985 年から 2021 年のアメリカのインフレ率について分析を行っていきましょう[3]。OECD より公表されている，消費者物価指数の変化率として算出された

2　WEB 解説 11.2 および WEB 演習 11.2 の「インパルス応答関数」参照。

3　WEB 解説 11.3 および WEB 演習 11.3 の「AR(1) モデルの実例」参照。

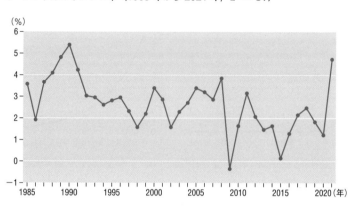

インフレ率です。実際のデータは図 **11–6** を参照。まず AR(1) モデルと AR(2) モデルを推定してみます。

　AR(1) の推定結果は以下のようになりました。

$$\hat{Y}_i = \underset{(3.26)}{1.48} + \underset{(2.71)}{0.44} Y_{t-1} \tag{11.28}$$
$$R^2 = 0.178, \quad \bar{R}^2 = 0.154, \quad s = 1.133, \quad \hat{\sigma}_p^2 = 1.180$$

AIC と BIC は次のようになります。

$$AIC = \log(1.179) + \frac{2 \times 1}{37} = 0.126$$
$$BIC = \log(1.179) + \frac{1 \times \log(37)}{37} = 0.114$$

　AR(2) の推定結果は以下のようになりました。

$$\hat{Y}_i = \underset{(2.71)}{1.43} + \underset{(2.36)}{0.45} Y_{t-1} + \underset{(0.08)}{0.02} Y_{t-2} \tag{11.29}$$
$$R^2 = 0.195, \quad \bar{R}^2 = 0.145, \quad s = 1.149, \quad \hat{\sigma}_p^2 = 1.142$$

■図11-7　アメリカのインフレ率のインパルス応答関数

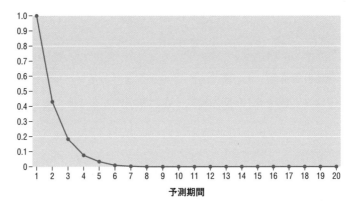

AIC と BIC は次のようになります。

$$AIC = \log(1.142) + \frac{2 \times 2}{37} = 0.166$$

$$BIC = \log(1.142) + \frac{2 \times \log(37)}{37} = 0.143$$

　ここで，AIC と BIC の値を比較してみます。AIC も BIC も，AR(1) モデルの値のほうが小さいことがわかります。したがって，このデータでは AR(2) モデルよりも AR(1) モデルが望ましいことになります。また，ここでは AR(2) モデルの推定までで終わりにしていますが，より一般的には，AR(3)，$\cdots$ と，より多くの次数を推定し，最小の AIC や BIC を与える p を探します。実際の分析では，上記の AIC，BIC の値のみ載せて，推定結果を掲載する必要は必ずしもありません。

　最後に，インパルス応答関数を算出してみます。採用された AR(1) モデルの β の推定値 0.44 を用います。消費税などの政策で，インフレが 1% 上昇したことを想定しましょう。$H = 1$ のとき，

$$Y_1 = 1$$
$$Y_2 = 1 \times 0.44 = 0.44$$
$$Y_3 = 1 \times 0.44^2 = 0.19$$

として，順に計算可能です。図 11-7 に 20 期先までのインパルス応答関数をまとめてあります。図より，6 期先にはその影響がほとんど消えることがわかります。

──────────── 練 習 問 題 ────────────

1. $Y_t = 1.2 + 0.8Y_{t-1} + u_t$ のモデルにしたがう Y_t のとき，1 期先，2 期先，3 期先の予測値を算出せよ。ただし $Y_T = 100$ とする。

2. $Y_t = 0.8Y_{t-1} + u_t$ の係数 β の値が 0.1 増加したとき，1 期先から 3 期先までのインパルス応答関数は，どの程度変化するか求めよ。

3. $Y_t = 0.1 + 1.2Y_{t-1} + u_t$ のモデルのとき，1 期先から 3 期先までの予測値を求めよ。ただし $Y_T = 100$ とする。

補　論　Y_t の期待値，分散，自己共分散の導出

　ここでは，AR(1) モデルの期待値と分散を求めていきます。以下では，$|\beta| < 1$ の仮定がどこで使われているかに注目してください。導出は，4 段階で行われます。まず AR(1) モデルの MA モデルへの変換を紹介し，その後 MA モデルを用いて，期待値，分散，自己共分散を導きます。AR(2) モデルや，AR(p) モデルの MA モデルの変換や期待値，分散，自己共分散の導出は，本章のレベルを超えるため，より専門的な時系列分析のテキストを参考にしてください。

　まず，AR(1) モデルの MA モデルへの変換を行います。右辺の Y_{t-1} を書き換えます。

$$
\begin{aligned}
Y_t &= \alpha + \beta Y_{t-1} + u_t \\
&= \alpha + \beta \left(\alpha + \beta Y_{t-2} + u_{t-1} \right) + u_t \\
&= \alpha \left(1 + \beta \right) + \beta^2 Y_{t-2} + \left(u_t + \beta u_{t-1} \right) \tag{11.30}
\end{aligned}
$$

次に Y_{t-2} を書き換えます。そのような書き換えを K 回繰り返すと，以下を得ます。

$$
\begin{aligned}
Y_t &= \alpha \left(1 + \beta + \beta^2 + \cdots + \beta^K \right) + \beta^{K+1} Y_{t-K} \\
&\quad + \left(u_t + \beta u_{t-1} + \beta^2 u_{t-2} + \cdots + \beta^K u_{t-K} \right) \\
&= \alpha \Sigma_{k=0}^{K} \beta^k + \beta^{K+1} Y_{t-K} + \Sigma_{k=0}^{K} \beta^k u_{t-k} \tag{11.31}
\end{aligned}
$$

定常性の条件より $|\beta| < 1$ なので，K が十分に大きいとき，β^{K+1} はゼロに限りなく接近し，第 2 項は 0 と置けます。第 1 項は等比数列の和の公式 [4] を用いることができます。したがって，K が十分に大きいとき $(K \to \infty)$

$$
Y_t = \frac{\alpha}{1 - \beta} + \Sigma_{k=0}^{\infty} \beta^k u_{t-k} \quad (\text{ここで } |\beta| < 1) \tag{11.32}
$$

となります。以上を MA 変換と呼びます。$|\beta| < 1$ の仮定がなければ，この変

4　等比数列の和については高校数学の教科書を参照のこと。

換が成立しないことに注意してください。またこのように，Y_t を撹乱項 u_t ならびにその過去の値で表現したモデルを MA（Moving Average）モデルと呼びます。

次に，(11.32) を用いて Y_t の期待値を求めます。仮定により，撹乱項 u_t の期待値はすべての t に関して 0 なので，

$$E(Y_t) = \frac{\alpha}{1-\beta} + \Sigma_{k=0}^{\infty}\beta^k E(u_{t-k}) = \frac{\alpha}{1-\beta} \qquad (11.33)$$

と求めることができます。これより Y_t の期待値が時点 t に依存せず，一定の数値であることが確認できます。したがって，$|\beta| < 1$ のとき平均に関する定常性の条件が満たされています。たとえば，図 11-2 (c) で示された $\alpha = 0.1$, $\beta = 0,8$ のモデルの場合は，$E(Y_t) = 0.1/(1 - 0.8) = 0.5$ となります。

次に，(11.32) と (11.33) の結果を用いて，Y_t の分散を求めます。

$$\begin{aligned}
\gamma(0) = V(Y_t) &= E\left[(Y_t - E(Y_t))^2\right] \\
&= E\left[\left(\frac{\alpha}{1-\beta} + \Sigma_{k=0}^{\infty}\beta^k u_{t-k} - \frac{\alpha}{1-\beta}\right)^2\right] = E\left[\left(\Sigma_{k=0}^{\infty}\beta^k u_{t-k}\right)^2\right] \\
&= (\beta^{0\times2})E(u_t^2) + \cdots + (\beta^{2\infty})E(u_{t-\infty}^2) \\
&\quad + 2\beta^1 E(u_t u_{t-1}) + \cdots + 2\beta^{2\infty-1}E(u_{t-(\infty-1)}u_{t-\infty}) \qquad (11.34)
\end{aligned}$$

ここで，$E(u_t^2) = \sigma^2$（すべての t），$E(u_t u_s) = 0$（すべての $t \neq s$）より，

$$\begin{aligned}
V(Y_t) &= \Sigma_{k=0}^{\infty}\beta^{2k}E(u_{t-k})^2 \\
&= \sigma^2 \Sigma_{k=0}^{\infty}\beta^{2k} = \frac{\sigma^2}{1-\beta^2} \qquad (11.35)
\end{aligned}$$

最後は $|\beta| < 1$ であれば $|\beta^2| < 1$ であることから，等比数列の和を用いて算出しています。$V(Y_t)$ は t に依存せず，定数であることから，分散に関する定常性の条件が満たされていることがわかります。図 11-2 (c) で示された $\alpha = 0.1$, $\beta = 0,8$ のモデルの場合は，$\gamma(0) = \sigma^2/(1 - 0.8^2) = \sigma^2/0.36 \simeq 2.778$ となります。

時系列データが定常であるためには，平均と分散だけでなく，自己共分散に

■図 11–8　1 次と 2 次の自己共分散 $\gamma(1)$, $\gamma(2)$

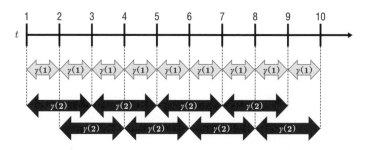

も仮定が置かれます。**自己共分散**は，ここまで説明してこなかったので，それについて解説をします。自己共分散とは，データ系列 $\{Y_t\}$ について，時点が s 期離れた Y_t と Y_{t-s} の共分散（関係の強さ）のことです。

図 11–8 で示されているように，たとえば 1 次の自己共分散 $\gamma(1)$ は隣りのデータとの関係の強さをとらえるものであり，2 次の自己共分散 $\gamma(2)$ は 2 つ隣りとの関係の強さをとらえるものです。一般的な s 次の自己共分散 $\gamma(s)$ は，以下のように求めます。

$$\gamma(s) = Cov(Y_t, Y_{t-s}) = E\left[(Y_t - E(Y_t))(Y_{t-s} - E(Y_{t-s}))\right]$$
$$= E\left[\left(\Sigma_{k=0}^{\infty}\beta^k u_{t-k}\right)\left(\Sigma_{k=0}^{\infty}\beta^k u_{t-s-k}\right)\right] \tag{11.36}$$

ここで，$E(u_t^2) = \sigma^2$（すべての t），$E(u_t u_s) = 0$（すべての $t \neq s$）なので

$$\gamma(s) = \beta^s(\beta^{0 \times 2})E(u_t^2) + \cdots + \beta^s(\beta^{2\infty})E(u_{t-\infty}^2)$$
$$= \sigma^2 \beta^s \Sigma_{k=0}^{\infty}\beta^{2k} = \frac{\beta^s \sigma^2}{1 - \beta^2} = \beta^s \gamma(0) \quad (s = 1, 2, \cdots) \tag{11.37}$$

となります。このように自己共分散は t に依存せず，次数 s の増大とともに β^s $(s = 1, 2, \cdots)$ に比例して幾何級数的に減少していきます。たとえば，図 11–2 (c) で示された $\alpha = 0.1$, $\beta = 0,8$ のモデルの場合は，$\gamma(1) = \beta\gamma(0) = 0.8 \times 2.778 = 2.222$，$\gamma(2) = \beta^2\gamma(0) = 0.8^2 \times 2.778 = 1.667$ のようになりま

す。これは，データの間隔があくほど影響関係が減少していくことを表してい
ます。

第12章

パネル・データ分析

　パネル・データとは，時系列方向とクロスセクション方向の 2 次元を同時に備えるデータです。たとえば，第 5 章 5.2 節の消費関数のデータは時系列データですが，日本のみならずアメリカ，イギリス，ドイツ，$\cdots$ など複数国についても同様のデータが得られている場合，また第 10 章 10.2 節のユニクロ店舗数の県別データはクロスセクション・データですが，2013 年のみならず 2020 年まで毎年同様のデータが得られている場合に該当します。

　このようなデータは，データ数が飛躍的に増え，したがってより精度の高い推定結果につながったり，1 次元のデータでは克服できない統計的問題が回避できるという重要な利点があります。

12.1　パネル・データとモデル

■ パネル・データ

　パネル・データの形式は，これまでの Y_i, X_i と異なり，添え字の数が増加し Y_{it}, X_{it} となります。パネル・データは，クロスセクションである個体 i と，時系列を表す時点 t の 2 次元に対応するデータです。また，これまでと同じく添え字が 1 つの X_i も同時に用いられます。以下では，まず添え字の意味を説明します。

　例として，調査した家計が 8 個 $(i = 1, \cdots, 8)$, 調査した期間を 3 時点 $(t = 1, \cdots, 3)$ としたとき，個体 i の t 時点の消費と所得は Y_{it}, X_{it} と表現

■表12–1　パネル・データ例（$n = 8, T = 3$）

個体	時点	所得	消費	家族の人数	世帯主の学歴
i	t	Y_{it}	X_{it}	Z_i	W_i
1	1	Y_{11}	X_{11}	Z_1	W_1
1	2	Y_{12}	X_{12}	Z_1	W_1
1	3	Y_{13}	X_{13}	Z_1	W_1
$\vdots$					
8	1	Y_{81}	X_{81}	Z_8	W_8
8	2	Y_{82}	X_{82}	Z_8	W_8
8	3	Y_{83}	X_{83}	Z_8	W_8
		観測可能		除かれた変数	

本例では，家族の人数は期間中一定，また世帯主は再教育を受け
ないと仮定。

され，表12–1 の 3 列目と 4 列目のように表されます。表中の除かれた変数の
意味については，後に明らかにされます。次に，たとえば個体 $i = 1$ について，
$t = 1$ 時点，$t = 2$ 時点，$t = 3$ 時点で同じ値をとる変数を考えます。表12–1 の
5 列目，6 列目にあるような，家族の人数と世帯主の学歴（教育年数）等の場合
です。わかりやすいように，まず (Z_{1t}, W_{1t}) と添え字を 2 つ付けておく場合を
考えましょう。もしこの家族の人数が 4 人で，世帯主が大学卒であるとすると

$$(Z_{11}, W_{11}) = (4, 16), (Z_{12}, W_{12}) = (4, 16), (Z_{13}, W_{13}) = (4, 16)$$

のようになります。これらの変数は個体の区別は必要ですが，時点についての
区別は必要でないことがわかります。そこで，表12–1 にあるように，時点の
添え字は省略することができます。

$$Z_i = Z_{it}, \quad W_i = W_{it} \quad (t = 1, \cdots, T)$$

■ パネル・データのモデル

ここでは，パネル・データを分析するためのモデルを紹介します。もしすべての変数が観測可能であれば，モデルは以下となります。

$$Y_{it} = \beta X_{it} + \gamma_1 + \gamma_2 Z_i + \gamma_3 W_i + \epsilon_{it} \quad (i = 1, \cdots, n, \; t = 1, \cdots T)$$

ここで，$\beta, \gamma_1, \gamma_2, \gamma_3$ はパラメーターです。ここでは，家族の人数 Z_i と世帯主の学歴（教育年数）W_i は観測不能であると想定します。これらは，分析対象から除かれる変数です。モデルにおいて，観測されない変数をまとめれば，

$$u_{it} = \gamma_1 + \gamma_2 Z_i + \gamma_3 W_i + \epsilon_{it} \quad (i = 1, \cdots, n, \; t = 1, \cdots T)$$

$$(12.1)$$

となります。ここで，u_{it} は 2 つの要素に分解されます。

第 1 の要素は，個人 i の除かれた説明変数を含む

$$個別効果：\alpha_i = \gamma_1 + \gamma_2 Z_i + \gamma_3 W_i \quad (i = 1, \cdots, n) \quad (12.2)$$

です。これは，個体 i では変化するが時点では変化しない，個体 i 固有の要因であり，個別効果と呼ばれます。第 2 の要素 ϵ_{it} はいわゆる撹乱項で，通常の仮定を満たすとします（すなわち，平均ゼロ，互いに独立で分散 σ_ϵ^2 をもつ）。

以上の分解をもとに，パネル・データ分析のモデルの基本形は以下で与えられます。

$$Y_{it} = \beta X_{it} + u_{it} \quad (12.3)$$

ここで，$u_{it} = \alpha_i + \epsilon_{it}$ です。以下では，このモデルの分析法を考えていきます。本章で紹介するパネル・データ分析（固定効果モデル）の一つのメリットは，個別効果 α_i の影響を排除して，β の不偏推定量・一致推定量を得ることができることです。すなわち，単なるクロスセクション・データでは，個別効果の影響を取り除くことがきわめて難しいのですが，パネル・データではそれが可能となります。これはパネル・データの大きな利点です。

12.2　固定効果モデル

■ α_i を定数とみなすモデル

上記のモデルにおいて β を回帰分析によって直接推定するには問題があります。それは，このモデルの撹乱項 u_{it} の中に個別効果 α_i が含まれることに問題があります。そこで α_i を撹乱項から取り出して，モデルの定数として扱う方法が用いられます（この考え方について詳しくは，本章末の補論を参照）。

$$Y_{it} = \beta X_{it} + \alpha_i + \epsilon_{it} \quad (i = 1, \ldots, n, t = 1, \ldots T) \qquad (12.4)$$

このモデルは，固定効果（Fixed effect：FE モデル）と呼ばれます。

■ ダミー変数による方法

固定効果モデルを推定する直観的にわかりやすい方法は，第 7 章 7.2 節で学んだダミー変数を用いる方法です。各 i ごとに異なる定数項 α_i を，定数項ダミー変数を用いて扱うことができます。

表 12–1 のデータ例の場合は，以下のような $D_{1t}, D_{2t}, \cdots, D_{8t}$ という 8 個のダミー変数を作成します。このダミー変数は，各 i ごとに 1，そのほかの場合は 0 となり，式で表せば以下のように与えられます。

$$D_{it} = \begin{cases} 1 & t = (i-1)T + 1, \ldots, iT \text{ のとき} \\ 0 & t \text{ がそれ以外のとき} \end{cases} \qquad (12.5)$$
$$(i = 1, 2, \cdots, 8, \ T = 3)$$

この場合のデータ例は，表 12–2 のように与えられます。

この場合，ダミー変数を用いて明示的にモデルを表すと，

$$Y_{it} = \beta X_{it} + D_{1t}\alpha_1 + \cdots + D_{8t}\alpha_8 + \epsilon_{it} \qquad (12.6)$$

となります。ここで，たとえば $i = 1$ の場合は

i	t	Y_{it}	X_{it}	D_{1t}	D_{2t}	$\cdots$	D_{8t}
1	1	Y_{11}	X_{11}	1	0	$\cdots$	0
1	2	Y_{12}	X_{12}	1	0	$\cdots$	0
1	3	Y_{13}	X_{13}	1	0	$\cdots$	0
$\vdots$							
8	1	Y_{81}	X_{81}	0	0	$\cdots$	1
8	2	Y_{82}	X_{82}	0	0	$\cdots$	1
8	3	Y_{83}	X_{83}	0	0	$\cdots$	1

12.2

固定効果モデル

$$
\begin{aligned}
Y_{1t} &= \beta X_{1t} + D_{1t}\alpha_1 + \cdots + D_{8t}\alpha_8 + \epsilon_{1t} \\
&= \beta X_{1t} + 1 \times \alpha_1 + \cdots + 0 \times \alpha_8 + \epsilon_{1t} \\
&= \beta X_{1t} + \alpha_1 + \epsilon_{1t} = \alpha_1 + \beta X_{1t} + \epsilon_{1t}
\end{aligned}
\tag{12.7}
$$

となり，同様に $i = 8$ の場合は

$$
\begin{aligned}
Y_{8t} &= \beta X_{8t} + D_{1t}\alpha_1 + \cdots + D_{8t}\alpha_8 + \epsilon_{8t} \\
&= \alpha_8 + \beta X_{8t} + \epsilon_{8t}
\end{aligned}
\tag{12.8}
$$

となります。$i = 1$ のときは α_1 が定数項，$i = 8$ のときは α_8 が定数項となり，傾き β は共通であることがわかります。ダミー変数を用いた一般的モデルを明示すると

$$
Y_{it} = \beta X_{it} + \Sigma_{i=1}^{n} D_{it}\alpha_i + \epsilon_{it} \qquad (i = 1, \cdots, n, \ t = 1, \cdots, T)
\tag{12.9}
$$

となります。α_i は第 i 個体のみに対応する定数項とみなすことができます。

　このモデルは，説明変数が $n + 1$ 個 $(X_{1t}, D_{1t}, \ldots, D_{nt})$ の多重回帰モデルとして，最小 2 乗法を用いることができます。この推定量はダミー変数に依存していることから，**最小 2 乗ダミー変数**（Least Squares Dummy Variables：

LSDV）推定量と呼ばれています。

Excel 例　地方別消費関数の LSDV 推定 [1]

　ここでは，2015 年から 2019 年（$T = 5$）の北海道と沖縄を除く日本の地方別（$n = 8$）の消費関数の推定を行います [2]。推定するモデルは以下です。

$$C_{it} = \beta Y_{it} + \Sigma_{i=1}^{8} \alpha_i D_{it} + u_{it} \quad (i = 1, 2, \cdots, 8, \ t = 1, \cdots, 5) \tag{12.10}$$

ここで，C_{it} は消費支出（円），Y_{it} は可処分所得（円）です。データの出所は家計調査の家計収支編より 2 人以上の世帯を対象とした 1 世帯あたり 1 カ月間の収入と支出の年次データです。

　最初に 8 地域のダミー変数を作成します。たとえば，$i = 1$ となる東北地方のダミー変数は，以下で与えられます。

$$D_{1t} = \begin{cases} 1 & t = 1, \ldots, 5 \text{ のとき} \\ 0 & t \text{ がそれ以外のとき} \end{cases} \tag{12.11}$$

他の地方のダミー変数も同様に作成します。推定結果は以下となります。カッコ内の値は t 値です。

$$\hat{C}_{it} = 0.22 Y_{it} + 207525.29 D_{1t} + \cdots + 214760.48 D_{8t} \tag{12.12}$$
$$\quad (4.32) \qquad (9.84) \qquad\qquad (10.05)$$
$$R^2 = 0.9996, \quad \bar{R}^2 = 0.9673, \quad s = 6632.01$$

推定結果から，ダミー変数の係数は有意に推定されたことがわかります。個別効果を考慮すると，β の推定値は 0.22 となりました。後ほど個別効果を考慮しないプーリング推定との比較を行います。

1　WEB 解説 12.1 および WEB 演習 12.1 の「LSDV 推定」参照。
2　ここでは複数の都道府県から構成される地方を個体として分析対象としています。

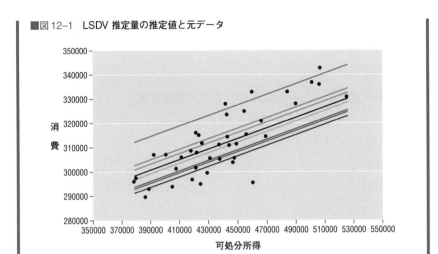

■図 12-1　LSDV 推定量の推定値と元データ

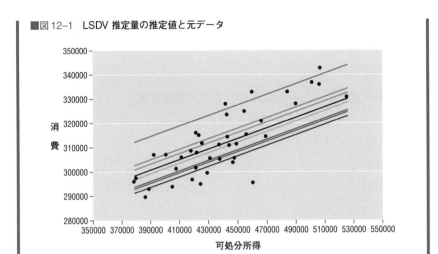

LSDV 推定法の利点は，直観的にわかりやすく理論的にも問題がない点です。しかし欠点もあります。それは，n の数が大きい，たとえば大規模なミクロ・データで $n = 100,000$ という状況になると，説明変数の数が多くなり過ぎることです。このような場合，パソコンでも計算が困難になります。もし個別効果 α_i をモデルから消すことができれば，簡単に推定を行うことができます。以下では，そのような実用的な 2 つの推定法を紹介します。

■ 1 階差分推定量（$T = 2$ の場合）

まずデータが 2 時点しかない場合を考えます。これは，大規模なミクロ・データなどで，実際に起こりうるケースです。

$$Y_{i1} = \beta X_{i1} + \alpha_i + \epsilon_{i1} \quad (i = 1, \cdots, n, t = 1) \qquad (12.13)$$

$$Y_{i2} = \beta X_{i2} + \alpha_i + \epsilon_{i2} \quad (i = 1, \cdots, n, t = 2) \qquad (12.14)$$

(12.13) 式から，(12.14) 式を引くと，個別効果 α_i が消えて，

$$Y_{i1} - Y_{i2} = \beta(X_{i1} - X_{i2}) + (\alpha_i - \alpha_i) + \epsilon_{i1} - \epsilon_{i2}$$
$$= \beta(X_{i1} - X_{i2}) + \epsilon_{i1} - \epsilon_{i2} \qquad (12.15)$$

となります。説明変数が $(X_{i1} - X_{i2})$ の単回帰モデルとなり，β は OLS で推定可能となります。

■ 固定効果推定量（$T \geq 3$ の場合）：級内変動推定量

次により一般的な $T \geq 3$ の場合の方法を解説します。まず，固定効果モデル (12.4) からはじめます。

$$Y_{it} = \beta X_{it} + \alpha_i + \epsilon_{it} \quad (i = 1, \cdots, n, \ t = 1, \cdots, T) \qquad (12.4)$$

このモデルから α_i を除き，最小2乗法が適用できるようなモデル変換を考えます。

モデルを変換するために，2つの手順で考えます。まず1つ目に，それぞれの変数の時間平均をとったモデルを考えることにします。時間平均とは，たとえば，表12–1 $(n = 8, T = 3)$ のデータの場合，$i = 1$ については以下のように平均を計算します。

$$\bar{Y}_1 = \frac{1}{3}\Sigma_{t=1}^3 Y_{1t} \quad (i = 1)$$

一般的には，時間平均は以下のように定義されます。

$$\bar{Y}_i = \frac{1}{T}\Sigma_{t=1}^T Y_{it}, \quad \bar{X}_i = \frac{1}{T}\Sigma_{t=1}^T X_{it}, \quad \bar{\epsilon}_i = \frac{1}{T}\Sigma_{t=1}^T \epsilon_{it} \quad (i = 1, 2, \cdots, n)$$

表12–3 には，$\bar{X}_i, \bar{\epsilon}_i$ もまとめて表示してあります。さらに，個別効果 α_i は，$i = 1$ の場合，時間平均をとると，

$$\bar{\alpha}_i = \frac{1}{3}\Sigma_{t=1}^3 \alpha_i = \frac{1}{3}(3\alpha_i) = \alpha_i$$

となります。すなわち，個別効果の時間平均は当然のことながら変化しません。以上より，個別効果モデルの時間平均をとったモデルは，

$$\bar{Y}_i = \beta \bar{X}_i + \alpha_i + \bar{\epsilon}_i \quad (i = 1, \cdots, n, t = 1, \cdots, T) \qquad (12.16)$$

■表12–3　時間平均を計算したパネル・データ例（$n = 8,\ T = 3$）

i	t	Y_{it}	X_{it}	ϵ_{it}	$\bar{Y}_i$	$\bar{X}_i$	$\bar{\epsilon}_i$
1	1	Y_{11}	X_{11}	ϵ_{11}	$\bar{Y}_1$	$\bar{X}_1$	$\bar{\epsilon}_1$
1	2	Y_{12}	X_{12}	ϵ_{12}	$\vdots$	$\vdots$	$\vdots$
1	3	Y_{13}	X_{13}	ϵ_{13}	$\bar{Y}_1$	$\bar{X}_t$	$\bar{\epsilon}_1$
$\vdots$							
8	1	Y_{81}	X_{81}	ϵ_{81}	$\bar{Y}_8$	$\bar{X}_8$	$\bar{\epsilon}_8$
8	2	Y_{82}	X_{82}	ϵ_{82}	$\vdots$	$\vdots$	$\vdots$
8	3	Y_{83}	X_{83}	ϵ_{83}	$\bar{Y}_8$	$\bar{X}_8$	$\bar{\epsilon}_8$

となります。これは，各個体 i を1つの級（クラス）と考えて，**級内平均**と呼ばれます。

　つぎに，固定効果のモデル (12.4) から時間平均モデル (12.16) の辺々を引くと，α_i を消すことができます。

$$Y_{it} - \bar{Y}_i = \beta(X_{it} - \bar{X}_i) + (\epsilon_{it} - \bar{\epsilon}_i) \quad (i = 1, \ldots, n,\ t = 1, \ldots T)$$

ここで，$(\epsilon_{it} - \bar{\epsilon}_i)$ を1つの撹乱項とみなします。このモデルは，定数項のない級内変動 $(X_{it} - \bar{X}_i)$ を説明変数とした単回帰モデルであり，β は OLS で推定可能です。

　この β の推定量は固定効果モデルの標準的な推定量なので，**固定効果推定量**と呼ばれます。そこで，上添え字 FE を付けて，以下で表すことにします。

$$\hat{\beta}^{FE} = \frac{\Sigma_{i=1}^{n}\Sigma_{t=1}^{T}(X_{it} - \bar{X}_i)(Y_{it} - \bar{Y}_i)}{\Sigma_{i=1}^{n}\Sigma_{t=1}^{T}(X_{it} - \bar{X}_i)^2} \qquad (12.17)$$

固定効果 α_i の推定量は以下で与えられます。

$$\hat{\alpha}_i^{FE} = \bar{Y}_i - \hat{\beta}^{FE}\bar{X}_i \quad (i = 1, \ldots, n) \qquad (12.18)$$

ここで求めたパラメーターの推定結果は，LSDV による推定結果と同一であるこ

とが知られています。また説明変数 X_{it} についての通常の仮定のもとに，LSDV 推定量と固定効果推定量はともに不偏性と一致性を満たしていることが知られています。

Excel 例　地方別消費関数の固定効果推定[3]

前出の Excel 例と同じデータを用い，以下の消費関数の固定効果推定を行います。

$$C_{it} = \beta Y_{it} + \alpha_i + u_{it} \quad (i = 1, 2, \cdots, 8, \ t = 1, \cdots, 5) \quad (12.19)$$

変換されたモデルは，以下となります。

$$C_{it} - \bar{C}_i = \beta(Y_{it} - \bar{Y}_i) + (\epsilon_{it} - \bar{\epsilon}_i) \quad (i = 1, 2, \cdots, 8, \ t = 1, \cdots, 5)$$

級内平均は，Excel で算出すると，たとえば $i = 1$ の東北地方では，次のように算出されます。

$$\bar{C}_1 = \frac{1}{5}(292504 + \cdots + 310405) = 297848$$

$$\bar{Y}_1 = \frac{1}{5}(389332 + \cdots + 444524) = 411494.8$$

すべての地方について，級内平均を算出し，$C_{it} - \bar{C}_i$ と $Y_{it} - \bar{Y}_i$ $(i = 1, 2, \cdots, 8, \ t = 1, 2, \cdots, 5)$ を算出します。

推定結果は，以下となります。

$$\widehat{C_{it} - \bar{C}_i} = 0.22(\hat{Y}_{it} - \bar{Y}_i)$$
$$(4.85)$$
$$R^2 = 0.376, \quad \bar{R}^2 = 0.351, \quad s = 5912.809$$

β の推定結果は LSDV 推定値と等しいことが確認できます。また，決定係数は，LSDV 推定の場合と比較し，大きく下落したことが確認されます。β が有意水準 5% で有意に推定されていることが確認できました。

3　WEB 解説 12.2 および WEB 演習 12.2 の「固定効果推定」参照。

■ 決定係数

決定係数は2種類存在します。1つ目は，LSDVモデルの決定係数です。この決定係数はダミー変数の説明力を含んでおり，一般にかなり高いことが知られています。

$$\text{全体 } R^2 = \frac{\Sigma_{i=1}^n \Sigma_{t=1}^T (\hat{Y}_{it}^{FE} - \bar{\bar{Y}})^2}{\Sigma_{i=1}^n \Sigma_{t=1}^T (Y_{it} - \bar{\bar{Y}})^2}$$

ここで，$\hat{Y}_{it}^{FE} = \hat{\beta}^{FE}(X_{it} - \bar{X}_i) + \bar{Y}_i$ あるいは LSDV 推定の理論値，$\bar{\bar{Y}}$ はすべての Y_{it} の平均です。すなわち

$$\bar{\bar{Y}} = \frac{1}{nT}\Sigma_{i=1}^n \Sigma_{t=1}^T Y_{it}$$

説明変数 X_{it} のみの効果を取り出すために，各級の平均周りの決定係数も用いられます。これは，固定効果推定の決定係数です。

$$\text{級内 } R^2 = \frac{\Sigma_{i=1}^n \Sigma_{t=1}^T (\hat{Y}_{it}^{FE} - \bar{Y}_i)^2}{\Sigma_{i=1}^n \Sigma_{t=1}^T (Y_{it} - \bar{Y}_i)^2}$$

■ 固定効果の有無の検定とプールされたモデル

個別効果 α_i は，個体 i ごとに変化することが前提ですが，本当に変化しているのかについては，興味のあるところです。もし α_i がすべての i で等しいならば，個別効果は存在しないことになります。

$$\alpha_1 = \alpha_2 = \cdots = \alpha_n = \alpha$$

この場合には，ダミー変数の必要はなく，単一の定数項 α があればよいことになります。したがって，モデルは以下のように簡単化されます。

$$Y_{it} = \alpha + \beta X_{it} + \epsilon_{it} \quad (i = 1, \ldots, n, t = 1, \ldots, T) \quad (12.20)$$

このモデルは標準的な単回帰モデルであり、最小2乗法が適用可能です。$n \times T$個のパネル・データは1つのデータ・セットとしてまとめられて推定されるので、モデルは**プールされたモデル**と呼ばれたり、最小2乗推定は**プーリング推定**と呼ばれたりします。このモデルの最小2乗推定は以下で与えられます。

$$\hat{\beta}^{pool} = \frac{\sum_{i=1}^{n} \sum_{t=1}^{T} (X_{it} - \bar{\bar{X}})(Y_{it} - \bar{\bar{Y}})}{\sum_{i=1}^{n} \sum_{t=1}^{T} (Y_{it} - \bar{\bar{Y}})^2}, \qquad (12.21)$$

$$\hat{\alpha}^{pool} = \bar{\bar{Y}} - \hat{\beta}^{pool} \bar{\bar{X}}$$

ここで、$\bar{\bar{X}}$ は、X_{it} の全平均です。すなわち

$$\bar{\bar{X}} = \frac{1}{nT} \sum_{i=1}^{n} \sum_{t=1}^{T} X_{it}$$

ここで想定したように個別効果が全個体で等しいか否か、言い換えれば、個別効果がないか否かは、次のような仮説検定で検証できます。

$$\begin{cases} H_0 : \alpha_1 = \alpha_2 = \cdots = \alpha_n \\ H_1 : H_0 ではない \end{cases} \quad を有意水準5\%で検証する \qquad (12.22)$$

この検定は第6章で学んだ F 検定の直接的な応用例です。制約の数は H_0 より $n-1$ 個であることがわかります。H_0 モデルの残差と、H_1 モデルの残差を算出し、F 検定をすればよいことになります。

H_0 のもとでの残差2乗和は、プーリングされたモデルの残差2乗和です。H_1 のもとでの残差2乗和は、固定効果推定量の残差2乗和です。これら2つの残差を用いて、F 値は以下で求められます。

$$F = \frac{(\sum_{i=1}^{n} \sum_{t=1}^{T} (\hat{\epsilon}_{it}^{pool})^2 - \sum_{i=1}^{n} \sum_{t=1}^{T} \hat{\epsilon}_{it}^{FE2})/(n-1)}{\sum_{i=1}^{n} \sum_{t=1}^{T} \hat{\epsilon}_{it}^{FE2}/(nT-n-1)} \qquad (12.23)$$

自由度 $(n-1, nT-n-1)$ の F 分布の上側5%点を棄却域の臨界点として求め、上の F 値と比較をします。H_0 が棄却されれば、個別効果はすべて等しくはないといえ、個別効果が存在していると結論づけられます。

一般に説明変数が K 個ある場合は，

$$F = \frac{(\Sigma_{i=1}^{n} \Sigma_{t=1}^{T} (\hat{\epsilon}_{it}^{pool})^2 - \Sigma_{i=1}^{n} \Sigma_{t=1}^{T} \hat{\epsilon}_{it}^{FE2})/(n-1)}{\Sigma_{i=1}^{n} \Sigma_{t=1}^{T} \hat{\epsilon}_{it}^{FE2}/(nT-n-K)} \quad (12.24)$$

であり，分母の自由度を修正する必要があります。このとき，自由度 $(n-1, nT-n-K)$ の F 分布の上側 5% 点を棄却域の臨界点を用いて検定を行えばよいことになります。

| Excel 例 | 地方別消費関数の固定効果の検定[4] |

前 Excel 例と同じデータを用い，以下の消費関数のプーリング推定を行います。

$$C_{it} = \beta Y_{it} + \alpha + u_{it} \quad (i = 1, 2, \cdots, 8, \ t = 1, \cdots, 5) (12.25)$$

推定結果は，以下となります。

$$\hat{C}_{it} = 172834.24 + 0.32 \, \hat{Y}_{it} \quad (12.26)$$
$$\quad (10.73) \quad (8.63)$$
$$R^2 = 0.662, \quad \bar{R}^2 = 0.653, \quad s = 8157.619$$

β の推定値が LSDV 推定あるいは固定効果推定の結果と大きく異なることが確認できました。

図 12-2 を見ると，LSDV モデルとは異なり，1 本の回帰式を推定していること，定数項ダミーによる地方別の平均値の調整が行われていないことで，傾きが大きくなったことが確認できます。

次に，以下の仮説の検定を有意水準 5% で行います。

$$\begin{cases} H_0 : \alpha_1 = \alpha_2 = \cdots = \alpha_8 \\ H_1 : H_0 ではない \end{cases} \quad (12.27)$$

---

4 WEB 解説 12.3 および WEB 演習 12.3 の「固定効果の検定と POOL されたモデル」参照。

■図12–2　POOLされた推定量の推定値と元データ

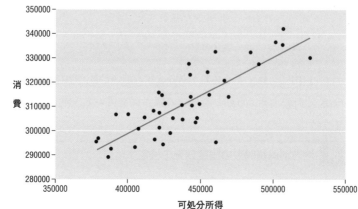

制約の数は7個です。検定統計量は，$n = 8, T = 5$ より自由度 $(7, 31)$ の F 分布にしたがいます。上側5%の棄却域の臨界点は $F_{0.05} = 2.32$ です。

　プーリング推定の残差2乗和と固定効果推定の残差2乗和より F 値は以下のように求められます。

$$F = \frac{(2528776127.81 - 1363491035.73)/(8 - 1)}{1363491035.73/(40 - 8 - 1)} = 3.70 > 2.32 \tag{12.28}$$

有意水準5%で，H_0 は棄却されます。したがって固定効果が存在しているといえます。

―――――――――――――――― **練 習 問 題** ――――――――――――――

1. 個別効果とは何か説明せよ。

2. パネル・データのメリットは何か説明せよ。

3. 北海道地方と沖縄地方のデータも用い，地方別の消費と可処分所得のモデルを，
   (1) LSDV 推定をせよ。
   (2) 固定効果推定をせよ。
   (3) 固定効果の有無の検定をせよ。

補　論　固定効果モデルの導出：α_i と X_{it} に相関がある場合

以下は，本章の範囲を超える内容であるため，読み飛ばしてもかまいません。ここでは，モデルの基本形 (12.3) から固定効果モデル (12.4) が導かれる考え方を説明します（より厳密な説明については，山本（2022）第 12 章を参照）。

個別効果 α_i には説明変数 Z_i と W_i が含まれていることに注目します。一般に Z_i や W_i は確率的変動が含まれていると考えられます。したがって，α_i は確率変数であると考えられます。ここで，モデルの基本形 (12.3) を OLS 推定することを考えてみます。このモデルの撹乱項 u_{it} は (12.3) で明らかなように α_i を含んでいます。もし $Cov(\alpha_i, X_{it}) \neq 0$ である場合は，説明変数と撹乱項は相関をもつことになり，OLS は不偏性や一致性をもちません。

本章で紹介した固定効果モデルは，この問題を回避するために α_i を確率変数の i 番目の実現値としてみなして，撹乱項 u_{it} から取り出してモデルの i 毎に変化する定数項とする方法です。このようにすれば，説明変数 X_{it} と（残りの）撹乱項との相関は防げます。

一方，$Cov(\alpha_i, X_{it}) = 0$ の場合は，モデルの基本形 (12.3) を直接的に（一般化）最小 2 乗法で推定することができます。このようにパネル分析においては，説明変数と撹乱項の相関の具合により異なったモデルが適していることになります（詳しくは，山本（2022）の第 12 章 3 節のランダム効果モデルを参照）。なお $Cov(\alpha_i, X_{it}) = 0$ の場合にも固定効果モデルを用いることは可能です。ただしその場合にはランダム効果モデルより効率性が落ちることが知られています。

付　録

実証分析の
レポート作成手順

A.1　公的データの取り出し方

　実証分析のレポートを作成するには，テキストで学習した計量経済学の知識の他に，「分析したいテーマ」と「データ」が必要となります。分析したいテーマについては，ミクロ経済学やマクロ経済学の教科書に譲ることとし，ここではデータの準備の仕方の解説を行っていきます。

　例として，第7章で解説した，消費関数の推定に使用したデータの収集方法を解説します。データは，政府統計のサイト「e-stat」からダウンロードすることができます。

▶ A.1.1　消費関数に必要なデータ

　消費関数の分析で使用した，実質民間最終消費支出，実質国民総可処分所得，家計の金融資産残高とデフレーターの例を紹介します。最初の2つのデータの出所はGoogleで検索すると内閣府『国民経済計算』に含まれるデータであることがわかります。したがって，政府統計なので政府統計のサイトを利用します。

　GDP関連統計の取り出し方の概略を解説します。

(1)　e-stat，もしくは，『政府統計の総合窓口』を開く

(2)　「統計データを探す」カテゴリーの「主要な統計から探す」

(3) 「企業・家計・経済」カテゴリーの『国民経済計算』

(4) 「国民経済計算確報」を開く

(5) 「平成 21 年度確報 フロー編 年次」

(6) 「2009 年」を選ぶと，大きなリストが現れる

(7) 「4. 主要系列表」の中の「実質：固定基準方式 暦年」の Excel をクリック

ダウンロードした表の中から，実質民間最終消費支出と実質国民総可処分所得を探してください。GDP デフレーターも同様にして取り出せます。

手順(7)の「暦年」の意味は，カレンダーと同じ 1 月から 12 月を 1 年とするという意味です。一方，「年度」は財政年度や学制に対応して 4 月から 3 月までを 1 年とする区切り方です。とくに指定がない限り，年次データでは「暦年」データを使うようにしましょう。

データのダウンロードの際は，データの出所，基準年，正式名称を記入しておきます。これは，似たようなデータがたくさんあると，ダウンロードしたデータがどれかわからないためです。また，レポートでまとめる際にも出所が必要となります。ここで紹介していない変数も e-stat や Google で検索すればダウンロード可能ですので，探してみましょう。ただし日経 NEEDS などのデータベースが利用可能なときは，データの加工が楽になるのでそちらを利用することをお勧めします。

▶ A.1.2　その他のデータ

ここでは，実証レポートのアイディアとして，上記とは異なったタイプのデータを紹介します。

(1) 県別データ：各県のデータを比較することにより，県の特性（県民性）とその要因を調べることができます。県のさまざまな特徴は，Google で「県別ランキング」として検索すると，さまざまな事項についての県別ランキングがでてきます。これを第 10 章の脚注 5 で紹介したような県別の経済データに関連づけることにより，県の特性について一歩踏み込んだ分析ができると思います。

(2) 国際データ：各国のモデルを比較することにより，国際比較が可能となります。たとえば，国際通貨基金（International Monetary Fund；IMF）のデー

タは，http://www.imf.org/external/data.htm に与えられています。もっと
もこれは英語で検索することになりますが，その検索の仕方の日本語による説
明は，「WEO（世界経済見通し）データベース検索のヒント–IMF」として検
索できますので，これらのデータを取り出すこともそれほど難しくないと思い
ます。

▶ A.1.3　分析に使用するデータがわからないとき

「分析したいテーマがあるのに，どのデータを使えば分析できるかわからな
い。」このような状況は大変よく生じます。株価など明らかに使うデータがわか
る場合以外は，そのテーマについて書かれている文献を探します。たとえば，消
費関数の文献，フィリップス曲線の文献などです。これらの文献の中で，デー
タを使った分析が記載されていれば，その使用したデータと同じデータを使っ
て分析できます。文献は図書館やインターネット検索で探しましょう。ただし
インターネットには，誤ったレポートなども存在するので，大学や研究機関で
公表されている文献を参照したほうがよいでしょう。

現在は数多くのデータが簡単に入手できますが，残念なことに，分析したい
データが見つからない場合もあります。その場合は分析することができません
ので，テーマを変更しなければなりません。

A.2　文章の体裁と構成

分析結果が揃えば，レポートの執筆に入ります。レポートの例が本付録の末
尾にあります。そこでは例として，テキストの中で解説している消費関数の分
析結果をまとめています。

レポートの体裁を整えるために，以下の点が記述されているか確認しましょう。

- タイトル（自分が分析した内容がわかる題名を付ける）
- 名前，所属，学籍番号
- 連絡先
- ページ番号

● 表番号，表のタイトル，図番号，図のタイトル

● 数式番号

その他にも，参考文献の書き方とそれらの文中での引用の仕方，数式番号の引用の仕方なども参考にしてください。

以下には，レポート本文の構成を一例として挙げておきます。

(1)　はじめに

(2)　モデルの解説

(3)　データの解説

(4)　分析結果

(5)　まとめ

(6)　参考文献（節番号などは付けずにまとめる）

以下のレポート例における各節（項目）の内容は本書の対応部分と同じ文言になっていますので，例題と同じ分析を行えば，このレポートを書くことができることになります。卒業論文など，より進んだ実証分析を行う際には，このレポート例よりもさらに詳細に，先行文献の流れやモデルの解説を行う必要があります。ここでは計量経済学に重点を置いているので，データの解説，推定結果や分析結果の書き方をとくに参考にしてください。「モデルの解説」や，モチベーションを示す「はじめに」の箇所は，マクロ経済学やミクロ経済学の教科書を参考に書き加えてみてください。

消費関数の分析
（計量経済学レポート）

経済学部経済学科 3 年
ECO123456　竹内 明香 *

202X 年 1 月

1. はじめに

　GDP の変動は日本の景気の変動を表し，GDP が増えれば景気が上昇する。2021 年の名目 GDP に占める消費額（家計最終消費支出）の割合は，その他の項目よりも高く 52%だった。次に多い政府最終消費支出の 22%と比較しても，倍以上の割合を占めている。したがって，個人消費（家計最終消費支出）の変動は景気上昇と景気後退の重要な要素と考えられる。そこで本稿では，消費の変動要因となっているものは何か，また，構造変化が生じているか否かの分析を行いたい。

2. モデル：消費関数

　浅子他（2009）では，消費は所得だけでなく，金融資産に依存していると指摘している。この仮説を流動資産仮説と呼ぶ。そこで，本稿では以下のモデルを分析する。

$$RC_i = \beta_1 + \beta_2 RYD_i + \beta_3 RMA_i + u_i \tag{1}$$
$$\beta_1 > 0, \quad 0 < \beta_2 < 1, \quad 0 < \beta_3 < 1$$

ここで，RC_i は i 年の実質消費，RYD_i は実質所得，RMA_i は実質金融資産残高である。上式の β_1 は所得がない状態でも生活のために必要な消費支出を表し，基礎消費と呼ばれる。β_2 は限界消費性向で，所得が 1 単位増加したとき，消費額が β_2 単位増えることを示す。最後に，β_3 は，金融資産が 1 単位増加したとき，増加する消費額を表している。本稿では (1) のモデルを推定し，消費を説明する要因として，所得だけでなく金融資産も必要か否か検討する。

---

*e-mail：*****@sophia.ac.jp

1

3.　データ

　推定に使用したデータは次の通りである。まず，実質消費 RC_i と実質所得 RYD_i には，内閣府『国民経済計算』から，平成 12 暦年基準（固定基準方式）の実質民間最終消費支出と実質国民総可処分所得を使用した。次に，実質金融資産残高 RMA_i を算出するために，内閣府『国民経済計算』から同基準年の名目金融資産残高と GDP デフレーターを使用した。具体的には，GDP デフレーター（$PGDP_i$）を使用して，名目金融資産残高（MA_i）を，実質金融資産残高（RMA_i）へ変換している。

$$RMA_i = \frac{MA_i}{PGDP_i} \times 100 \tag{2}$$

　1980 年から 2007 年まで 28 年間の年データを分析に使用した。データの基本統計量を**表 1** に，時系列の推移を**図 1** へまとめる。**図 1** より，RMA の変化が実質消費と所得の変化よりも大きいことがわかる。**表 1** を見ても，RMA の標準偏差が大きいことが確認できる。

表 1　基本統計量

	RC	RYD	RMA
平　均	254904.95	451934.63	1111135.07
標準偏差	7972.75	15072.50	71150.82

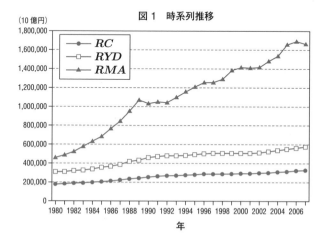

図 1　時系列推移

2

4. 推定結果

推定結果は以下のようになった。

$$\hat{RC_i} = 44381.4 + 0.395RYD_i + 0.0286RMA_i \qquad (3)$$
$$(7.08) \qquad (14.42) \qquad (4.92)$$

$$R^2 = 0.997, \quad \bar{R}^2 = 0.997, \quad s = 2443.1$$

ここで，s は撹乱項の標準誤差，カッコ内の値は t 値を表している。

最初に，(1) に示されている符号条件については，すべてのパラメーター推定値が符号条件を満たしていることが確認できる。

次に推定パラメーターの有意性の検定を行う。検定する仮説は以下の通りである。

$$\begin{cases} H_0 : \beta_i = 0 \\ H_1 : \beta_i \neq 0 \end{cases} \quad (i = 1, 2, 3) \qquad (4)$$

このとき，t 統計量は自由度 25 の t 分布にしたがい有意水準 5% の臨界値は統計表より $t_{25,0.025} = 2.060$ として求められる。したがって β_1 では t 値 $= 7.08 > t_{25,0.05}$ より，有意水準 5% で H_0 は棄却される。次に，β_2 と β_3 の仮説検定においても，t 値はそれぞれ 14.41 と 4.92 なので，有意水準 5% で H_0 を棄却する。以上から，3 つのパラメーターは，有意水準 5% で有意となった。したがって，消費は所得だけでなく，金融資産残高にも影響を受けているといえる。

推定結果 (3) から，決定係数の値は $\bar{R}^2 = 0.997$ と高く，モデルのあてはまりはよいことが確認できる。また，所得と金融資産残高の係数の推定値を比較すると，所得が 0.395 に対し，金融資産残高が 0.0286 となり，所得の係数のほうが大きな値となった。所得と金融資産のどちらかが 1 単位増えた場合，消費の増額は所得が 1 単位増えた場合のほうが大きいといえる。

ここまで，1980 年から 2007 年のデータで消費関数を推定してきた。しかし，消費者の行動は，この 28 年間で変化している可能性がある。そこで，1990 年のバブル崩壊時点を境に，構造変化の検定を行う。1991 年からすべてのパラメーターが変化する可能性のあるモデルは，以下で与えられる。

前半：$RC_i = \beta_1^* + \beta_2^* RYD_i + \beta_3^* RMA_i + v_i \quad (i = 1980, \cdots, 1990)$

後半：$RC_i = \beta_1' + \beta_2' RYD_i + \beta_3' RMA_i + v_i \quad (i = 1991, \cdots, 2007)$

3

ここで検定する仮説は，以下で与えられる。

$$\begin{cases} H_0 : \beta_1^* = \beta_1', \quad \beta_2^* = \beta_2', \quad \beta_3^* = \beta_3' \quad (\text{構造変化なし}) \\ H_1 : H_0 \text{ ではない} \quad \text{を有意水準 } 5\% \text{で検定} \end{cases} \tag{5}$$

山本（2022）より F 統計量は，制約の数が $G = 3$，H_1 モデルのパラメーターの数が $k = 6$ より，

$$F = \frac{(SSE_0 - SSE_1)/3}{SSE_1/(28 - 6)} \tag{6}$$

として計算される。ここで，SSE_0 は H_0 モデルのもとでの残差 2 乗和，SSE_1 は H_1 モデルのもとでの残差 2 乗和である。この F 統計量は $F_{3,22}$ 分布にしたがい，有意水準 5% の棄却域の臨界点は $F_{3,22,0.05} = 3.05$ となる。

推定結果から，SSE_0 は $SSE_0 = \sum_{i=1}^{n} \hat{v}_i^2 = 148977656.8$，$SSE_1$ は前半期の残差 2 乗和 SSE_{11} と後半期の残差 2 乗和 SSE_{12} を足して，$SSE_1 = SSE_{11} + SSE_{12} = 24038153.61 + 93883148.14 = 117921301.8$ となった。したがって，

$$F^* = \frac{(148977656.8 - 117921301.8)/3}{117921301.8/(28 - 6)} = 1.93 \tag{7}$$

である。$F^* < 3.05$ より，帰無仮説は有意水準 5% で棄却されなかった。したがって，1991 年に有意な構造変化があったとはいえない。

5. おわりに

本稿では，消費が所得と金融資産に依存するか否か，また，1991 年を境に消費行動に変化が生じたか否かの分析を行った。推定の結果から，所得と金融資産は，消費に対して有意に影響を与えていることが t 検定の結果より示された。この結果を受け，消費が所得と金融資産の両方に依存しているモデルを使い，構造変化の検定を行ったところ，バブル崩壊期には消費行動における構造変化は確認されなかった。

参 考 文 献

[1] 浅子和美・加納悟・倉澤資成（2009）『マクロ経済学　第 2 版』，新世社。
[2] 山本拓（2022）『計量経済学　第 2 版』，新世社。

参 考 文 献

■ 統 計 学
［初級］
D. ロウントリー　加納悟（訳）（2001）『新・涙なしの統計学』新世社。

鳥居泰彦（1994）『はじめての統計学』日本経済新聞社。

［中級］
加納悟・浅子和美・竹内明香（2011）『入門 経済のための統計学　第3版』日本評論社。

刈屋武昭・勝浦正樹（2008）『統計学　第2版』東洋経済新報社。

大屋幸輔（2020）『コア・テキスト 統計学　第3版』新世社。

田中勝人（2011）『基礎コース 統計学　第2版』新世社。

沖本竜義（2010）『経済・ファイナンスデータの計量時系列分析』朝倉書店。

■ 計 量 経 済 学
［初級］
白砂堤津耶（2007）『例題で学ぶ 初歩からの計量経済学　第2版』日本評論社。

［中級］
羽森茂之（2009）『ベーシック計量経済学』中央経済社。

森棟公夫（1999）『計量経済学』東洋経済新報社。

山本拓（2022）『計量経済学　第2版』新世社。

［上級］
浅野皙・中村二朗（2009）『計量経済学　第2版』有斐閣。

西山慶彦・新谷元嗣・川口大司・奥井亮（2019）『計量経済学』有斐閣。

■ 経 済 統 計

小巻泰之（2002）『入門 経済統計——統計的事実と経済実態』日本評論社。

梅田雅信・宇都宮浄人（2009）『経済統計の活用と論点　第3版』東洋経済新報社。

■ Excel を用いた計量分析の解説

藤林宏・袖山則宏・矢野学・角谷大輔（2009）『Excel で学ぶファイナンス2 証券投資分析　第3版』社団法人金融財政事情研究会。

縄田和満（1998）『Excel による回帰分析入門』朝倉書店。

■ Excel 以外の計量パッケージ・プログラムの解説

以下はいずれも，中級レベルあるいはそれ以上の計量分析を対象としています。なお，計量パッケージ・プログラムは一般的に有料で，gretl（グレーテル）のみが無料です。gretl は http://gretl.sourceforge.net/ よりダウンロード可能です。

加藤久和（2012）『gretl で計量経済分析』日本評論社。

松浦克己・C. マッケンジー（2005）『Eviews による計量経済学入門』東洋経済新報社。

松浦寿幸（2021）『Stata によるデータ分析入門　第3版——経済分析の基礎から因果推論まで』東京図書。

和合肇・伴金美（1995）『TSP による経済データの分析　第2版』東京大学出版会。

■ 応　　用

小林孝雄・芹田敏夫（2009）『新・証券投資論I　理論篇』日本証券アナリスト協会編，日本経済新聞出版社。

小川一夫・得津一郎（2002）『日本経済：実証分析のすすめ』有斐閣。

付　表

表1 (a)　正規分布

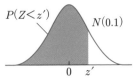

$$P(Z < z') = \int_{-\infty}^{z'} \frac{1}{\sqrt{2\pi}} e^{-\frac{z^2}{2}} dz$$

z'	.00	.01	.02	.03	.04	.05	.06	.07	.08	.09
.0	.5000	.5040	.5080	.5120	.5160	.5199	.5239	.5279	.5319	.5359
.1	.5398	.5438	.5478	.5517	.5557	.5596	.5636	.5675	.5714	.5753
.2	.5793	.5832	.5871	.5910	.5948	.5987	.6026	.6064	.6103	.6141
.3	.6179	.6217	.6255	.6293	.6331	.6368	.6406	.6443	.6480	.6517
.4	.6554	.6591	.6628	.6664	.6700	.6736	.6772	.6808	.6844	.6879
.5	.6915	.6950	.6985	.7019	.7054	.7088	.7123	.7157	.7190	.7224
.6	.7257	.7291	.7324	.7357	.7389	.7422	.7454	.7486	.7517	.7549
.7	.7580	.7611	.7642	.7673	.7704	.7734	.7764	.7794	.7823	.7852
.8	.7881	.7910	.7939	.7967	.7995	.8023	.8051	.8078	.8106	.8133
.9	.8159	.8186	.8212	.8238	.8264	.8289	.8315	.8340	.8365	.8389
1.0	.8413	.8438	.8461	.8485	.8508	.8531	.8554	.8577	.8599	.8621
1.1	.8643	.8665	.8686	.8708	.8729	.8749	.8770	.8790	.8810	.8830
1.2	.8849	.8869	.8888	.8907	.8925	.8944	.8962	.8980	.8997	.9015
1.3	.9032	.9049	.9066	.9082	.9099	.9115	.9131	.9147	.9162	.9177
1.4	.9192	.9207	.9222	.9236	.9251	.9265	.9279	.9292	.9306	.9319
1.5	.9332	.9345	.9357	.9370	.9382	.9394	.9406	.9418	.9429	.9441
1.6	.9452	.9463	.9474	.9484	.9495	.9505	.9515	.9525	.9535	.9545
1.7	.9554	.9564	.9573	.9582	.9591	.9599	.9608	.9616	.9625	.9633
1.8	.9641	.9649	.9656	.9664	.9671	.9678	.9686	.9693	.9699	.9706
1.9	.9713	.9719	.9726	.9732	.9738	.9744	.9750	.9756	.9761	.9767
2.0	.9772	.9778	.9783	.9788	.9793	.9798	.9803	.9808	.9812	.9817
2.1	.9821	.9826	.9830	.9834	.9838	.9842	.9846	.9850	.9854	.9857
2.2	.9861	.9864	.9868	.9871	.9875	.9878	.9881	.9884	.9887	.9890
2.3	.9893	.9896	.9898	.9901	.9904	.9906	.9909	.9911	.9913	.9916
2.4	.9918	.9920	.9922	.9925	.9927	.9929	.9931	.9932	.9934	.9936
2.5	.9938	.9940	.9941	.9943	.9945	.9946	.9948	.9949	.9951	.9952
2.6	.9953	.9955	.9956	.9957	.9959	.9960	.9961	.9962	.9963	.9964
2.7	.9965	.9966	.9967	.9968	.9969	.9970	.9971	.9972	.9973	.9974
2.8	.9974	.9975	.9976	.9977	.9977	.9978	.9979	.9979	.9980	.9981
2.9	.9981	.9982	.9982	.9983	.9984	.9984	.9985	.9985	.9986	.9986
3.0	.9987	.9987	.9987	.9988	.9988	.9989	.9989	.9989	.9990	.9990
3.1	.9990	.9991	.9991	.9991	.9992	.9992	.9992	.9992	.9993	.9993
3.2	.9993	.9993	.9994	.9994	.9994	.9994	.9994	.9995	.9995	.9995
3.3	.9995	.9995	.9995	.9996	.9996	.9996	.9996	.9996	.9996	.9997
3.4	.9997	.9997	.9997	.9997	.9997	.9997	.9997	.9997	.9997	.9998

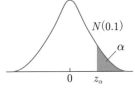

表1 (b)

$P(Z > z_a) = \alpha$ である z_a の値

α	0.4	0.3	0.2	0.15	0.10	0.05	**0.025**	0.01	0.005
z_a	0.253	0.524	0.842	1.037	1.282	1.645	**1.960**	2.326	2.576

258

表2 t 分 布

$P(t > t_{m,\alpha}) = \alpha$ である $t_{m,\alpha}$ の値

自由度 m の t 分布

自由度 m	$\alpha = 0.10$	$\alpha = 0.05$	$\alpha = 0.025$	$\alpha = 0.01$	$\alpha = 0.005$
1	3.078	6.314	**12.706**	31.821	63.657
2	1.886	2.920	**4.303**	6.965	9.925
3	1.638	2.353	**3.182**	4.541	5.841
4	1.533	2.132	**2.776**	3.747	4.604
5	1.476	2.015	**2.571**	3.365	4.032
6	1.440	1.943	**2.447**	3.143	3.707
7	1.415	1.895	**2.365**	2.998	3.499
8	1.397	1.860	**2.306**	2.896	3.355
9	1.383	1.833	**2.262**	2.821	3.250
10	1.372	1.812	**2.228**	2.764	3.169
11	1.363	1.796	**2.201**	2.718	3.106
12	1.356	1.782	**2.179**	2.681	3.055
13	1.350	1.771	**2.160**	2.650	3.012
14	1.345	1.761	**2.145**	2.624	2.977
15	1.341	1.753	**2.131**	2.602	2.947
16	1.337	1.746	**2.120**	2.583	2.921
17	1.333	1.740	**2.110**	2.567	2.898
18	1.330	1.734	**2.101**	2.552	2.878
19	1.328	1.729	**2.093**	2.539	2.861
20	1.325	1.725	**2.086**	2.528	2.845
21	1.323	1.721	**2.080**	2.518	2.831
22	1.321	1.717	**2.074**	2.508	2.819
23	1.319	1.714	**2.069**	2.500	2.807
24	1.318	1.711	**2.064**	2.492	2.797
25	1.316	1.708	**2.060**	2.485	2.787
26	1.315	1.706	**2.056**	2.479	2.779
27	1.314	1.703	**2.052**	2.473	2.771
28	1.313	1.701	**2.048**	2.467	2.763
29	1.311	1.699	**2.045**	2.462	2.756
∞	1.282	1.645	**1.960**	2.326	2.576

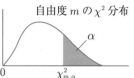

自由度 m の χ^2 分布

表3 χ^2 分 布

$P(\chi^2 > x_{m,\alpha}^2) = \alpha$ である $\chi_{m,\alpha}^2$ の値

$m \backslash \alpha$	0.995	0.99	0.975	0.95	0.05	0.025	0.01	0.005
1	0.0000393	0.000157	0.000982	0.00393	**3.841**	5.024	6.635	7.879
2	0.0100	0.0201	0.0506	0.103	**5.991**	7.378	9.210	10.597
3	0.717	0.115	0.216	0.352	**7.815**	9.348	11.345	12.838
4	0.207	0.297	0.484	0.711	**9.488**	11.143	13.277	14.860
5	0.412	0.554	0.831	1.145	**11.070**	12.832	15.086	16.750
6	0.676	0.872	1.237	1.635	**12.592**	14.449	16.812	18.548
7	0.989	1.239	1.690	2.167	**14.067**	16.013	18.475	20.278
8	1.344	1.646	2.180	2.733	**15.507**	17.535	20.090	21.955
9	1.735	2.088	2.700	3.325	**16.919**	19.023	21.666	23.589
10	2.156	2.558	3.247	3.940	**18.307**	20.483	23.209	25.188
11	2.603	3.053	3.816	4.575	**19.675**	21.920	24.725	26.757
12	3.074	3.571	4.404	5.226	**21.026**	23.337	26.217	28.300
13	3.565	4.107	5.009	5.892	**22.362**	24.736	27.688	29.819
14	4.075	4.660	5.629	6.571	**23.685**	26.119	29.141	31.319
15	4.601	5.229	6.262	7.261	**24.996**	27.488	30.578	32.801
16	5.142	5.812	6.908	7.962	**26.296**	28.845	32.000	34.267
17	5.697	6.408	7.564	8.672	**27.587**	30.191	33.409	35.718
18	6.265	7.015	8.231	9.390	**28.869**	31.526	34.805	37.156
19	6.844	7.633	8.907	10.117	**30.144**	32.852	36.191	38.582
20	7.434	8.260	9.591	10.851	**31.410**	34.170	37.566	39.997
21	8.034	8.897	10.283	11.591	**32.671**	35.479	38.932	41.401
22	8.643	9.542	10.982	12.338	**33.924**	36.781	40.289	42.796
23	9.260	10.196	11.689	13.091	**35.172**	38.076	41.638	44.181
24	9.886	10.856	12.401	13.848	**36.415**	39.364	42.980	45.558
25	10.520	11.524	13.120	14.611	**37.652**	40.646	44.314	46.928
26	11.160	12.198	13.844	15.379	**38.885**	41.923	45.642	48.290
27	11.808	12.879	14.573	16.151	**40.113**	43.194	46.963	49.645
28	12.461	13.565	15.308	16.928	**41.337**	44.461	48.278	50.993
29	13.121	14.256	16.047	17.708	**42.557**	45.722	49.588	52.336
30	13.787	14.953	16.791	18.493	**43.773**	46.979	50.892	53.672

自

由

度

表4　*F* 分布

$P(F > F_{m_1,m_2,0.05}) = 0.05$ である $F_{m_1,m_2,0.05}$ の値

自由度 m_1, m_2 の *F* 分布

m_1（分子の自由度）

m_2（分母の自由度）

	1	2	3	4	5	6	7	8	9	10	12	15	20	24	30	40	60	120	∞
1	161	200	216	225	230	234	237	239	241	242	244	246	248	249	250	251	252	253	254
2	18.5	19.0	19.2	19.2	19.3	19.3	19.4	19.4	19.4	19.4	19.4	19.4	19.4	19.5	19.5	19.5	19.5	19.5	19.5
3	10.1	9.55	9.28	9.12	9.01	8.94	8.89	8.85	8.81	8.79	8.74	8.70	8.66	8.64	8.62	8.59	8.57	8.55	8.53
4	7.71	6.94	6.59	6.39	6.26	6.16	6.09	6.04	6.00	5.96	5.91	5.86	5.80	5.77	5.75	5.72	5.69	5.66	5.63
5	6.61	5.79	5.41	5.19	5.05	4.95	4.88	4.82	4.77	4.74	4.68	4.62	4.56	4.53	4.50	4.46	4.43	4.40	4.37
6	5.99	5.14	4.76	4.53	4.39	4.28	4.21	4.15	4.10	4.06	4.00	3.94	3.87	3.84	3.81	3.77	3.74	3.70	3.67
7	5.59	4.74	4.35	4.12	3.97	3.87	3.79	3.73	3.68	3.64	3.57	3.51	3.44	3.41	3.38	3.34	3.30	3.27	3.23
8	5.32	4.46	4.07	3.84	3.69	3.58	3.50	3.44	3.39	3.35	3.28	3.22	3.15	3.12	3.08	3.04	3.01	2.97	2.93
9	5.12	4.26	3.86	3.63	3.48	3.37	3.29	3.23	3.18	3.14	3.07	3.01	2.94	2.90	2.86	2.83	2.79	2.75	2.71
10	4.96	4.10	3.71	3.48	3.33	3.22	3.14	3.07	3.02	2.98	2.91	2.85	2.77	2.74	2.70	2.66	2.62	2.58	2.54
11	4.84	3.98	3.59	3.36	3.20	3.09	3.01	2.95	2.90	2.85	2.79	2.72	2.65	2.61	2.57	2.53	2.49	2.45	2.40
12	4.75	3.89	3.49	3.26	3.11	3.00	2.91	2.85	2.80	2.75	2.69	2.62	2.54	2.51	2.47	2.43	2.38	2.34	2.30
13	4.67	3.81	3.41	3.18	3.03	2.92	2.83	2.77	2.71	2.67	2.60	2.53	2.46	2.42	2.38	2.34	2.30	2.25	2.21
14	4.60	3.74	3.34	3.11	2.96	2.85	2.76	2.70	2.65	2.60	2.53	2.46	2.39	2.35	2.31	2.27	2.22	2.18	2.13
15	4.54	3.68	3.29	3.06	2.90	2.79	2.71	2.64	2.59	2.54	2.48	2.40	2.33	2.29	2.25	2.20	2.16	2.11	2.07
16	4.49	3.63	3.24	3.01	2.85	2.74	2.66	2.59	2.54	2.49	2.42	2.35	2.28	2.24	2.19	2.15	2.11	2.06	2.01
17	4.45	3.59	3.20	2.96	2.81	2.70	2.61	2.55	2.49	2.45	2.38	2.31	2.23	2.19	2.15	2.11	2.06	2.01	1.96
18	4.41	3.55	3.16	2.93	2.77	2.66	2.58	2.51	2.46	2.41	2.34	2.27	2.19	2.15	2.11	2.06	2.02	1.97	1.92
19	4.38	3.52	3.13	2.90	2.74	2.63	2.54	2.48	2.42	2.38	2.31	2.23	2.16	2.11	2.07	2.03	1.98	1.93	1.88
20	4.35	3.49	3.10	2.87	2.71	2.60	2.51	2.45	2.39	2.35	2.28	2.20	2.12	2.08	2.04	1.99	1.95	1.90	1.84
21	4.32	3.47	3.07	2.84	2.68	2.57	2.49	2.42	2.37	2.32	2.25	2.18	2.10	2.05	2.01	1.96	1.92	1.87	1.81
22	4.30	3.44	3.05	2.82	2.66	2.55	2.46	2.40	2.34	2.30	2.23	2.15	2.07	2.03	1.98	1.94	1.89	1.84	1.78
23	4.28	3.42	3.03	2.80	2.64	2.53	2.44	2.37	2.32	2.27	2.20	2.13	2.05	2.01	1.96	1,91	1.86	1.81	1.76
24	4.26	3.40	3.01	2.78	2.62	2.51	2.42	2.36	2.30	2.25	2.18	2.11	2.03	1.98	1.94	1.89	1.84	1.79	1.73
25	4.24	3.39	2.99	2.76	2.60	2.49	2.40	2.34	2.28	2.24	2.16	2.09	2.01	1.96	1.92	1.87	1.82	1.77	1.71
30	4.17	3.32	2.92	2.69	2.53	2.42	2.33	2.27	2.21	2.16	2.09	2.01	1.93	1.89	1.84	1.79	1.74	1.68	1.62
40	4.08	3.23	2.84	2.61	2.45	2.34	2.25	2.18	2.12	2.08	2.00	1.92	1.84	1.79	1.74	1.69	1.64	1.58	1.51
60	4.00	3.15	2.76	2.53	2.37	2.25	2.17	2.10	2.04	1.99	1.92	1.84	1.75	1.70	1.65	1.59	1.53	1.47	1.39
120	3.92	3.07	2.68	2.45	2.29	2.18	2.09	2.02	1.96	1.91	1.83	1.75	1.66	1.61	1.55	1.50	1.43	1.35	1.25
∞	3.84	3.00	2.60	2.37	2.21	2.10	2.01	1.94	1.88	1.83	1.75	1.67	1.57	1.52	1.46	1.39	1.32	1.22	1.00

表5 ダービン=ワトソン値の表

$P(d_{n,m}^L < d_{n,m,0.05}^L) = 0.05$ である $d_{n,m,0.05}^L$ の値（$d_{n,m,0.05}^L$ を d_L と略す） および
$P(d_{n,m}^U < d_{n,m,0.05}^U) = 0.05$ である $d_{n,m,0.05}^U$ の値（$d_{n,m,0.05}^U$ を d_U と略す）

説明変数の数（定数項を除く）

n	$m=1$		$m=2$		$m=3$		$m=4$		$m=5$	
	d_L	d_U	d_L	d_U	d_L	d_U	d_L	d_U	d_L	d_U
15	1.08	1.36	0.95	1.54	0.82	1.75	0.69	1.97	0.56	2.21
16	1.10	1.37	0.98	1.54	0.86	1.73	0.74	1.93	0.62	2.15
17	1.13	1.38	1.02	1.54	0.90	1.71	0.78	1.90	0.67	2.10
18	1.16	1.39	1.05	1.53	0.93	1.69	0.82	1.87	0.71	2.06
19	1.18	1.40	1.08	1.53	0.97	1.68	0.86	1.85	0.75	2.02
20	1.20	1.41	1.10	1.54	1.00	1.68	0.90	1.83	0.79	1.99
21	1.22	1.42	1.13	1.54	1.03	1.67	0.93	1.81	1.83	1.96
22	1.24	1.43	1.15	1.54	1.05	1.66	0.96	1.80	0.86	1.94
23	1.26	1.44	1.17	1.54	1.08	1.66	0.99	1.79	0.90	1.92
24	1.27	1.45	1.19	1.55	1.10	1.66	1.01	1.78	0.93	1.90
25	1.29	1.45	1.21	1.55	1.12	1.66	1.04	1.77	0.95	1.89
26	1.30	1.46	1.22	1.55	1.14	1.65	1.06	1.76	0.98	1.88
27	1.32	1.47	1.24	1.56	1.16	1.65	1.08	1.76	1.01	1.86
28	1.33	1.48	1.26	1.56	1.18	1.65	1.10	1.75	1.03	1.85
29	1.34	1.48	1.27	1.56	1.20	1.65	1.12	1.74	1.05	1.84
30	1.35	1.49	1.28	1.57	1.21	1.65	1.14	1.74	1.07	1.83
31	1.36	1.50	1.30	1.57	1.23	1.65	1.16	1.74	1.09	1.83
32	1.37	1.50	1.31	1.57	1.24	1.65	1.18	1.73	1.11	1.82
33	1.38	1.51	1.32	1.58	1.26	1.65	1.19	1.73	1.13	1.81
34	1.39	1.51	1.33	1.58	1.27	1.65	1.21	1.73	1.15	1.81
35	1.40	1.52	1.34	1.58	1.28	1.65	1.22	1.73	1.16	1.80
36	1.41	1.52	1.35	1.59	1.29	1.65	1.24	1.73	1.18	1.80
37	1.42	1.53	1.36	1.59	1.31	1.66	1.25	1.72	1.19	1.80
38	1.43	1.54	1.37	1.59	1.32	1.66	1.26	1.72	1.21	1.79
39	1.43	1.54	1.38	1.60	1.33	1.66	1.27	1.72	1.22	1.79
40	1.44	1.54	1.39	1.60	1.34	1.66	1.29	1.72	1.23	1.79
45	1.48	1.57	1.43	1.62	1.38	1.67	1.34	1.72	1.29	1.78
50	1.50	1.59	1.46	1.63	1.42	1.67	1.38	1.72	1.34	1.77
55	1.53	1.60	1.49	1.64	1.45	1.68	1.41	1.72	1.38	1.77
60	1.55	1.62	1.51	1.65	1.48	1.69	1.44	1.73	1.41	1.77
65	1.57	1.63	1.54	1.66	1.50	1.70	1.47	1.73	1.44	1.77
70	1.57	1.64	1.55	1.67	1.52	1.70	1.49	1.74	1.46	1.77
75	1.60	1.65	1.57	1.68	1.54	1.71	1.51	1.74	1.49	1.77
80	1.61	1.66	1.59	1.69	1.56	1.72	1.53	1.74	1.51	1.77
85	1.62	1.67	1.60	1.70	1.57	1.72	1.55	1.75	1.52	1.77
90	1.63	1.68	1.61	1.70	1.59	1.73	1.57	1.75	1.54	1.78
95	1.64	1.69	1.62	1.71	1.60	1.73	1.58	1.75	1.56	1.78
100	1.65	1.69	1.63	1.72	1.61	1.74	1.59	1.76	1.57	1.78

標

本

数

索　引

索
引

索
引

著者紹介

山本　拓（やまもと　たく）

1945 年	東京で生まれる
1968 年	慶應義塾大学工学部管理工学科卒業
1974 年	ペンシルヴァニア大学　Ph.D.（経済学）
現　在	一橋大学名誉教授

主 要 著 書

『計量経済学　第 2 版』（新世社，2022 年）

『動学的パネルデータ分析』（共著）（知泉書館，2011 年）

竹内　明香（たけうち　あすか）

1978 年	東京で生まれる
2001 年	東京都立大学経済学部卒業
2007 年	一橋大学大学院経済学研究科　博士（経済学）
現　在	上智大学経済学部准教授

主 要 著 書・論 文

『入門 経済のための統計学　第 3 版』（共著）（日本評論社，2011 年）

「個別株式ボラティリティの長期記憶性と非対称性の FIEGARCH モデルと EGARCH モデルによる実証分析」『日本統計学会誌』42 巻，1 号，pp.1–23，2012 年.

経済学叢書 Introductory

入門 計量経済学　第2版
―― Excel による実証分析へのガイド ――

2013 年11月10日 ⓒ	初 版 発 行
2023 年 2 月10日	初版第11刷発行
2024 年 2 月10日 ⓒ	第 2 版 発 行

著　者	山本　　拓	発行者	森平　敏孝
	竹内　明香	印刷者	山岡　影光
		製本者	小西　惠介

【発行】　　　　　　　　株式会社　**新世社**
〒151-0051　東京都渋谷区千駄ヶ谷 1 丁目 3 番 25 号
編集☎（03）5474-8818（代）　　サイエンスビル

【発売】　　　　　　　　株式会社　**サイエンス社**
〒151-0051　東京都渋谷区千駄ヶ谷 1 丁目 3 番 25 号
営業☎（03）5474-8500（代）　　振替 00170-7-2387
FAX☎（03）5474-8900

印刷　三美印刷　　　　　製本　ブックアート
《検印省略》

ISBN978-4-88384-377-0
PRINTED IN JAPAN

サイエンス社・新世社のホームページのご案内
https://www.saiensu.co.jp
ご意見・ご要望は
shin@saiensu.co.jp まで．

新経済学ライブラリ 12

計量経済学
第2版

山本 拓 著
A5判／416頁／本体3,500円（税抜き）

計量分析の統計理論的考え方を数式の展開を通じて丁寧に説明した基本テキストを近年の斯学の進展を視野に大幅改訂。ミクロ実証分析の普及に対応し，パネル・データ・モデルと質的従属変数モデルについての解説を加え，不均一分散に関する検定や推定，モデルの識別性，漸近分布について扱っている。さらに計量分析ソフトの普及を配慮し，必要な諸概念を拡充した。読みやすい2色刷。

【主要目次】

発行 新世社　　　発売 サイエンス社

経済学コア・テキスト＆最先端 15

コア・テキスト
計量経済学

大森裕浩 著
A5判／376頁／本体3,300円（税抜き）

計量経済学におけるデータ分析を標準的手法からさまざまな応用的手法まで幅広く解説するテキスト。初学者にもわかるよう，統計学の基礎も含めて丁寧に説き明かした。また，プルダウンメニューによる直感的な操作が可能な統計ソフトウェアStataの援用も紹介し，Stataを駆使した新たな実証分析の世界を案内した。見やすい2色刷。

【主要目次】

発行 新世社　　　発売 サイエンス社

ライブラリ 今日の経済学　17

計量経済学

谷崎久志・溝渕健一　共著
A5判／304頁／本体2,750円（税抜き）

著者の長年の講義経験をもとに，計量経済学の基本となる手法と結果の解釈について手際よくまとめた入門テキスト。式の導出過程を可能な限り省略せずに示し，必要となる統計学や数学を補論として盛り込んでいる。Excel援用のほか計量経済学に特化した無料の統計解析ソフトGretlを用いた本格的実証分析も解説。読みやすい2色刷。

【主要目次】

発行　新世社　　　　発売　サイエンス社